本书系以下项目的研究成果：

湖北省教育厅哲学社会科学研究一般项目：基于网络信息搜索大数据的公众通胀预期跟踪及管理研究（项目编号：21Y060）

长江大学社科基金2021年度项目：基于网络信息搜索大数据的公众通胀预期跟踪及管理研究（项目编号：2021csy03）

Research on Tracking and Guiding Public
Inflation Expectations Based on Big data Search of

INTERNET
INFORMATION

基于网络信息搜索大数据的
公众通胀预期跟踪与引导研究

涂 奔 李诗珍 ◎著

中国财经出版传媒集团

经济科学出版社
Economic Science Press

通胀预期是现代宏观经济研究的重要基础性概念，对公众通胀预期进行跟踪和引导是宏观经济调控的重要内容之一。自2009年我国正式提出通胀预期管理以来，学术界和货币当局对公众通胀预期引导重要性的认识在不断加深，但预期跟踪和预期引导方面效果不甚明显。究其根源，首先仍是对我国公众通胀预期的形成及预期引导的机制研究尚不够深入。现有研究主要存在以下三个方面的问题：一是现代预期理论的基础——理性预期假说过于严苛的条件以及对预期形成过程的"黑箱"式设定，对现实中公众通胀预期的形成解释不够深入；二是国内研究偏重货币当局对公众通胀预期影响的单向传递，对公众通胀预期在预期引导等货币政策工具操作实施后如何变化和反馈的研究不足；三是当前互联网已经深刻变革了信息传导的方式，必然影响公众信息获取和处理过程，可能促使公众通胀预期的形成机理及波动特征发生变化，但迄今为止相关研究并不多见。

2020年10月29日党的十九届五中全会通过的《中共中央关于制定国民经济和社会发展第十四个五年规划和二〇三五年远景目标的建议》中提出"要完善宏观经济治理"的目标，将"健全宏观经济政策制定和执行机制，加强宏观经济治理数据库等建设，提升大数据等现代技术手段辅助治理能力"作为"十四五"

发展重要举措。通胀预期引导是宏观调控的基础，公众通胀预期量化跟踪是实现有效预期引导的前提。互联网环境下，公众通胀预期的形成途径显著改变，管理部门传统的预期引导手段将面临多重非线性效应的影响，同时，依托互联网络的大数据分析技术，也为公众通胀预期量化提供了新的途径。

为此，本书从互联网视角开展研究，构建基于网络信息搜索大数据的公众通胀预期形成模型和公众通胀预期量化指数，对我国公众通胀预期形成与预期引导过程中的影响因素、与宏观经济波动和货币政策实施的相关性等进行实证分析，以期为我国货币当局优化公众通胀预期引导、提升货币政策实施效果提供有益借鉴。

在理论研究方面，本书将适应性学习模型引入新凯恩斯主义动态随机一般均衡模型这一主流的宏观经济分析框架，在模型中区分公众预期和货币当局预期，设置公众网络信息获取参数，构建了基于网络信息搜索的公众通胀预期适应性学习形成机制理论框架，并通过对均衡状态收敛条件及其变化的分析，阐释了互联网环境下公众网络信息获取与货币当局预期引导之间的互动关系。进一步地，通过对经典 M-S 模型的动态改进和构建多目标非对称信息博弈模型以及隐函数模型，揭示了公众通胀预期形成和预期引导过程中公众和货币当局围绕信息开展的合作与博弈过程，分析了互联网环境下公众网络信息获取的充分程度与公众对货币当局的信任程度、货币当局信息披露的精度、货币政策不确定性等因素对预期引导效果的影响。

在实证分析方面，本书将互联网大数据处理方法引入通胀预期量化领域，依托百度搜索指数并采用关键词的范围提取法、主成分分析法等方法，实现数据降维，合成了公众学习信息获取指数（PIAI），作为公众通胀预期的量化指标；基于文本信息提取法辅以人工判定，合成了货币当局的信息披露指数（HI），作为预期引导的量化指标，为分析宏观经济系统动态变化中的通胀预期形成和预期引导效果提供了核心数据支持。依托这两个指标，基于中国 2006～2019 年数据，分别运用结构向量自回归（SVAR）模型并施加能够反映现实状况的参数约束条件，绘制出公众通胀预期、货币当局信息披露与货币政策干预变量、宏观经济关键变量之间的脉冲响应图谱。通过提取具有广泛代表性的宏观经济变量共同因子进入因子扩展的向量自回归（FAVAR）模型，并运用等窗宽滑窗方法对整体脉冲响应进行分解，深入分析了公众通胀预期与货币政策刺激下的宏观经济波动之间的关联。最后通过马尔科夫区制转换向量自回归（MS-VAR）模型，引入货币政策不确定性指数，根据模型内生变量自身的波动特征进行客观合理的区制划分，检视了不同时期下的公众通胀预期引导效果。

本书的主要结论如下。

第一，适应性学习理论与新凯恩斯主义动态随机一般均衡模型的融合，较好地阐释了我国互联网环境下公众通胀预期的形成机制。公众与货币当局之间存在着持续性的学习互动。互联网环境既为公众提高信息获取的充分程度创造了条件，也为货币当局更加迅捷和更高精度的信息披露提供了空间，但同时也会放大公众与货币当局间的互动性。

第二，公众与货币当局间围绕信息开展的合作与博弈决定了预期引导的效果。网络信息获取的便捷性使得私人信息精度大幅提升，公众通胀预期的"独立性"进一步增强。货币当局必须进一步提升公开信息披露的精度，才能在与公众的信息博弈中占据主动。

第三，互联网环境下我国公众通胀预期对货币政策的实施效果有显著影响。伴随着我国公众通过网络搜索对宏观经济、金融数据和政策动向相关信息获取行为的加强，公众深度学习后形成的预期贴近理性预期，但也一定程度地降低了货币政策刺激下的产出和通胀及其波动水平，弱化了货币政策的调控效果。

第四，受货币政策不确定性的影响，我国预期引导过程中存在显著的非线性效应。理性预期特征仅在货币政策不确定性较低的时期显现。在货币政策不确定性较高、货币政策操作频繁时期，公众通胀预期形成与货币当局预期引导间的良性互动被打破，预期引导和货币政策实施效果弱化，并反过来增强了货币政策不确定性。这种非线性效应的存在对我国货币当局的决策和预期引导方式提出了更高的要求。货币当局应当进一步加强对公众通胀预期的监测，在经济增长和稳定通胀这两大主要货币政策目标之间进行权衡，在不同的时期设定不同的公众通胀预期引导模式，提高信息披露的针对性和精细度。

本书尝试构建互联网环境下公众通胀预期的形成机制以及预期引导过程中货币当局与公众围绕信息的博弈模型，为预期管理理论和实践提供借鉴，并为我国货币当局提高公众通胀预期衡量精度、采取更加有效的预期引导措施提供了一些粗浅的建议。互联网环境既为公众提高自身信息获取的充分程度创造了条件，也为货币当局更加迅捷和精度更高的信息披露提供了空间，但同时也会放大公众与货币当局间的互动性，加速误差的累积。信息传递中信息精度不够、不信任和过于信任等，都可能带来预期均衡状态的偏移，造成宏观经济的波动。例如，货币政策的不确定性会影响公众通胀预期形成，进而对货币政策效果和宏观经济运行造成扰动。为此，在进行通胀预期管理以及最优货币政策选择时，有必要将信息精度、货币政策的方向和确定性考虑进来，不断优化我国货币政策决策及信息传导机制。这是一项需要精细化大数据支持，更需要远见卓识的富有挑战性的工作。

受作者学识和实践水平限制，如观点有偏颇，恳请各位读者与同行批评指正。

涂奔　李诗珍

2023 年 2 月

目 录
CONTENTS

绪　论

第一节　研究背景、目的及意义

一、研究背景

"预期"这一心理学概念自从被瑞典学派创始人米尔达尔（Myrdal，1939）引入经济学研究领域以来，已经成为现代经济理论研究的重要基础性概念，被视为影响经济运行的重要决定性因素之一。特别是在通胀管理与货币政策研究中，关于通胀预期的形成及其对货币政策效果的影响，已经形成较为系统的理论研究体系。通胀预期是公众对通货膨胀未来变动方向与程度的预期，西方学者普遍认为，通胀预期在货币政策制定中居于核心地位，能够显著影响货币政策的实施效果。20 世纪 90 年代起，一些国家开始实行通货膨胀目标制，在政策工具和最终目标之间不再设立中间目标，货币当局的决策主要依托对通货膨胀及通胀预期的定期预测。2008 年国际金融危机以来，欧美发达国家为应对危机实施量化宽松货币政策，对量化宽松可能导致的通胀保持较高警惕，因而在政策实施中更加关注对公众通胀预期的引导。

　　从我国情况来看，2008 年以来，为应对国际金融危机，我国政府和货币当局实施积极的财政政策和稳健的货币政策，依据宏观经济运行、整体流动性等进行相机决策，强调微调、预调，我国经济总体保持了较好的增长。但从物价指数看，特别是从资产价格指数看，在一段段具体时间内，货币政策有时最终效果不显著，有时又存在超调的现象；在一些时期，货币政策对实体经济作用不显著，但资产价格出现大幅波动。由于总体物价水平较快增长，通货膨胀压力始终存在，甚至出现物价上涨和经济下行并存的情况。分析其原因，固然有层出不穷的金融创新导致数量型货币政策调控效率下降、金融制度和市场结构改革滞后导致货币政策传导通道堵塞或扭曲等客观因素，也反映出对公众预期的管理仍有待进一步优化。

　　当货币当局就货币政策与市场进行沟通后，如果货币当局的货币政策意图能够被社会公众正确解读，货币当局本身也具有足够的声誉，能够赢得公众信任，消费者会根据其对未来物价走势的预期调整自己的消费、投资、储蓄行为，最终影响社会总供给和总需求，货币政策的效力能够在很大程度上得到发挥。如果货币当局发布的信息不被信任，不能得到有效的解读，则可能公众调整预期的幅度甚至方向与政策意图不一致，从而导致政策失灵。这就是预期管理的本质，通过对市场微观主体的预期进行引导、协调和管理，从而改变经济的运行方向。货币当局实施更加积极的预调微调政策，通过先期介入的方式向市场传递信号，引导市场主体的心理预期变化，促使宏观经济向既定目标有序健康发展。加强对社会微观主体预期的引导和管理，关乎的不仅是短期的货币政策操作策略的问题，更是货币政策调控体系的丰富和优化。借助有效的通胀预期管理体系，在经济结构转型与市场化改革的关键阶段，能够确保经济增长处于合理区间，大幅度提高货币政策的有效性，以达到最终实现长期目标、减少短期波动的目的。

　　我国是否在预期引导方面有改进空间？要研究这一问题，首先要回头检视我们是否真正掌握了我国公众通胀预期形成的机制。2009 年以前，我国对通胀预期的研究非常少。2009 年，我国首次在国务院常务会议上提出要管理通货膨胀预期。2011 年《中华人民共和国国民经济和社会发展第十三个五年规划纲要》提出宏观调控政策要"改善与市场的沟通，增强可预期性和透明度"。此后历次中央经济工作会议都强调要做好通胀预期的引导。从这一时期起，我国关于公众通胀预期的研究开始增多，但主要集中于将国内数据套入国外研究模型中进行实证研究，分析我国公众通胀预期的特征，在通胀预期测度和预期引导方面的理论和量化分析相对不足。

近年来，互联网和大数据的跨越式发展在改造实体经济的同时，也在深刻影响着宏观经济调控，给货币当局的货币政策制定与实施带来了一系列新的挑战。新一代互联网技术的兴起和发展改变了微观主体的生活方式，信息搜集和获取的方式方法发生了根本的改变，带我们进入了信息化社会。实时、动态和交互是互联网所具有的鲜明特征，市场微观主体基于互联网的信息传递功能形成预期，由于交互效应的存在更易于感知其他市场微观主体的观点和看法，了解市场上的多数参与者的普遍情绪，从而作出有利于自身利益最大化的选择。由此，在互联网时代，实体经济对货币政策的反应将更加敏锐，并通过资产价格、货币市场等媒介迅速表现出来，从而会加快在信贷、汇率、利率等其他货币政策渠道的传导。一个微小的信号有可能引发蝴蝶效应，对供需均衡造成巨大影响并导致市场的剧烈波动。与此同时，随着中国经济增长速度进入换挡期，面临的不确定性因素增加，各方都较难形成对经济发展前景比较稳定和一致的预期，对货币政策的制定和实施提出了更高的要求，也为预期管理带来了新的挑战。新的时代特征、变化中的经济社会环境需要与时俱进、不断优化的预期管理方法。

二、研究目的

本质上来看，通胀预期就是公众通过对各类经济信息进行获取和学习形成的。当前互联网络的广阔覆盖很明显改变了信息传导的方式，公众关于通胀预期的信息获取和学习方式也随之发生深刻的改变，并最终传导至公众通胀预期的形成及波动中。基于这一判断，本书从以下三个方面进行阐述。

　　一是基于学习视角，研究互联网环境下的公众通胀预期的形成机制。直观看，互联网络的发展和普及必然会影响公众信息吸收、学习能力及通胀预期的形成，但要科学、系统地揭示这种影响，并为政策制定者提供使之信服的决策依据却并不容易。由于预期涉及人的心理认知，长期以来公众通胀预期的形成类似一个"黑箱"，即只有输入和输出的形态。学习理论即是对这个"黑箱"机制的研究。本书拟借助学习理论对宏观经济学经典理论体系下的公众通胀预期形成机制作进一步的深入分析。考虑到互联网环境与光纤通信技术加速了信息的流转，移动智能终端的广泛普及使得公众收集信息的成本迅速下降、更新信息的频率加快、信息获取能力加强，本书将在相关模型分析中强化信息参数的设置，以开展有针对性的分析。

　　二是基于互动视角，研究信息获取、信息披露如何在公众通胀预期形成和货币当局预期引导中发挥作用。公众的信息获取和认知是公众形成通胀预期的前提条件，货币当局的信息披露既是公众获取信息的重要渠道，也是货币当局进行预期引导的重要渠道。货币当局在了解公众学习能力提升后，才能不断提升自身的信息公开水平，在公众通胀预期监测、信息披露时机、货币政策制定等方面作出有针对性的改进。特别是，互联网的开放环境决定了公众的信息获取不再是封闭的、单向的，公众信息获取不可避免地要受到货币当局的影响，也不可避免地不仅仅受到货币当局的影响。如果将这种影响视为一种博弈，则公众与货币当局在信息获取和信息公开间的博弈将直接影响公众通胀预期的形成以及货币当局的预期引导效果。

　　三是基于互联网视角，利用网络数据搜索的即时性、广泛性、可追索性，寻找合适的量化方法并开展实证分析。作为从心理学角度引入的概念，对公众通胀预期的描述和分析往往偏主观定性，如何将公众通胀预期由单纯定性化描述转变为较为精确的量化指标，一直以来都是一个难点所在。同时，货币当局公开信息的发布虽然有迹可循，但是否能够标准化为某种较为精确的时间序列变量，从而为跟踪货币当局的政策抉择提供实现途径，也是值得研究的问题。公众的通胀预期与货币当局的预期引导之间的互动和相互影响，其方向如何、程度如何，需要获得实证数据的支持。

三、研究意义

利用通胀预期管理政策来引导公众形成合理预期并达到货币政策目标是各国货币当局研究的热点。各国学者从不同环境、不同角度进行了探索，取得了一系列富有启发性与指导性的研究成果，但对于我国如何有效地开展预期引导，从而提高货币政策的前瞻性和有效性的问题，直到现今都没有很好的答案。深入研究互联网时代我国通胀预期的形成机制、货币政策沟通的有效性和预期引导的特点，是适应全球经济衰退现实背景下的主动选择，也是适应我国经济发展新常态的必然要求。

一是运用互联网视角拓展传统经济、金融研究的边界。传统经济、金融研究均已形成较为成熟的理论体系，近二三十年，传统经济、金融与心理学、行为学、信息学等学科的交叉研究越来越深入，取得了丰硕的成果。近10年来，互联网特别是移动互联网的发展，深刻改变了人们的生产生活方式、企业的商业模式。微观主体经济行为的变化，必然传导到宏观经济、金融运行中。对公众通胀预期这一链接微观到宏观的重要环节，从互联网视角开展研究，符合时代变迁需求。

二是深化我国关于通胀预期形成机制的理论研究。自理性预期理论被提出以来，关于通胀预期形成机制的研究在理论上尚未有重大突破，部分专家放松了理性预期条件，将适应性学习理论引入对预期形成机制的研究，较好地解释了有限理性预期。在此基础上，从信息经济学的角度，将公众对网络宏观经济金融信息的获取作为重要参数引入通胀预期的适应性学习形成机制模型，从公众和货币当局围绕信息开展的合作与博弈对预期形成及引导的过程进行分析，剖析通胀预期形成机理，或能更深入地剖析我国通胀预期的形成过程。

三是探索新的通胀预期量化方法。公众通胀预期的测度一直是一道研究难题，虽然已有大量模型和量化方法，但缺乏权威公认。特别是在我国，由于部分数据不公开，公众通胀预期的测度只能依靠央行组织的样本统计调查。运用网络搜索指数构建通胀预期量化指数，是一条新的路径，或能为优化关于公众通胀预期对货币政策实施效果影响的实证分析开辟新的空间。

四是为货币当局优化预期引导、提升货币政策实施效果提供参考。货币政策的选择和实施关系国民经济的整体运行。精度更高、拟合度更好的量化分析，可以揭示公众通胀预期在什么情况下、以何种方式影响货币政策的实施，可以为货币当局实施货币政策和开展预期引导提供某种参考。

第二节 通胀预期基础理论、国内外研究现状及文献综述

作为西方经济学的基础概念之一，关于通胀预期的理论研究已经形成了完整体系。在经典预期理论基础上，国内外学者关于通胀预期的研究广泛而深入，可大致分为两类：一类是以通胀预期本身为研究对象，就通胀预期的性质、形成机制、测度方法进行理论和实证研究；另一类是研究通胀预期与货币政策实施、宏观经济波动之间的关系，侧重在预期引导效果的评判和如何改进上。本书基于学习视角、互动视角和互联网视角，对通胀预期基础理论进行简要回顾后，着重以信息的传递、获取、相互反馈和相互作用为核心线索，对国内外通胀预期领域相关研究进行系统梳理，为本书构建以公众网络宏观经济金融信息获取作为重要参数的通胀预期形成机制理论分析框架提供基础。

一、经典预期理论及相关研究

（一）经典预期理论

早期西方经济学文献中提到的预期，更多地贴近单纯的"预测"，并没有涉及经济自然人的理性与否和信息的有限性等因素，但是经济学家已经开始注意到预期会对现实的经济运转产生难以忽视的影响。

　　将预期这一概念正式引入经济学的研究中，始于瑞典学派。瑞典学派创始人魏克赛尔（Wicksell）最早通过阐述"累计过程"提出预期的概念，价格变动的预期会影响生产者制订生产计划、与劳动者签订协议等，进而影响整个经济运行。米尔达尔从静态均衡角度出发，提出了"事前"与"事后"的概念。由于预期不一定能实现，即计划与现实存在不一致性，因而事前与事后也不一定相同，这样就使得预期成为影响实际经济运行的重要因素。米尔达尔认为预期是不断变化的，并且不同预期主体的预期行为是有差别的，这一思想的提出对后来动态预期理论的发展有着重要的启示作用。然而，瑞典学派对于预期的理解存在一些缺陷：他们过度地考虑了预期的主观性，未将预期发展成为经济系统的一个内生决定性因素，而且信息问题也没有得到充分认识，预期理论还不够系统和规范。由此，马歇尔（Marshall）、凯恩斯（Keynes）、弗里德曼（Friedman）、穆斯（Muth）等一批学者顺应时代的进步，不断发展、完善预期理论。

1. 马歇尔的预期理论

　　从马歇尔开始，预期理论的研究者开始关注心理预期的层面。他们认为，人们可以根据自己的主观感受和心理状况对未来的经济活动进行预期。马歇尔运用西方经济学的基本原理，从需求、供给以及供求平衡这三个方面来阐述预期理论。从需求方面来说，马歇尔认为需求是由欲望推动的，而欲望是由效用来满足的，人们会因为效用的增加而预期自己将对某物品有更大的需求，进一步增加该物品的消费量，但是由于边际效用递减，效用越小则增加的商品也越少。当然，效用也是一种心理现象，是对人们心理满足程度的一种度量。从供给方面来说，马歇尔将生产成本分成实际生产成本和货币生产成本，认为劳动是人们内心的一种感受，这里的劳动指劳动者在生产过程中所感受到的痛苦，是一种"负效用"，是人们的心理预期。同样地，他指出资本是资本家延缓享受的一种牺牲，是一种"等待"。这样，劳动的"负效用"和资本的"等待"组成了马歇尔的实际生产成本，虽然无法计算出来，但是马歇尔将其称为生产费用。换言之，生产费用就是商品的供给价格，而供给价格中包含了与心理相关的预期因素。从均衡价格方面来说，预期理论主要体现在分配理论上。马歇尔认为，在短期内需求对均衡价格的影响更大，在长期内供给对均衡的影响更大，也可以说在短期内需求决定价格，在长期内供给决定价格。不论短期还是长期，最终决定价格的还是人们的心理预期。总的来说，马歇尔把瑞典学派的预期理论发展为影响人类行为的动机，并与供求理论进行了衔接。马歇尔的心理预期理论属于唯心主义的范畴。

2. 凯恩斯的预期理论

凯恩斯在其经济学理论体系中将预期置于极其重要的地位，认为预期与未来的不确定性密切关联，对人们的经济行为产生决定性影响。他对预期的认知经过《货币改革论》中预期思想的萌芽，到《货币论》进一步走向成熟，建立起无理性预期理论。凯恩斯认为人们持有货币现金的动机有三种，即交易动机、预防动机和投机动机，当人们对未来事态的变化感到难以预测的情况下，都倾向于持有货币，这种心理状态就是流动性偏好赖以存在的一个重要依据。在《就业利息和货币通论》中，凯恩斯认为预期存在长期和短期之分，并且心理因素扮演着重要角色。在凯恩斯看来，人们据以推测未来收益的一点知识，其基础异常脆弱。他认为人们在形成自身的长久预期时，缺乏关键信息，而且随着经济或政治状况的变化而变化，预期还需要不断加以调整。在调整的过程中，心理因素是极为重要的。同马歇尔一样，凯恩斯也特别注重信心的作用。在《就业利息和货币通论》中，凯恩斯认为，产出水平取决于居民部门的消费支出和厂商的投资支出两个部分。其中，居民的消费支出是内生的且基本是消极的，它取决于收入而非利率，居民的长期边际消费倾向基本是稳定的，因此国民收入主要由投资决定。凯恩斯认为投资决策具有变动性，在计算收益与成本时，必须要将人们的希望、恐惧以及"信心"状态考虑进去。由此，凯恩斯提出了著名的"政府应该干预经济"的建议，以此来解决市场无法解决的不确定性问题，防止秩序混乱引发的经济危机，以推动经济快递增长。尽管凯恩斯的理论帮助西方国家挣扎脱离了20世纪二三十年代经济危机的泥沼，他仍然没有清晰地将预期理论运用在对通货膨胀的分析之中。

3. 外推预期理论

实际上，无论是瑞典学派还是凯恩斯，对预期的理解都偏于静态预期（有一些学者也称之为"短视预期"），而没能将预期视为一个动态变化的过程，这与公众面对经济波动时的真实反应相违背。市场物价水平不可能静止不变，消费者在多次错误预期之后会汲取经验教训，逐步地修正其对市场价格走势的判断，故静态预期过于简单且脱离实际。一直到 1941 年，经济学家梅尔勒（Merle）经过大量的探究与分析，在预期理论中加入了时间的概念，提出了外推预期假说。他认为，对未来的预期不仅要依赖于过去变量达到的水平，还要考虑经济变量未来的变化趋势，即预期通胀率等于上期实际通货膨胀率与通货膨胀变化趋势的修正值之和：

$$p_{t+1}^e = p_t + \lambda(p_t - p_{t-1}) \qquad (1-1)$$

其中，p_{t+1}^e 为下期的预期价格水平，p_t 为当期价格水平，p_{t-1} 为上期的实际价格水平，λ 为修正参数。当 $\lambda = 0$ 时，式（1-1）可简化为静态预期的形式；当 $\lambda \neq 0$ 时，对于任何时期的外推预期均可等于当前价格水平加上（或减去）一定比例的前两个时期的价格水平之差（修正值）。

外推预期的缺陷在于没有考虑实际通货膨胀率与预期值之间的偏差程度，更没有利用这种偏差来对预期进行修正。尽管如此，伴随着希克斯（Hicks，1939）、坎通纳（Katona，1951，1953）、托宾（Tobin，1959）等一批学者的持续性探索，预期理论终于奠定了在古典经济学中的基础性地位。预期最终专指通胀预期，并形成了系统的学术流派，主要包括适应性预期理论和理性预期理论。

4. 适应性预期理论

适应性预期理论由货币主义学派的卡甘（Cagan，1956）、弗里德曼（1957）、纳洛夫（Nerlove，1958）等学者在 20 世纪 50 年代提出。适应性预期理论认为，经济主体在调整对下一期的通胀预期时，会主动参考当期通胀预期与实际通货膨胀之间的偏差。其核心思想公式为：

$$p_t^e = p_{t-1}^e + \lambda(p_{t-1} - p_{t-1}^e) \qquad (1-2)$$

其中，p_{t-1}^e 为上期的预期价格水平，p_{t-1} 为上期的实际价格水平。

　　适应性预期反映了现实生活中人们直观地参考当前通胀水平以形成下一期通胀预期的惯性，并且反映出通胀预期的形成是一个动态的调整过程，在 20 世纪六七十年代为推进西方经济学理论发展发挥了重要作用。一是新西兰经济学家菲利普斯（Phillips，1967）据此提出了失业率与工资变动率之间存在着反向变动关系，被称为"菲利普斯曲线"。二是弗里德曼（1968）在凯恩斯流动性偏好理论的基础上，用多个不同形式的财富预期收益来替代利率因素，形成了一个多元函数表达的货币需求函数。在该函数表达式中，主要有三个因素与预期相关：首先，弗里德曼通过阐述永久性收入理论来引出永久性收入对货币需求的主导作用，并且二者是同方向变化的；其次，他将货币、债券、股票等有形财富统称为非人力财富，并且这些因素对货币需求的影响各不相同，但总体来说对货币需求的影响都不容忽视；最后，通货膨胀预期尤其重要，当人们预期通胀率会上升时，就会减少货币持有量，以实物取代货币来保值。弗里德曼的观点表明，经济主体本期的通胀预期取决于上期的通胀预期，并且根据上一期的预期误差程度来加以修正。如果过去的通胀是高的，那么人们就会预测未来的通胀仍然较高。也就是说，当前对于将来通货膨胀的预期反映了过去的预期及前期的预期与当前真实数据的差距的调整项，这个调整项被称为"部分调整的"。与其说这反映了对通货膨胀预期的更正，可能更体现出人们对于他们预期的反应能力的缓慢变化。

　　总体来说，适应性预期理论偏重过去的信息，没有考虑到如经济政策等可能影响未来通胀水平的信息。尽管如此，即便后来出现的理性预期理论对理论研究和宏观调控实践产生深刻影响，适应性预期理论仍然是学术研究中经常采用的基本性假设。

5. 理性预期理论

　　理性预期理论由理性预期学派的穆斯（1961）等学者在 20 世纪 60 年代提出。理性预期是指经济主体会充分掌握可能获得的一切有用信息，并按理性原则作出最准确的预测。其假设价格水平采取以下形式：

$$p_t^e = E_{t-1}p_t \qquad\qquad (1-3)$$

其中，p_t^e 为本期的预期价格水平，p_t 为本期的实际价格水平。穆斯的理论假定经济主体具有完全理性，并能够搜集到与预期形成相关的一切可以获得的有价值的信息，包括历史信息和当前及未来与经济运行相关的信息。

20 世纪七八十年代，卢卡斯（Lucas，1972）、萨金特（Sargent，1981）等对理性预期概念不断进行充实，并由此而形成了理性预期学派。他们认为，社会公众试图有效利用一切可得信息（包括历史数据和前瞻性信息），并像经济学家和专业人士一样，对信息运用相关专业知识和计量模型进行处理。最终，公众的预期是利用现有信息的最佳预测结果，其主观概率分布同经济运行的真实客观概率分布相一致，即公众不会犯系统性错误。理性预期学派认为公众获得的信息不仅包括统计数据和各种预测结果，也包括经济变量之间相互影响与作用的相关理论知识。与适应性预期相比较，理性预期认为公众对所有的信息进行学习，不会坚持原先的预测错误。货币当局提供的前瞻性信息成为公众学习的内容，通过建立良好信誉的方式，引导公众预期形成，最终实现"无为而治"。适应性预期理论认为短期菲利普斯曲线描述的物价上涨率和失业率此消彼长的关系存在，而由于公众会用历史数据和经验进行判断，在长期，失业率保持在"自然失业率"水平，菲利普斯曲线不存在。理性预期理论则认为公众通过学习，能够运用相关知识进行分析，即便没有经历过通货膨胀时期，公众也可以得知货币当局调控的目标与方式，因此，由于公众具有对历史和前瞻性信息的学习能力，无论在短期还是长期，菲利普斯曲线均不存在，货币当局无法通过相机选择的方式进行调控。由于理性预期所囊括的信息中包含了货币政策等可能影响未来通胀水平的信息，为 70 年代因滞涨而导致的世界经济危机作出了合理的经济学解释，也首次为货币当局政策会影响通胀预期提供了理论依据。

20 世纪 70 年代的理性预期革命催生了现代宏观经济研究模型的建立，伴随着萨金特和沃拉斯（Sargent & Wallance，1975）、卢卡斯和萨金特（1981）、裴萨兰（Pesaran，1987）以及萨金特（1987）等一系列支持理性预期的文献陆续发表，理性预期假设成为宏观经济学研究的又一重要范式，并且在 90 年代初期成为研究货币政策调控的基本前提。例如，实际商业周期理论的微观基础就是理性预期方法，经济主体的决策取决于未来的预期，能够按照效用最大化的原则，充分运用可获得的信息（包括经济结构模型及其参数），运用动态规划的方法，对消费、储蓄、劳动力供给等问题进行跨期处理。

在发展过程中，理性预期的内容不断被丰富，限用条件也不断被提出。首先，卢卡斯提出理性预期只有在有"风险"的场合才有效。其次，理性预期纳入经济模型后，其作为内生或外生变量所带来的结果是截然不同的，因此，有必要考虑其内外生性质。再次，理性预期假设追求利益最大化的经济人会利用一切可以得到的信息进行预期，但现实中获得完全信息是非常困难的。最后，对于理性预期的检验也是一道难题，不少学者认为，即使理性预期可以模型化，也可能存在多重均衡问题，即理性预期解的非唯一性，即便理性预期模型存在均衡解，也存在多个收敛路径和结果的可能性。这个问题导致人们质疑理性预期理论在宏观调控中的适用性。

理性预期的前提是经济主体有大量的经济知识，但是在现实中并不是所有人都能像经济学家那样理性，由此得出经济主体的理性是有限的。理性预期理论经过完全理性到有限理性的发展，更容易被接受。因为现实中的人们通常只把一部分精力放在信息性的决策上，而更多的决策依赖于习俗、惯例、模仿等形式。

（二）围绕通胀预期国内外开展的主要研究

在经典预期理论奠定的分析框架基础上，国内外学者开展了大量的研究，大致可分为三个方向。

一是围绕通胀预期的理性程度、特征等层面。20 世纪 90 年代以后，罗伯茨（Roberts，1998）、阿克洛夫等（Akerlof et al.，2000）和鲍尔（Ball，2000）等学者开始质疑理性预期理论中对经济主体能力过于完美的设定，认为现实情况下信息获取、信息消化的成本不容忽视，对经济主体也应做适当区分。在此基础上，进一步提出有限理性预期理论，即经济主体在对通胀主观判断过程中是有限理性的，所作出的预期也是有限理性的。有限理性预期理论兼具了理性和适应性两种特征，更加贴合实际情况，得到了更广泛的认可。针对有限理性预期，学者们进一步分析其特征。埃文斯（Evans，2001）提出，经济主体内部由于个体的差异性，其接收的信息和处理信息的能力有差异，因而通胀预期具有异质性。卡罗尔（Carroll，2003）提出，由于收集信息需要付出成本，如果没有足够的经济价值，经济主体倾向于不更新信息，此外信息可能具有滞后性，因此预期的调整体现出黏性。进入 21 世纪，国内外学者针对不同国家经济主体通胀预期的性质采用不同的方法、从不同的角度进行了大量实证研究。国外学者托马斯（Thomas，1999）、克鲁肖（Croushore，2006）、亚当和帕杜拉（Adam & Padula，2011）、弗雷尔（Fuhrer，2012）以及席勒（Shiller，2014）等通过欧美等国家数据的实证检验，发现了公众预期从统计特征上偏向理性预期，但不同群体通胀预期也呈现出不同的黏性和异质性特征。我国学者中，储峥（2012）针对我国货币政策的信号作用与公众学习行为进行了实证分析，发现公众的学习能力对于央行稳定预期的意图是一把"双刃剑"。在缺乏明确的调控目标且公众采取适应性学习的情况下，公众信心指数和学习水平对预期形成的影响程度高且持续，公众存在一定程度的通胀恐慌。央行有约束力的调控目标所释放出的信号对居民通胀预期有直接且持续的影响。通胀预期与经济增长目标之间互为格兰杰（Granger）原因，说明了管理预期对实现调控目标的重要性。张成思和芦哲（2014）重点研究了媒体报道对通胀预期的影响以及预期对现实通货膨胀的驱动效应。他们根据发行量排名、影响力和覆盖范围选取媒体库并计算相关媒体报道的量化指标，通过调查数据获得现实中公众对未来的通胀预期，进而检验媒体报道是否对公众预期通胀率具有显著影响。为此，他们进一步构建了基于微观基础的新凯恩斯菲利普斯曲线模型，用以考察通胀预期对现实通胀率的驱动效应。王书朦（2015）以储户问卷调查系统为依托，借助差额统计方法实际测算出我国经济主体通胀预期指标预测性能较好，与实际通货膨胀拟合程度较高，认为我国公众预期只具有一定程度的理性特征，同时又兼具适应性特征，即服从有限理性形成机制。郭豫媚等（2016）构建了一个包含预期误差冲击和预期管理的动态随机一般均衡模型，刻画了货币政策有效性下降的现状，以研究货币政策有效性不足时预期管理应对经济波动的能力。陈文杰（2018）以 2013 年 1 月为时间分割点，构建向量自回归模型（VAR），比较研究经济新常态下数量型和价格型货币政策工具的有效性。从这些国内较有代表性研究的实证结果来看，国内学者总体认为有限理性通胀预期更好地解释了我国公众预期的理性程度，并且黏性和异质性特征较为显著。

　　二是围绕通胀预期的测度问题。依据数据来源的差异，通胀预期的测度方法大体分为三类：金融市场提取法、问卷调查法和计量建模法。金融市场提取法由米什金和埃斯特雷拉（Mishkin & Estrella，1990）提出，从通货膨胀保护债权（TIPs）中提取信息，用期限较长的债权名义收益率减去期限较短的债权名义收益率，即为预期通货膨胀率，这种算法产生的背景是美联储和欧洲央行关注普通国债和通货膨胀保护债权的利差行为。问卷调查法起源于美国，在日本和欧盟等国家和地区得到了广泛的发展，其本质是将问卷调查的统计数据转化为时间序列的定量数据，进而来衡量通货膨胀预期，如密歇根大学社会学研究所以家庭为单位，分短期和长期两个阶段，对 1946 年以来未来通胀预期进行抽样调查。随着计量技术和理论的发展，计量建模法也得到了长足的发展，各种模型与测算方法结果不尽相同，斯托克（Stock，1999）发现菲利普斯曲线的预测模型比其他宏观序列和资产价格的预测结果更准确地反映了美国的通货膨胀预期；斯托克（2002，2003）指出衡量真实经济活动的总量，宏观序列比个别序列能更好地预测通货膨胀；格雷戈里（Gregory，2003）等分析了基于多个统计来源的 50 年通胀预期数据后认为，消费者和经济学家对未来的通胀预期存在分歧；昂等（Ang et al.，2004）对问卷调查法、ARIMA 模型、时间结构模型及其混合模型进行了比较，结果发现，问卷调查法得到的预期通货膨胀能最好地拟合美国的实际通货膨胀。拉特威亚斯（Latvijas，2007）用被较广泛接受的概率法对拉脱维亚的消费者调查报告得到的通胀预期进行了量化，并基于 VAR 模型分析了其对真实通胀的影响，结果表明通胀预期在统计意义上显著影响通货膨胀。马尔库（Markku，2009）发现用密歇根调查数据得到的通胀预期与基于过去通货膨胀的一个简单的黏性信息模型得到的通胀预期是一致的，且该模型可以解释家庭通胀预期的平均和截面分布。阿基拉（Akira，2010）使用调查数据对通胀预期的分布进行评估，得到一个近似正态分布的估计，但估计的通胀预期是轻微有偏的且非充分有效。上述方法虽然可以从局部均衡的角度分析通胀的形成，但在预期的测度上稳定性较差。当前主流的新凯恩斯动态随机一般均衡（new Keynesian dynamic stochastic general equilibrium）模型从一般均衡角度出发，能较好地识别模型误差和结构性参数，同时避免卢卡斯批判和政策的动态不一致性，使预期的测度具有更好稳定性。

三是围绕通胀预期与宏观经济波动、货币政策实施相互影响等层面。货币主义学派、理性预期学派和新凯恩斯主义学派已形成了系统的理论和大量的研究，不断修订著名的菲利普斯曲线，观察和解释通胀预期对就业、经济增长、通货膨胀等重要宏观经济变量的影响（这也是货币政策的最终目标），进而具体到对货币政策实施效果（货币供应量、利率等货币政策中间目标以及传导机制）等的影响，为宏观经济形势的研判和货币政策的制定提供参考。其中，混合了理性预期、黏性价格和垄断竞争等的新凯恩斯动态随机一般均衡模型较好地解释了现实情况，表现出良好的前瞻性，逐步成为近 20 年来最主流的通胀分析理论框架（Orphanides & Williams，2004）。在我国，以新凯恩斯主义的主动调控思想居于主体地位，国内学者重点就通胀预期与经济增长、价格水平之间的相互影响进行了广泛的实证研究。

由于学者们普遍认同通胀预期对宏观经济和货币政策实施会产生重要影响，如何引导预期成为一个较为集中的研究课题。预期引导是指货币当局通过发布货币调控政策及政策制定目标、依据、规则、策略等，引导公众通胀预期的形成，使之向符合货币当局判断的方向靠近。经济学家研究认为，货币调控政策对公众通胀预期的影响过于激烈，货币当局应该通过书面报告、新闻发布会、相关负责人讲话等方式对货币调控政策相关信息进行充分的披露，包括定期公布相关金融统计数据、阐述对宏观经济状况的判断、解释货币政策目标、公开货币政策制定规则等，实现对公众通胀预期前瞻性、温和的引导。加大信息披露、提高货币政策透明度已经成为各国理论研究和货币当局实际操作中的共识，成为预期引导的首要选择。1998年，经济学家克鲁格曼（Krugman）发表了《它来了：日本经济衰退和流动性陷阱的回归》一文，首次提出了预期引导的思想。诺贝尔经济学奖得主席勒（Shiller，2000）认为，从每个公众的选择独立于其他人的角度看，更多的信息通常是有利的，因为更多的信息可以让公众采取更加适合环境的行动，并且不论增加的信息是公共的（可供分享的）还是私人的（具有独占性的）都不影响这个结论。这一思想从社会总体福利角度出发，为拥有更多信息优势的货币当局主要通过信息披露开展预期引导提供了理论依据。伍德福德（Woodford，2001）提出高阶预期的概念（即对他人预期的进一步预期），认为高阶预期对货币政策的扰动较大。由于他人预期很难被量化，反复交流沟通是获得他人预期唯一的途径。货币当局最有效率的方法就是加大对公众预期的引导，提升自身的权威性，使公众与货币当局的预期形成统一。布林德等（Blinder et al.，2008）研究认为货币当局信息沟通可以成为货币当局工具箱中重要而有力的一部分，因为沟通可以提高货币政策决策的可预测性，有利于公众与货币当局形成一致预期。克罗和米德（Crowe & Meade，2008）研究发现，在过去的20年里，主要国家中央银行在机构独立性和透明度方面的改革步伐尤其迅猛，证实了较高的央行独立性与较低的通胀率相关。丁杰尔和艾肯格林（Dincer & Eichengreen，2007，2010，2014）的研究表明，提高货币当局操作的透明度是近年来货币政策行为中最显著的变化，并且货币当局的透明度和独立性都会显著影响通货膨胀的可变性。蒙特斯和赫亚（Montes & Gea，2018）通过构建覆盖48个国家（含31个发展中国家）的面板数据分析模型，发现随着通货膨胀目标制的采用和货币当局透明度的提高，人们对货币政策的实施和货币当局所追求的目标有了更好的了解，抑制了通胀水平的提升，建议各国货币当局提高透明度水平，以减少货币政策目标和货币政策执行方式的不确定性，从而产生更好的预期引导效果。国内学者马文涛（2014）以新凯恩斯动态随机一般均衡模型为框架，结合我国综合运用数量型与价格型货币政策工具的现实，探讨我国通胀预期的演变。张晓林（2017）通过引入金融资产价格因素，采用五变量

SVAR 模型估计出了我国核心通货膨胀率。李云峰和王彦卿（2016）针对中央银行应该沟通什么、怎样沟通，中央银行增加或限制沟通信息的原因以及中央银行在管理预期中应该做什么进行调查，分析了中央银行沟通在预期管理中的策略。付英俊（2017）对我国央行预期管理实践现状进行了总结和分析，指出了我国预期管理存在的问题，并提出了完善我国央行预期管理的政策建议。基本上，这部分国内研究主要围绕我国预期引导的形成与演变、货币当局预期引导的信息沟通、预期引导的艺术性以及提升货币当局政策透明度策略等方面展开，得到了与国外学者基本一致的结论。

二、信息视角下的通胀预期形成机制及预期引导研究

从适应性预期开始的通胀预期理论，已经强调了信息在通胀预期形成中的重要作用。理性预期理论与适应性预期理论本质的差别，就在于理性预期强调人们形成预期所基于的信息不仅有过去的，还有前瞻性的（如经济政策等对未来的影响），不仅是实际通胀水平本身，还有其他一切可能影响决策的信息。而有限理性预期与完全理性预期的显著差别，就在于强调了对信息的获取和处理的能力存在差异，这实质上就是学习能力存在差异。预期引导相关研究所关注的货币当局对公众的信息沟通、货币政策透明度等，其本质也是信息在双方的传导、反馈和相互影响。以信息为主体分析通胀预期的形成机制，从经济主体的角度看，也可称为学习机制。20世纪 80 年代后期，学习论逐步发展，用数学模型表达和模拟人们获取信息、不断修正预测结果、逐步形成预期的动态过程，成为通胀预期形成机制的主流研究方法。

（一）适应性学习下的通胀预期形成机制

现代预期理论认为，公众通胀预期的高低受多重因素影响，包括实际通胀的高低、以往通胀的高低、通胀惯性、当前宏观经济环境、央行信息披露以及媒体信息披露等。实际通胀率越高，通胀预期值就越高。通货膨

胀的持续时间越长，通胀惯性越强，通胀的预期也就越高，并且高通胀还会导致通胀预期的不确定性增加。央行信息披露和媒体的新闻报道也可以有效地影响通胀预期。

结合了理性预期理论的学习论则认为，公众的通胀预期主要受信息、不确定性、知识、学习等因素的影响。信息主要包括信息不完全、信息不对称、信息成本的存在、对新信息的敏感性等。通胀具有不可预见性，经济主体一般会事先预测通胀，等到实际通胀发生后，他们根据自己的判断和观察，调整自身的经济行为，但预测的水平和实际水平往往不一致，这就是不确定性。通胀预期的形成还受经济主体所具备的知识（或者信息）的影响，知识（或者信息）越充分，经济主体面对的不确定性就越小，信心也就越坚定。通胀预期的知识（或者信息）主要包括货币当局所提供的关于经济状况的信息，如货币当局所使用的经济模型、宏观经济数据和货币政策等；经济主体所掌握的有关其他人看法的信息，如其他人持看涨态度的时候，个体可能会改变之前的预测。学习机制方面的差异主要指经济主体运用的学习规则不同或者对学习规划更新的频率不同。在信息不完全条件下，经济主体的学习可视为借助一定的计量模型不断估计和更新相应的参数，进而不断修正通胀预期的过程。随着科技的进步和公众受教育程度的提升，公众的学习能力是持续增强的，也有可能通过自身的探索，形成与货币当局相对独立的通胀预期。

根据理性预期理论，公众学习具有自我实现机制，会充分运用信息形成与经济系统一致的、无偏的估计，但理性预期理论对公众通胀预期具体的形成过程也没有能够作出解释。秉持理性预期论的大部分学者一方面承认公众学习对通胀预期的形成机制的结构性改变，另一方面仍然认为货币当局的政策制定不需要为应对公众学习而作出大幅调整。这是因为长期以来学术界无法对货币当局和公众的学习过程进行准确描述，我国学者更是形象地称之为"黑箱"① 过程（徐亚平，2009）。学术界将公众学习过程

———————————

① 所谓"黑箱"，是把学习过程作为一个看不透的黑色箱子，研究中不涉及学习过程内部的结构和相互关系，仅从其输入输出的特点了解该过程的规律。

视作一个"黑箱"，有两方面的考虑。一是在传统媒体时代，公众能够获得的信息有限，因此公众面对货币当局传递出来的信息和决策时普遍存在"搭便车"的心理。对公众而言，中央政府和货币当局指导和决策着一国经济的运行，也决定着货币政策的话语权，尽管世界各国通过公开决策路径、决策过程以及制定决策的数理模型普遍提升了货币政策制定和信息沟通的效率，但货币当局本身的学习行为往往湮没在其决策的最终结果之中。除少数专家和学者外，社会公众普遍自认无法在信息掌握程度和宏观经济调控能力上与货币当局持平，因此追随货币当局的预测成为比较现实和理性的选择，同时从信息获取的时间成本和金钱成本考虑，接受货币当局的结论，减少自身的判断而获得的边际效用更大。二是货币当局选择性忽视了公众的学习过程。因为公众能力的千差万别导致了预期异质性的普遍存在，对货币当局一个点而言，公众学习涉及层面太广，不可能用一个或数个普遍适用的计量模型高度拟合，因此只能通过社会调查等方式对公众学习过程中形成的某些趋势性指标作出统计与研判。从货币当局的角度而言，观察在货币政策实施后的公众反应情况要比获悉公众预期的形成过程更加直观。从宏观经济信息输入到微观政策或预期的输出，学习双方的理性与意愿均限制了对学习过程进一步的探讨与研究。淡化公众学习的影响固然简化了理论分析与研究的难度，方便得出比较明确的结论，但却给实证检验造成了一定的困扰，因为得到的结果往往与实际情况不相符——公众通胀预期越来越具有一定的独立性特征。

为了更好地解释在实证检验过程中频频出现的公众通胀预期与货币当局预期的不一致，埃文斯（1985）提出的"适应性学习"观点在20世纪与21世纪之交再次走入学术界的视野中。"适应性学习"观点认为经济主体的认知是有限的，但随着时间的推移和数据的更新，会不断更新信息、纠正错误，修正每一时期的预期。"适应性学习"观点及其理论的出现，修正了理性预期对于公众信息获取和学习（处理）能力过于严苛的设定，为公众通胀预期形成过程中"黑箱"的具象化提供了一条可操作路径，跨出了历史性的一步。在适应性学习下，研究模型放松了对公众的理性要求，并假设公众的行为类似于计量经济学家，即公众可以通过个人经验形成初期预期模型并获得初始预期，然后随着时间推移不断与外部进行信息交换并更新预期模型参数和预期结果，最终达到无限接近理性预期均衡时期的公众预期。随后，埃文斯和洪卡波哈（Evans & Honkapohja，2001）为公众通胀预期的形成构建了一个从"感性认知"到"理性认知"的框架。公众会利用已有信息和历史数据建立、估计模型并形成初步预期，这一过程被称为"感知运转"（perceived law of motion，PLM）；又在适应性学习的方式下，不断从外部获取信息并修正已知模型和参数，并最终使模型和参数收敛于理性预期的均衡状态，这一过程被称为"实际运转"（actual law of motion，ALM）。适应性学习理论较为真实地反映了现实中公众通胀预期不断调整、逐步逼近均衡状态的过程。

国内外大量研究支持了适应性学习理论。卡塞莱斯 - 波韦达和詹尼特萨鲁（Carceles-Poveda & Giannitsarou，2006）认为，通过适应性学习，决定公众预期的经济结构模型与参数会贴近理性预期均衡水平（rational expectation equilibrium，REE）。奥尔帕尼德斯和威廉姆斯（Orhpanides & Williams，2004）通过实证研究观察到公众通胀预期形成符合适应性学习特征。奥尔帕尼德斯和威廉姆斯（2005）以及布兰奇和埃文斯（Branch & Evans，2006）以美国通胀和产出增长数据为基准进行了学习型通胀预期的参数校准。莫尔纳尔和雷帕（MoLnár & Reppa，2010）运用通胀预期的跨国调查数据进行实证，发现在更不稳定的环境下，最优自适应学习中近期数据在通胀预测当中的权重更高。韦伯（Weber，2010）通过计算机程序模拟也得出了相似的结论。马基维茨和皮克（Markiewicz & Pick，2014）研究运用适应性学习方法复制专业预测者预期的能力，发现固定收益模型更符合专业预测者的通胀预期形成。奥尔梅诺和莫尔纳尔（2015）以及贝拉尔迪等（2015，2017）用欧洲的数据开展实证研究表明，适应性学习模型不仅在拟合宏观数据方面与理性预期模型相似，而且在同时拟合宏观和抽样数据方面明显优于理性预期模型。这一时期，国内学者也陆续通过适应性学习理论来检验中国公众通胀预期的理性特征。他们的实证研究普遍显示，适应性学习预期比理性预期更符合我国实际情况。李成等（2011）

假定公众仅有有限信息，但能"理性"地使用信息，研究发现公众可借助不断更新的数据和持续的学习形成理性通胀预期。谭旭东（2012）对国外适应性学习的文献进行了综合研究，认为预期形成的适应性学习假定能够更好地反映中国现实。唐吉洪和王雪标（2015）建立了一个专业机构通胀预期向公众传导的通胀预期异质模型，研究结果表明公众通胀预期具有适应性学习和滞后性特点。李天宇和张屹山（2017）认为适应性学习过程是从有限理性向理性预期均衡收敛的过程，其收敛性和收敛速度是制约货币政策效果的关键因素。

国内外学者还就适应性学习的形式与特征开展了一系列研究。部分学者倾向于将适应性学习与计量学方法联系起来，相继提出了卡尔曼滤波（Kalman filter）式学习、递归最小二乘（recursive least squares）式学习等形式。卡尔曼滤波式学习假定学习主体无法直接观测到相关变量（如通货膨胀目标），但是可以通过其他能直接观测的变量（如货币当局的货币政策）对此进行推断（Levin & Erceg，2001）；最小二乘式学习通常假设公众的学习通过两步完成，第一步是公众求解刻画实际经济系统的动态随机一般均衡模型，得到最小状态变量解；第二步是公众以获取的最小状态变量解作为学习规则，不断更新数据集合，采用最小二乘法更新学习规则的参数（Orphanides & Williams，2005；Milani，2007；Slobodyan & Wouters，2012；Nakagawa，2015）。在国内，唐哲一（2010）和谭旭东（2012）较早将适应性学习的计量方法引入研究中。蒋海和储蓄贞（2014）以及卞志村（2015）分析了递归最小二乘适应性学习在国内通胀预期管理中的适用性。李冠超等（2017）通过推导卡尔曼滤波式适应性学习方程，利用1990年第1季度至2016年第2季度的通胀数据，对我国学习型通胀预期的特征进行了估计。

（二）货币当局与公众的学习互动

货币当局的学习长期以来被认为是客观存在的，但是过程不透明，因此早期的研究始于对货币当局学习方式或学习行为的判断。克拉里达等（Clarida et al.，1999）对1979年以后的德国、美国和日本央行作了实证分析，推测这些央行在实践中采取的是具有前瞻性的理性学习的方式。维兰德（Wieland，2000）研究认为，学习战略能显著地改进货币当局调控的效果，减少通过膨胀偏离目标值的可能性，并增强稳定性。斯文森和拉尔斯（Svensson & Lars，2003）指出，不断收集市场信息、不断提高理论研究能力、修订预测模型、总结以往调控的成功和失败之处等，都是货币当局的学习表现。在公众适应性学习观点流行以前，社会整体认为货币当局在信息上更具有权威，随着货币当局信息披露的增强，公众通胀预期会随之调整至一致。基于货币当局在政策制定上的一贯主导地位，部分学者认为公众学习还不足以颠覆货币当局的既定政策路线，相反，货币当局应该规范并指导公众学习，即从属论的观点。以往的研究也表明，货币政策透明度的提高，会改进预期引导效果。因此，西方国家货币当局一般会定期公布通胀预测和产出预测，甚至有的货币当局会直接公布决策中使用的宏观经济分析模型，以便于公众学习。

实际上，公众预期被观察到具有一定的"独立性"，难以被轻易引导到与货币当局期望的一致方向上，货币当局也有必要加强对公众预期的学习，以更好地改进预期引导。随着公众适应性学习观点的流行，学术界对货币当局学习机制的研究重点也逐渐转移到货币当局应对公众学习的反应上。例如，伯南克和伍德福德（Bernanke & Woodford，1997）的研究表明，货币当局排除私营部门预测作为政策行动的参考时，严格的通胀预测目标通常与理性预期的均衡存在不一致。随着预期引导相关研究和实际操作的不断深入以及学习理论及方法的发展，部分研究开始聚焦于信息如何在货币当局和公众之间发生作用，换言之，研究转向公众和货币当局如何就信息展开学习互动。萨金特（1999）研究发现部分国家货币当局试图通过不断更新最小二乘回归方法，去揣测私营部门的通胀预期。沙林（Schaling，2003）对比了两种情形下的通货紧缩，一种是货币当局拥有完美的知识，即货币当局理解并观察私营部门通胀预期产生的过程；另一种是货币当局拥有非完美知识，即货币当局必须学习私营部门通胀预测规则，发现在知识非完美的情形下，货币当局调控通胀所设立的货币宽松程度不再像完美知识情形假设下一样，并不是一个常数，而是会随着它收集到更多私营部门的信息而变动。该研究进一步指出，由于货币当局与社会公众之间还存在着高阶预期、信任程度等差异，双方之间消弭预期分歧是一个长期反复沟通的过程。

与国外学者不同的是，我国学者较早就开始重视货币政策的制定中货币当局与公众学习的互动性。陈学彬（1996，1997）认为，如果将公众学习行为视为具有外生性，那么货币当局面对公众的全面信息优势与货币当局在货币调控规则上受到公众学习影响并不矛盾。徐亚平（2004，2009）研究认为适应性学习改善了公众预期的形成机制，货币当局在制定政策时需要时刻关注公众预期的形成及变化。储峥（2012）在研究中进一步强调了"互动学习"的观点，认为公众和货币当局之间存在信息和预期互相依赖、互相影响的动态过程。还有一些学者认为，应该综合考虑货币当局与公众学习间的互相影响，公众学习能力的增强会促进货币当局政策调控思路与方式的变革，从而增强货币政策有效性（温博慧等，2016；袁铭，2017；郑福，2017）。我国学者与西方学者在判断货币当局与公众学习的关系研究上之所以出现差异，是因为西方国家偏向采用单一目标制货币政策，拥有较为成熟的货币政策调控体系，而我国货币政策要兼顾的最终目标较多，并且采用"相机决策"方式进行宏观调控居多，这种方式与单一目标制相比，客观来说透明度低一些、不确定性高一些，因此在货币政策的制定与实施中，需要更加重视公众通胀预期的变化。

（三）通胀预期形成和引导过程中的信息博弈

20世纪70年代因滞胀爆发的全球性经济危机促使学术界和各国货币当局开始理性思考，如何控制货币政策调控的方向、力度与步调，从而避免宏观经济的大幅波动。这个时期理性预期与适应性学习的观点相继涌现，在此框架下，货币当局与公众在学习与决策的过程中会基于自身利益最大化原则展开行动。如何协调彼此行为、增强货币政策的调控效果成为货币政策制定的又一核心课题，寻求中间路径、兼顾与平衡的调控思路暗合了博弈的原则。事实上，货币当局与公众间关于通胀预期信息的传导、反馈和相互影响不一定是相互配合的。公众会通过观察货币当局的信息披露和货币政策实施后的实际通胀水平，来调整对货币当局信息披露的信任程度，如果这种信任程度不高，则预期引导可能失效。这种情况在物价快速上涨时表现得最为突出。这种不对称的信息关系是博弈产生的原因之一。假定货币当局与公众在学习与决策的过程中会基于自身利益最大化原则展开行动，那么双方的互动学习中也暗含了一个反复的信息博弈。

1977 年，基德兰德和普雷斯科特（Kydland & Prescott）在《政治经济学杂志》上发表了文章《规则而非自由裁量：最优计划的不一致性》，标志着博弈思想开始应用于货币政策制定的研究中。此后数十年来信息博弈研究取得较多的研究成果。库科尔曼和梅尔策（Cukierman & Meltzer，1986）通过一个基于信息非对称的博弈模型解释了美联储对货币调控政策模棱两可的偏好。库科尔曼（1992）在其专著《中央银行战略、可信性和独立性》中用博弈论方法对货币政策行为及效应问题进行了全面探讨，奠定了博弈论思想在货币政策指引中的基石地位。莫里斯和辛（Morris & Shin，2002）基于选美竞赛博弈模型，提出拥有更多有用信息的一方提供更多的公共信息能够增加社会总体福利。斯力特和叶尔泰金（Sleet & Yeltekin，2007）为分析不完全信息货币政策博弈的可信均衡提供了递归方法。图尔达里耶夫（Turdaliev，2010）研究了中央银行和公众无限重复的货币政策博弈。詹姆斯和劳勒（James & Lawler，2011）对莫里斯和辛博弈框架进行了重要的修改，研究发现货币当局的积极沟通能赋予公共信息更多的社会价值。巴雷特等（Barrett et al.，2016）通过一个简单的货币政策博弈，建立了中央银行和金融从业者的战略互动模型，其中中央银行或者追求严格的通胀目标，或者关注金融从业者形成的预期，研究发现在信息不对称下，对于通胀的小冲击，中央银行决策存在一个集合均衡，而对于较大冲击，则存在决策分歧。思拜罗密托斯和钦佐斯（Spyromitros & Tsintzos，2018）基于货币政策博弈思想，将信贷扩张、通胀预期与通胀之间的联系模型化。

我国学者将博弈论应用于通胀预期有关研究起步较晚。陈学彬（1997，1998，2007）基于我国实际情况，以不完全信息和非对称信息为前提研究了影响货币政策制定的各种制约因素，认为货币当局应该在现时利益和未来利益间进行权衡，抑制通过超发货币来刺激经济增长的欲望，应该完善货币政策传递机制并通过引导公众学习，消除公众预期形成过程中的不可置信因素。方松（2004）认为预期是影响货币政策效应的一个重要的微观因素，在理性预期条件下，通过构造简单的货币政策博弈模型并求其均衡结果，发现了货币政策只会影响通货膨胀率而真实产出不变。顾巧明（2010）通过构建一个符合我国国情的货币当局和经济主体的效用函数，研究了市场分割条件下我国货币当局与经济主体围绕通货膨胀进行博弈的动态过程。张华平和贺根庆（2014）以及贺根庆（2014）的研究进一步认同了陈学彬的观点，他们改良了基德兰德和普雷斯科特（1977）的货币调控博弈模型，使之符合中国实际情况，认为货币当局应该限制货币扩张刺激经济的调控政策，将通胀波动稳定在合理范围内。此外，陈元富（2014）、袁铭（2017）、何楠（2018）等学者也通过构建包含预期管理的货币政策博弈模型，研究了货币当局实施预期管理的宏观效应、预期引导和货币政策主动性。可以看出，我国学者重点研究了政策博弈，关注货币政策博弈对货币政策传导机制和货币政策效果方面的影响，从信息博弈角度进行分析不多，对信息博弈在预期形成和预期引导中的作用及过程研究基本空白。

三、信息获取与网络搜索在经济金融研究中的应用

毋庸置疑，互联网的出现拓宽了大众获取知识和信息的渠道，互联网环境与光纤通信技术加速了信息的流转，移动智能终端的广泛普及使得公众收集信息的成本迅速下降，更新信息的频率加快。与此同时，从信息冗余中迅速而准确地获取自己最需要的信息，变得更加困难。搜索引擎的出现解决了公众面对海量信息的困惑，通过输入关键词进行检索，搜索引擎从索引数据库中找到匹配该关键词的网页，将用户的知识需求与信息内容直接对接，大大提升了信息获取的效率。可见，用户的搜索行为受信息需求的驱动，信息搜索的结果又将更新用户的知识结构，并激发用户新的信息需求。从这个意义上讲，网络搜索已经成为公众开展学习的核心环节。

网络搜索的另一个特点是可以通过技术设定让公众的搜索行为留下痕迹，关键词体现了公众的兴趣和关注倾向，搜索过程中关键词的联系与切换反映了公众的行为与心理的运转轨迹，这为分析预测提供了新的渠道。

将网络搜索数据与分析和预测相结合的科学研究始于对美国21世纪初的流行病监测。金斯伯格等（Ginsberg et al.，2009）偶然发现Google搜索引擎上关于流感的关键词搜索数据的频率与北美流感暴发的时间具有强正相关性，并且通过对搜索数据的监控来预测流感的准确度要高于当地的卫生防疫部门。这一里程碑式的发现被迅速发表在《自然》杂志上，并开启了网络搜索数据研究的新纪元。

关于网络搜索的研究很快扩展到消费行为和市场研究等微观预测领域。很多学者（Konstantin et al.，2009；Penna & Haifang，2009；Vosen & Schmidt，2011；等等）利用网络搜索指数进行消费预测，精度显著提高，这在房地产、汽车、旅游、零售等各个消费领域都得到了验证。信息经济学派著名学者蔡和瓦里安（Choi & Varian，2012）系统介绍了如何利用搜索引擎数据预测经济指标如汽车销售、失业索赔和消费者信心。网络搜索良好的预测功能为宏观经济学的研究打开了一条新路。阿斯基塔斯和齐默尔曼（Askitas & Zimmermann，2009）研究了德国Google关键字搜索数据与每月失业率之间的强相关性，展示了网络搜索数据提前预测经济运行的强大潜力。达姆里和马尔库奇（D'Amuri & Marcucci，2009）使用Google趋势指数预测美国失业率，结果表明，即使与大多数州级别的预测以及与联邦级别的预测调查相比，使用Google趋势增强的模型性能也优于传统模型。普利斯等（Preis et al.，2013）运用Google搜索中与金融相关的搜索词的变化，发现了股市波动的"预警信号"。

人类与互联网互动产生的大量新数据具有易获取、大样本、时序波动的特征，除了用于预测，也为研究市场参与者在市场波动时期的行为提供了新的渠道。蒂尔曼（Tillman，2016）基于一个包含9万条关于美联储量化宽松的Tweet消息数据集，通过该数据集中一系列关键字构建了一个货币政策不确定性指数，并运用该指数评估了美国收紧或放松货币政策对新兴经济体金融市场的影响。卡斯特尔努沃和德兰（Castelnuovo & Tran，

2017）基于免费获取的实时 Google 趋势数据，为美国和澳大利亚制定货币政策不确定性指数，证实该指标与这两个国家可用的各种不确定性替代指标正相关。德罗比舍夫斯基等（Drobyshevsky et al.，2017）通过收集新闻报道以及互联网用户 Google 搜索等信息，利用 EGARCH-VAR 模型和非参数试验研究了信息信号的有效性，表明俄罗斯货币当局在利率政策等方面与公众进行了有效沟通。沃尔法斯（Wohlfarth，2018）在每日 Google 趋势数据的基础上，引入一个新的政策关注指数，用于对美国和欧洲固定收益市场波动的高频分析。

国内学者对于网络搜索数据应用的研究起步稍晚，实证研究分散于医学领域、消费领域以及一些交叉领域的研究和预测（李秀婷等，2013；彭赓等，2014；李忆等，2016；李晓炫等，2017）。刘颖等（2011）首次将网络搜索数据应用在股市的分析中。张崇等（2012）发现网络搜索数据与居民消费价格指数（CPI）之间存在一定的相关关系及先行滞后关系。刘伟江等（2015，2015，2017）发表了系列研究，将网络搜索数据合成网络消费者信心指数，研究了指数和宏观经济波动间的互动关系。李方一等（2016）利用网络搜索数据进行区域经济预警研究，取得了较好效果。张李义和涂奔（2018）等利用百度搜索引擎合成了互联网金融信息优势指数，发现互联网金融的信息优势能够降低同业市场利率的波动性，增强同业市场利率的价格发现功能，提升其作为市场基准利率的有效性。国内将网络搜索数据应用于通胀预期的研究非常少，仅有孙毅等（2014）、温博慧等（2016）、袁铭（2017）等探索运用百度搜索指数进行了通胀预期量化的初步研究，但其合成的量化指数要么数据量较小、时间跨度较短，要么过于局限于物价等单一信息，不能充分体现出互联网环境下公众获取信息的精度和学习能力，与实际 CPI 的拟合度不高，缺乏进一步的实证研究。

四、相关研究评述

总体来看，预期理论及通胀预期性质研究、通胀预期对宏观经济波动和货币政策的影响等研究较为系统和成熟，对预期形成机制以及对预期引导过程的研究较少。国内外学者的研究方式、方法和结论而言，呈现出一定的差异性，主要体现在以下三个方面。

第一，国内外研究的起点不同。预期形成及预期引导的理念诞生于西方经济学土壤之中，形成了不同的学派和研究范式，国外学者相关研究有比较清晰的传承和发展脉络。国内学者在这一领域的学术根基基本源自西方经济学，研究集中于将国内数据套入国外研究模型中进行实证研究，在理论研究上没有实质意义上的突破。

第二，国内外研究的发起方不同。国外的学者往往具有多重身份，如伯南克、伍德福德、米什金等既是秉持鲜明学术观点的学者，同时也是货币政策制定部门的公职人员，他们的学术理念可以通过货币政策实际操作得以实现，又能够得到真实的官方数据检验。国内的学者多是民间身份，研究缺乏官方数据的支持，只能通过寻找关键变量的替代变量来佐证，研究结论获官方认同并迅速付诸实践的较少。

第三，国内外研究的方法不同。国外学者运用跨学科、交叉研究方法较多，研究不囿于经济学的时间序列处理，行为学（Gaspar et al.，2010）、生态学（Arifovic et al.，2013）、心理学（Frankel et al.，2018）、神经学（Tillman，2016）和计算机科学（Beradi，2015，2017）的融合应用推动了相关领域的研究发展。国内学者的学术背景较为单一，基本集中在宏微观经济学领域，跨学科的视野和技术分析手段不足，研究的范式较为单一。这可能是导致国内学术观点相对统一，没有独树一帜的观点和理论的原因之一。

整体看，国内外研究也有两点共同之处。一是现有研究集中在市场化程度比较高、经济比较发达的国家和地区。对新兴国家尤其是处在市场化进程中的亚洲、非洲国家货币当局的预期引导和管理研究比较欠缺。二是现有研究大都设定货币当局完全信息或者与社会公众信息非对称，也开始重视公众学习能力提升对公众预期形成的影响，研究结论均指向货币当局要提高政策透明度，加强对公众预期的研究和引导。但总体看，对预期形成与预期引导过程中信息传递与沟通的研究相对较少。经济主体的通胀预期作为一个主观性非常强的概念，对其形成和变化的机理如何进行清晰的阐述、监测和度量，公众与货币当局之间的互动关系对预期形成和预期引导的实施怎样施加影响，在一定程度上仍是一个"黑箱"。

通过对文献的归纳梳理，重点结合我国实际情况，以下几个存在研究空白或薄弱的领域，值得进一步的研究。

一是如何完善我国通胀预期指标的量化方法。目前，我国货币当局仍主要采取调查问卷方式收集公众对未来通胀水平的感受和判断。这种方法天然存在样本范围小、样本代表性难以判断的问题。并且，仅有中国人民银行官方网站上发表了一些关于官方对通胀预期的度量和货币政策分析模型的研究，统计部门也没有完全公布产能利用率等与调控效果密切关联的经济数据，研究者较难对通胀预期指标的量化测算以及对通胀预期在预期引导实施方面的影响效应进行定量分析。

二是进一步研究新时代我国公众预期形成的机理。互联网环境下，公众对信息的吸收、学习方式已经发生了根本改变，公众与货币当局关于通胀预期的信息双向传递非常快，由此可能导致预期在交互影响中不断发生变化，但迄今为止缺乏对互联网环境下公众预期及其波动新变化的深入研究。

三是在前述两点基础之上进一步研究通胀预期与货币政策、通胀预期与宏观经济变量间的相互影响。现有研究偏重自上而下的研究，也就是置货币当局于预期引导中的主导地位，自下而上研究公众预期如何影响货币当局决策或货币政策实施效果的少。在不同货币政策调控期，针对不同的货币政策调控手段，公众预期是否有不同的反应，这种反应又会怎样改变货币政策实施的效果？这些研究都与货币当局提升预期引导效果具有紧密联系。

第三节　研究框架、方法与创新点

一、研究框架

本书的研究思路是，将信息获取作为重要参数引入通胀预期的适应性学习形成机制模型，就公众和货币当局双方围绕信息开展的合作与博弈对预期形成及引导过程的影响进行分析，探索运用互联网大数据处理方法对公众通胀预期进行量化，构建基于网络搜索数据的公众通胀预期指数，并就本书关于公众通胀预期形成与预期引导的一些理论推断进行实证检验，以期为我国货币当局更科学地测度公众通胀预期、有针对性地优化公众通胀预期引导、提升货币政策实施效果提供有益借鉴。本书框架结构如图 1-1 所示。

本书内容共分为七章，具体如下。

第一章是绪论。介绍选题背景和研究目的、研究意义，在梳理国内外研究理论、观点、方法及结论的基础上，给出研究框架与逻辑思路以及创新点等内容。在文献综述部分，鉴于本书交叉学科研究的特点，在对经典预期理论及相关研究进行简要概述后，着重以信息的传递、获取、相互反馈和相互作用为核心线索，对国内外通胀预期形成机制及预期引导相关研究进行了系统梳理，主要涉及适应性学习与通胀预期形成机制、货币当局与社会公众的互动关系、信息博弈等。

第二章是构建理论分析基础。在对适应性学习下理性预期均衡的简化模型进行分析后，围绕本书聚焦的网络环境下公众信息获取的变化，设置公众网络信息获取参数，并以该参数为枢纽，将新凯恩斯主义动态随机一般均衡模型这一主流的宏观经济分析框架与前述简化模型进行融合，构建了本书基于网络信息获取的公众通胀预期适应性学习形成机制理论框架。

第三章是进一步的理论分析，为实证检验提供方向。从信息获取、信息博弈、货币政策不确定性三个角度，对公众和货币当局围绕信息开展的合作和博弈在通胀预期形成和预期引导过程中如何发挥作用，进行理论分析和模型推导，得出了一些理论推断。

第四章是构建基于网络信息搜索的通胀预期及预期引导量化指数，这是本书开展实证的基础。在简要介绍和评价了现有通胀预期量化方法后，阐述了如何依托百度搜索指数，采用关键词的范围提取法、主成分分析法等方法建立公众学习信息获取指数（PIAI）。本章还运用文本信息提取法合成了货币当局信息披露指数（HI）。

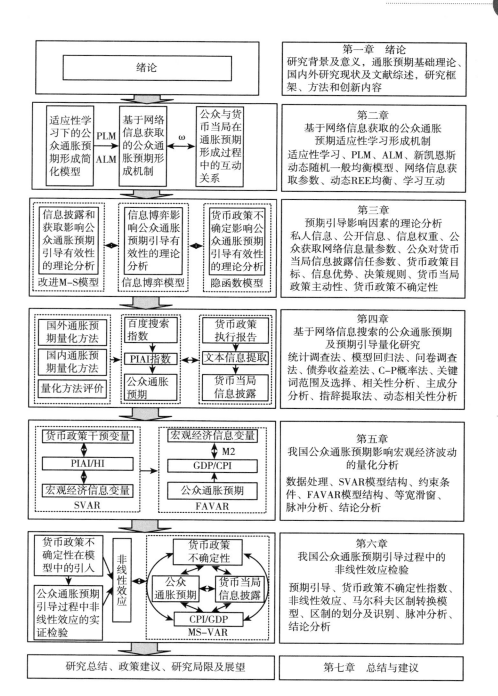

图1-1　本书框架与结构

　　第五章是实证检验。主要基于本书构建的全新的量化指数，运用SVAR、FAVAR 模型进行脉冲响应分析，观测公众通胀预期、货币当局信息披露与货币政策干预变量和宏观经济变量之间的互动关系，对我国公众通胀预期形成及预期引导的理论推断进行验证。

　　第六章是进一步的实证分析。就第五章实证中观测到的非线性效应，结合第三章关于货币政策不确定性的理论分析，运用马尔科夫区制转移向量自回归模型开展变量间脉冲响应分析，通过不同区制下预期引导过程中各变量间的累积脉冲响应对比进行实证分析。

　　第七章是总结与建议。在对理论分析和实证研究结果进行归纳总结的基础上，对我国货币当局更好地观测、度量和引导公众通胀预期从而优化货币政策效果提出针对性的建议。最后阐述了研究的不足，展望了后续研究思路。

二、研究方法

　　本书研究方法如图 1 - 2 所示。

（一）文献研究法

　　文献研究是开展学术研究的基本方法，具有承上启下的作用。本书从梳理经典预期理论的演进出发，从信息角度系统梳理了适应性学习下的通胀预期形成机制研究和运用学习互动、信息博弈等理论对预期形成和预期引导进行研究的文献，针对关注的关键问题寻找合适的理论，为本书研究做好理论准备。

（二）定性分析与定量分析相结合

　　定性分析是对研究对象进行"质"的方面的分析，是运用现代科学理论进行实际问题分析的方法，是开展学术研究的基石，通常包括理论假设、理论判断、理论推理等步骤。本书将适应性学习理论与通胀预期形成机制主流理论相融合，结合本书研究视角设置关键参数，构建了一个基于

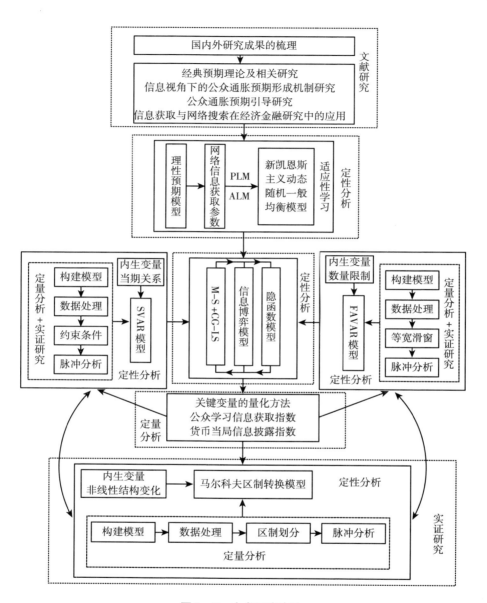

图 1-2　本书研究方法

网络宏观经济、金融信息搜索的通胀预期适应性学习形成机制分析框架，并在此基础上通过模型推导提出了关于预期引导影响因素的多个理论假设和判断，为本书的深入分析和论证提供了理论基础。定量分析是对研究对象的数量特征、数量关系与数量变化的分析，以便更加科学地揭示规律，把握本质，厘清关系，预测事务的发展规律。本书在定性分析的基础上，一是对理论分析中涉及的各对象进行合理的量化替代，继而通过脉冲响应等分析方法检验其相互影响，为定性分析提供参照；二是基于宏观经济、金融信息关键词群百度指数的相关性合成以及文本信息提取的方法，获得了公众学习网络信息获取指数以及货币当局信息披露指数用以实现对现实环境下公众通胀预期以及货币当局预期引导变量的拟合，并检验了拟合效果，为进一步开展实证研究提供了核心数据支持。

（三）实证研究法

实证研究是社会科学研究的基本方法，通过运用一系列的分析工具，如个量与总量分析、均衡与非均衡分析、静态与动态分析等，解释各类现象、行为或发展趋势，验证理论假说。本书以公众学习信息获取指数和货币当局信息披露指数作为互动学习过程中信息传递的关键变量，基于中国2006～2019年宏观经济金融数据，运用 SVAR、FAVAR、MS－VAR 模型，通过不同角度的实证，检验它们与货币政策干预变量、宏观经济变量之间的关系，对我国公众通胀预期特点及预期引导成效进行了分析，检验了本书提出的理论假设和理论推断。

三、创新点

本书创新点主要包括以下三个方面。

第一，从互联网环境下公众信息获取能力大幅提升进而影响公众通胀预期形成的新视角出发，构建了基于网络信息获取的公众通胀预期形成机制的分析框架。

互联网时代信息获取和信息沟通方式发生了重大变化，信息传导渠道拓宽，传导效率提升，公众的学习方式随之而改变，公众预期的形成机理及波动也可能会呈现新的特征，但公众学习能力和方式的变化怎么在形成机制模型中体现，尚存在研究空白。本书针对互联网环境下公众信息获取能力不断增强、通胀预期日趋独立的特征，在模型中区分公众预期和货币当局预期，设置公众网络信息获取参数，并以该参数为枢纽，将新凯恩斯主义动态随机一般均衡模型这一主流的宏观经济分析框架与适应性学习模型进行融合，阐释了公众信息获取与货币当局预期引导共同作用下的通胀预期形成动态均衡过程。这个理论框架强化了学习过程中信息更新的作用，增加了信息冲击参数，并且将这些参数内生化，能够更好地反映公众在互联网环境下的学习状态，更好地模拟真实宏观经济环境下来自网络宏观经济、金融信息的冲击对公众通胀预期形成的影响。

第二，围绕信息精度进行参数设置，通过改进的 M-S 模型、信息博弈模型和隐函数模型，更清晰地揭示互联网环境下公众和货币当局围绕信息开展的合作与博弈对通胀预期引导有效性的影响。

现有文献从总体上看一般提前设定了货币当局信息优势和公众对货币当局信息无差别、无条件接收的状态，预期引导的过程是信息从货币当局到社会公众的单向流动路径。现实情况下特别是互联网环境下，公众对货币当局的信息有可能是选择性接受的，并且互联网环境下的适应性学习对信息精度的要求也在不断提升。针对这一情况，本书围绕信息精度进行参数设置和模型改进，设置了公众获取网络信息量参数和公众对货币当局信息披露的信任参数，对经典 M-S 模型进行了动态改进，模型化了网络环境下公众的信息获取特征；结合国情构建了一个多目标非对称信息博弈模型，展示了货币当局与公众围绕信息精度开展的动态博弈过程；构建了基于公众通胀预期黏性的隐函数模型，揭示了货币政策不确定对信息精度的反作用和对预期引导的非线性影响。通过模型改进和理论推导，更好地刻画了互联网环境下公众通胀预期较过去更具独立性的特征，更清晰地揭示了互联网环境下公众和货币当局围绕信息开展的合作与博弈对通胀预期引导有效性的影响。

第三，以百度搜索指数为基础，构建了我国公众通胀预期的量化指数，为通胀预期相关实证研究开辟了新的空间。

长期以来，公众预期的形成和货币当局的操作规则被限制在提前设定好的系列模型中，在这种研究程式中，预期的形成和预期的引导过程无法被追踪。同时，由于缺少关于通胀预期的官方指标数据，我国公众通胀预期的量化研究在学术上尚没有定论，对公众预期引导的成效也难以开展量化研究。在互动学习的视角下，公众预期与货币当局预期引导可以用双方信息获取和信息披露行为近似代表，通过追踪双方的行为轨迹来量化彼此对于未来经济状况的判定。沿着这条路径，结合网络搜索技术和大数据分析能力的快速发展，本书以百度搜索指数为基础，合成了具有即时性、留痕性和广泛代表性的公众学习信息获取指数，实现对我国公众通胀预期的较好刻画。本书以该指数和基于文本信息提取法合成的货币当局信息披露指数为基础，以前文理论分析框架为依托，先后根据 SVAR 模型、FAVAR 模型、马尔科夫区制转移模型开展实证设计，研究了公众通胀预期形成与预期引导间的相互作用。经实证检验，基于网络信息搜索的公众学习信息获取指数较以官方样本调查统计法形成的通胀预期指数精度更高，在追踪公众通胀预期形成轨迹、研究我国公众通胀预期的特征和检验预期引导效果方面具有良好的应用性。

第二章

基于网络信息获取的公众
通胀预期适应性学习
形成机制

公众对信息的获取和学习，是公众通胀预期形成的重要过程。这正是适应性学习理论研究的范畴。适应性学习理论聚焦于公众通胀预期形成的中间环节，较为真实地反映了现实中公众通过学习不断调整通胀预期、努力逼近均衡状态的过程，但对于信息在其中如何发挥作用，进而如何更好地监测信息的获取和反馈，尚没有公认的研究结论。为此，本章选择从适应性学习理论切入，在模型中设置网络宏观经济、金融信息获取参数，研究互联网环境下公众对信息获取和学习能力的变化是否影响了公众通胀预期的形成。同时，鉴于通胀预期是对公众整体预期的抽象定义，西方宏观经济学的研究范式是将其置于宏观经济波动中进行研究，本章将通胀预期的适应性学习模型与主流的宏观经济研究范式新凯恩斯动态随机一般均衡模型相融合，尝试构建基于网络宏观经济、金融信息获取的公众通胀预期适应性学习形成机制理论框架，为后续理论分析、公众通胀预期量化和相关实证研究提供理论基础。

第一节 适应性学习下的公众通胀预期形成简化模型

一、公众通胀预期的理性均衡状态

理性预期是适应性学习的最终均衡状态。为引入适应性学习机制，本书借鉴贝拉尔迪和加林伯蒂（Berardi & Galimberti，2015）的研究，构建一个内生滞后的单变量简化模型对理性预期理论阐述如下：

$$k_t = \alpha + \beta E_t(k_t) + \gamma z_t \qquad (2-1)$$

$$z_t = \rho z_{t-1} + \varepsilon_t \qquad (2-2)$$

其中，α、β 和 γ 均为依赖模型参数的常系数；k_t 是公众感兴趣研究的一个内生变量；z_t 是一个外生冲击变量，假定 z_t 服从 AR(1)的一阶马尔可夫（Markov）自回归过程；$0 < \rho < 1$；ε_t 为白噪声，且满足均值为 0、方差为 σ_ε^2 的正态分布。将式（2-2）代入式（2-1）可以得到：

$$k_t = \alpha + \beta E_t(k_t) + \gamma \rho z_{t-1} + \gamma \varepsilon_t \qquad (2-3)$$

理性预期理论认为公众的预期 $E(k)$ 在式（2-3）中是内生的，公众完全可以根据模型结构结合有关信息对内生变量 k 进行合理的预测，因此可以设定公众完全了解 z_t 所遵循的 AR(1)过程，也知道参数 ρ 和 σ_ε^2 的具体值，那么公众对变量 k_t 的预期可以表示成综合了 $t-1$ 时期的信息而进行的数学期望，即：

$$E_t(k_t) = E_{t-1}\left[\frac{k_t}{I_{t-1}}\right] \qquad (2-4)$$

式（2-4）中，I_{t-1} 表示公众在（$t-1$）时期获得的信息集合。当最终达到理性预期均衡（REE）时，有 $k_t = E_{t-1}(k_t)$，参考麦卡勒姆（McCallum，1983）、坎贝尔（Campbell，1994）和乌利希（Uhlig，1999）研究范式中

所使用的待定系数法，联立式（2-3）和式（2-4）可得到内生变量 k_t 的 REE 均衡解：

$$k_t = \frac{\alpha}{1-\beta} + \frac{\gamma\rho}{1-\beta}z_{t-1} + \frac{\gamma}{1-\beta}\varepsilon_t \qquad (2-5)$$

式（2-5）表明，REE 均衡时，公众感兴趣的研究变量 k_t 等于均衡值加上外生冲击和一个随机且独立的干扰变量之和。

二、适应性学习下的公众预期收敛机制

根据适应性学习理论对简化模型（2-1）和模型（2-2）展开分析，为使问题处理简单化，假设公众从已经公布的信息中发现了一个规律：本期内生变量 k_t 只受一个上期外生冲击变量 z_{t-1} 和一个本期随机噪声 ε_t 的影响。为了简化分析，假设公众之间形成的预期是同质的，并且公众在通胀预期形成的过程中采用了线性结构方程，则公众的学习行为可以表示为：

$$k_t = a + bz_{t-1} + c\varepsilon_t \qquad (2-6)$$

在适应性学习假定下，公众可以根据以往的数据进行分析，并且知道外生冲击变量 z_t 的自回归系数 ρ 的取值，但是不知道结构方程式（2-6）中的参数 a、b 和 c 的取值。所以，公众需要持续关注新的信息，通过不断学习，估计参数 a、b 和 c 的值，并根据所获信息的不断增加，及时修正原先的估计值。在学习过程中的第 t 个时期对结构参数的估计值表示为：

$$k_t = a_t + b_t z_{t-1} + c_t \varepsilon_t$$

与此同时，公众在 t 时刻的预期为：

$$E_t(k_t) = a_t + b_t z_{t-1} \qquad (2-7)$$

式（2-7）即适应性学习中的感知运转（PLM）模型，表明在第 t 个阶段，公众并不了解真实的经济模型，但是知道关注变量 k_t 主要决定于均衡值和外生冲击因素，因此会用式（2-7）来估计相应的参数 a_t 和 b_t。将式（2-7）代入式（2-3）可得：

$$k_t = \alpha + \beta a_t + (\gamma\rho + \beta b_t) z_{t-1} + \gamma\varepsilon_t \qquad (2-8)$$

可见，从理性预期到适应学习的转变有两个重要特征：一是在适应性学习过程中公众并不确定他们的 PLM 模型的参数值，因此需要遵循一个实时的动态过程来获得与他们期望相关的估计，同时这些期望也正在决定实际的结果；二是有限理性特征可能会限制公众对将要包含在其 PLM 模型中的相关变量的感知。假设公众使用式（2-9）所示的递归最小二乘（RLS）算法更新其 PLM 参数估计：

$$\begin{cases} \phi_t = \phi_{t-1} + g_t R_t^{-1} Z_t (k_t - Z_t' \times \phi_{t-1}) \\ R_t = R_{t-1} + g_t (Z_t \times Z_t' - R_{t-1}) \end{cases} \qquad (2-9)$$

其中，g_t 是学习收益参数；R_t 是迭代过程中的过渡矩阵，代表二阶回归矩阵的估计；Z_t 和 ϕ_t 分别采集 PLM 过程中包含的变量及其相关的参数估计，对于式（2-7）的 PLM 过程，有：

$$Z_t = \begin{bmatrix} 1 \\ z_{t-1} \end{bmatrix}, \phi_t = \begin{bmatrix} a_t \\ b_t \end{bmatrix}$$

将其代入式（2-8），即得到适应性学习中的实际运转（ALM）模型：

$$k_t = Z_t' \times ([\begin{array}{cc} \alpha & \gamma\rho \end{array}]' + \beta\phi_t) + \gamma\varepsilon_t \qquad (2-10)$$

PLM 参数的递归过程是：$a_{t+1} = \alpha + \beta a_t$，$b_{t+1} = \gamma\rho + b_t$，递归得到结构参数的表达式为：

$$a_t = \sum_0^{t-1} \alpha\beta^t + \beta^t a_0$$

$$b_t = \sum_0^{t-1} (\gamma\rho)\beta^t + \beta^t b_0$$

在公众预期调整系数 $0 < \beta < 1$ 的前提下有：

$$\lim_{t\to\infty}(k_t) = \lim_{t\to\infty}[\alpha + \beta a_t + (\gamma\rho + \beta b_t) z_{t-1} + \gamma\varepsilon_t] = \frac{\alpha}{1-\beta} + \frac{\gamma\rho}{1-\beta} z_{t-1} + \frac{\gamma}{1-\beta}\varepsilon_t$$

求解极限式的结果与 REE 均衡时的式（2-5）吻合，说明适应性学习进程中,公众不断地重复上述式(2-7)至式(2-10)的过程,即 PLM 向 ALM 转化的过程,系统参数 ϕ_t 重复地进行递归,对于一个足够小的常数增益 g_t,在满足模型参数矩阵 ϕ_t 和外生变量矩阵 Z_t 稳定条件下,PLM 参数估计将逐渐收敛到一个以 REE 平衡值为中心的平稳分布。公众的适应性学习过程如图 2-1 所示。

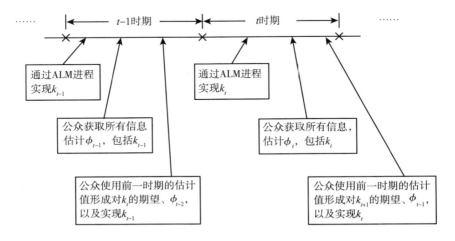

图 2-1 适应性学习的时间线

三、适应性学习的常用算法

按递归方式不同,适应性学习的常用算法可被划分为三种:递归最小二乘(recursive least squares,RLS)法、随机梯度(stochastic gradient,SG)法以及恒定增益(constant gain,CG)法,三种学习算法的递归规则和递归参数矩阵基本结构如表 2-1 所示。其中,RLS 学习的递归算法脱胎于最小二乘(LS)法,公众利用其更新参数具有直观上的便利性和可行性;SG 学习算法相对简单,在初始化算法时,没有与递归相关的技术复杂性,然而,SG 学习是否优于 RLS 学习在学术界尚有争论,有部分学者认为其收敛速度关键取决于外生冲击方差的大小,在计量经济学意义上相对低效(Slobodyan et al.,2006;Evans et al.,2010)。另有部分学者认为,SG 学习下的估计系数不收敛于单个点而是分布在估计的期望值附近,尽管这代表着对理性预期的更大背离，但在解释特定的程式化事实时，它可能比其他算法更贴近真实情况（Berardi et al.，2015）；而 CG-LS 学习则克服了 RLS 学习对结构变化不敏感的缺点，同时引进了可控学习参数 g。通过对初始参数 ϕ_0、R_0、k_0 和 Z_0 进行赋值，再结合式（2－7）至式（2－9），通过递归运算动态估计参数 $\phi_{k,t-1}$ 和 $\phi_{z,t-1}$，可不断获取并更新参数 ϕ_t，再将由对应的学习模型得到的参数值代入式（2－10）即得到通货膨胀的实际运转过程。

表 2－1　　　　　三种适应性学习算法的递归参数算子与矩阵结构

算法	递归参数算子	递归参数矩阵结构
RLS	$\begin{cases} \phi_t = \phi_{t-1} + \dfrac{1}{t}R_t^{-1}Z_t(k_t - Z_t' \times \phi_{t-1}) \\ R_t = R_{t-1} + \dfrac{1}{t}(Z_t \times Z_t' - R_{t-1}) \end{cases}$	$\phi_t = \begin{bmatrix} \phi_{k,t} \\ \phi_{z,t} \end{bmatrix} = \left(\sum_{i=1}^{t} Z_{i-1}Z_{i-1}' \right)^{-1} \sum_{i=1}^{t} Z_{i-1}k_i$ $R_t = \sum_{i=1}^{t} Z_{i-1}Z_{i-1}' / t$
SG	$\phi_t = \phi_{t-1} + (1/t)Z_{t-1}(k_t - Z_{t-1}'\phi_{t-1})$	$\phi_t = \left(\sum_{i=1}^{t} Z_{i-1}Z_{i-1}' \right)^{-1} \sum_{i=1}^{t} Z_{i-1}k_i$
CG-LS	$\begin{cases} \phi_t = \phi_{t-1} + g_t R_t^{-1} Z_t(k_t - Z_t' \times \phi_{t-1}) \\ R_t = R_{t-1} + g_t(Z_t \times Z_t' - R_{t-1}) \end{cases}$	$\phi_t = \left(\sum_{i=1}^{t} (1-g)^{i-1} Z_{t-i}Z_{t-i}' \right)^{-1}$ $\times \left(\sum_{i=1}^{t} (1-g)^{i-1} Z_{t-i}k_{t-i+1} \right)$ $R_t = g\sum_{i=1}^{t} (1-g)^{i-1} Z_{t-i}Z_{t-i}'$

本书认为，在适应性学习模型算法的选择上没有一定之规，需要结合实际经济活动运转情况灵活处理。较具有参考性的标准是通过观察不同学习模型对实际经济波动率的模拟情况来判断模型的解释能力，进而遴选合意的学习模型（范从来和高洁超，2016）。

第二节　基于网络信息获取的公众通胀
预期形成机制

有别于传统媒体时代，在互联网环境下，公众的信息获取渠道更为宽广与畅通，公众通过网络搜索引擎等技术手段接触到的信息量呈现几何级数的爆发式增长。互联网的开放环境决定了公众的信息获取不再是封闭的、单向的，这意味着公众预期形成可能有两个方面的变化：一是公众接收货币当局传递信息的速度和学习能力大幅提升，公众通胀预期通过影响经济主体的行为进而影响宏观经济波动的能力提升；二是公众不仅仅被动接收货币当局传递的信息，而且会主动地获取更多宏观经济金融信息，因而呈现出一定的独立性。这就是各国货币当局越来越重视预期引导的原因。可以判断，在网络信息获取加强的背景下，公众与货币当局双方在通胀预期形成中的作用更加复杂，双方之间的学习互动也会加强。鉴于此，本书在分析框架中设置网络信息获取参数，并将货币当局的预期与公众预期区分开来，以分析在互动学习的动态过程中，公众如何通过 PLM 向 ALM 的转化贴近 REE 均衡，以及货币当局如何影响公众通胀预期的形成。

一、引入互动学习的三方程框架

新凯恩斯主义学派对理性预期的均衡已有成熟研究范式，一般是将 IS 曲线和新凯恩斯混合菲利普斯曲线（new Keynesian hybrid Phillips curve, NKHPC）联立，以研究宏观经济系统中的供给和需求与通胀预期的关系。这里的通胀预期一般是指公众通胀预期。为分析公众和货币当局在公众通胀预期形成中互动学习的特征，本书在新凯恩斯动态随机一般均衡研究范式基础上，借鉴卞志村（2015）的研究，加入反映货币当局基于对通胀预期的判断实施货币政策的利率调控泰勒规则（Taylor's rule），构建了一个包含 IS 方程、NKHPC 和泰勒规则的三方程框架模型。但与其不同的是，本书将货币当局的通胀预期与公众通胀预期区分开来。具体如下：

$$动态\,IS\,曲线: z_t = E_t^P(z_{t+1}) - \varphi[r_t - E_t^P(\pi_{t+1})] + d_t \qquad (2-11)$$

$$NKHPC: \pi_t = \beta E_t^P(\pi_{t+1}) + \gamma z_t + s_t \qquad (2-12)$$

其中，z_t 是 t 时期的产出缺口；E_t^P 指代公众的预期，$E_t^P(\pi_{t+1})$ 是公众对

（$t+1$）时期的通货膨胀预期；π_t 是 t 时期的实际通胀水平；r_t 是 t 时期的名义利率[①]。s_t 是 t 时期的供给冲击；d_t 是 t 时期的需求冲击，s_t、d_t 均服从 AR（1）的一阶 Markov 自回归过程，因此有：

$$s_t = \rho_s s_{t-1} + \varepsilon_t^s, 0 < \rho_s < 1, \varepsilon_t^s \sim iid(0, \sigma_s^2)$$

$$d_t = \rho_d d_{t-1} + \varepsilon_t^d, 0 < \rho_d < 1, \varepsilon_t^d \sim iid(0, \sigma_d^2)$$

其中，β、φ 和 γ 均为系统结构参数，分别满足 $\varphi > 0$、$\gamma > 0$、$0 < \beta \leqslant 1$。

货币当局在决定利率水平时，采用的是前瞻性的泰勒规则：

$$r_t = \alpha_\pi E_t^B(\pi_{t+1}) + \alpha_z E_t^B(z_{t+1}) \qquad (2-13)$$

其中，α_π 和 α_z 分别是利率对预期通胀水平和产出缺口的反应系数，且满足 $\alpha_\pi > 0$、$\alpha_z > 0$。E_t^B 表示货币当局的预期。货币当局和公众两者的预期水平不一定相同。由式（2-11）至式（2-13）构成的三方程模型可以对现行经济系统进行基本描述。

将式（2-13）代入式（2-11），得到：

$$z_t = [E_t^P(z_{t+1}) - \varphi\alpha_z E_t^B(z_{t+1})] - \varphi[\alpha_\pi E_t^B(\pi_{t+1}) - E_t^P(\pi_{t+1})] + d_t$$
$$(2-14)$$

将式（2-14）代入式（2-12），得到：

$$\pi_t = \gamma E_t^P(z_{t+1}) - \gamma\varphi\alpha_z E_t^B(z_{t+1}) + (\beta + \gamma\varphi)E_t^P(\pi_{t+1})$$
$$- \gamma\varphi\alpha_\pi E_t^B(\pi_{t+1}) + s_t + \gamma d_t \qquad (2-15)$$

式（2-15）体现出的经济意义是，t 时期的实际通货膨胀是在公众和货币当局对通胀和产出缺口的预期以及供给和需求冲击的共同作用下实现的。

二、公众网络信息获取参数的设置

在过去纸质媒体时代，公众能够获得的外部信息无论从信息传递渠道

---

① 为了消除量纲对分析的影响，每一个变量都定义为与其稳定状态时的百分比偏离值，例如，r_t 是指名义利率与通胀水平为零、产出稳定时的偏离水平。

还是信息量上看，均十分有限，因此公众主要凭借经验（如重要商品的零售价格等）和相互间的交流来形成未来通胀预期，这个阶段公众通胀预期的形成以经验学习为主导［古德哈特（Goodhart，2003）形象地称之为："你会去问你的叔叔"］。由于信息的匮乏和不连续，公众很难开展以计量算法为核心的具有持续性的适应性学习并形成理性通胀预期，在较强烈的外部冲击如经济危机时，公众通胀预期可能会出现与货币当局通胀预期相差较大甚至南辕北辙的情形，最终给宏观经济运行带来较大波动。进入 21 世纪的互联网络信息化时代，科学技术的进步、公众教育素质的普遍提升为公众开展适应性学习形成理性预期提供了坚实的基础。公众几乎可以同步获得国内外最新的经济资讯，公众之间的信息交流与沟通途径也畅通无比，公众通胀预期的形成将更具有实时性和独立性特征。

为此，本书引入公众网络信息获取参数 ω 对公众的信息学习及公众与货币当局的学习互动进行描述。ω 与公众获取网络信息充分程度 net 以及公众对货币当局披露信息信任程度 bel 相关，其性质如图 2 - 2 所示。在图 2 - 2 中，纵轴 ω 代表公众网络信息获取参数；横轴 net 代表网络信息；第三轴 bel 代表公众对货币当局的信任；对称不规则曲面（上凹下凸）由 net 和 bel 各种组合对应下的 ω 的不同取值组成，net 和 bel 越大，ω 越接近于 1；阴影面代表 $\omega = 1$ 时的理想预期均衡情况，在理想预期均衡时，公众预期与货币当局预期趋向一致。

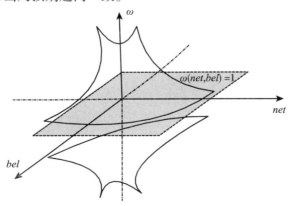

图 2 - 2　公众信息获取参数 ω 的性质

三、三方程模型的均衡收敛条件

假定货币当局的调控举措是应对宏观经济波动的最优选择，则公众的通胀预期与货币当局的预期趋同代表货币当局的货币政策能取得最好效果，式（2－14）与式（2－15）达到稳定均衡状态。为此，本书引入以下两个均衡收敛条件。

条件1： 公众通过网络信息搜寻和信息交换不断更新通胀预期，一旦公众能够获得的外部信息量足够充分且公众对货币当局的信息披露充分信任时，公众通过适应性学习形成的通胀预期将能够在理论上无限接近于货币当局的通胀预期，此时的货币政策是充分有效的。① 用公式表达如下：

$$E_t^P(\pi_{t+1}) = \omega E_t^B(\pi_{t+1})$$

面对公众通胀预期形成出现不同于以往的独立性和迅捷性，货币当局需要摒弃传统预期引导思路，在公众预期形成过程之初就积极介入，有意识地开展信息披露与沟通，对公众通胀预期的形成通过网络信息释放主动施加影响。在公众信息获取与货币当局信息披露的共同作用下，公众适应性学习通胀预期形成最终将逐渐收敛于理性预期均衡，此时公众通胀预期将与货币当局的预期趋于一致。

条件2： 货币当局和公众对产出缺口的预期也受到公众信息获取参数的牵引，货币当局的调控目标为努力抵消公众预期波动可能引致的后果。用公式表示如下：

---

① 一方面，公众的通胀预期实际上反映的是公众整体对未来通胀预期的研究、判断，是一个统计意义上的平均量，因此只要公众可获得的外部信息达到一定的量级，信息的统计特征就越明显，公众个体在遵从理性判断的前提下是可以通过统计特征的显著性来判断未来通胀预期的变动方向的，最终多数人的判断将成为公众整体对未来通胀预期方向上的共识，即确定了 ω 的符号；另一方面，公众也一定会关注货币当局对未来通胀的预期，货币当局也一定会尽量引导公众的预期，以确保未来货币政策的有效性，通过公众适应性学习和货币当局预期引导的双重作用，最终公众通胀预期将收敛于货币当局的通胀预期，否则，货币当局的货币政策将变得无效率。

$$E_t^P(z_{t+1}) = \omega E_t^B(z_{t+1})$$

通过前面两个假设，式（2-14）与式（2-15）可以简化为：

$$\begin{bmatrix} z_t \\ \pi_t \end{bmatrix} = \begin{bmatrix} 1 - \varphi\alpha_z/\omega & \varphi(\alpha_\pi/\omega - 1) \\ \gamma(1 - \varphi\alpha_z/\omega) & (\beta + \gamma\varphi - \gamma\varphi\alpha_\pi/\omega) \end{bmatrix} \begin{bmatrix} E_t^P(z_{t+1}) \\ E_t^P(\pi_{t+1}) \end{bmatrix} + \begin{bmatrix} 1 & 0 \\ \gamma & 1 \end{bmatrix} \begin{bmatrix} d_t \\ s_t \end{bmatrix}$$

$$(2-16)$$

观察式（2-16），可以进一步简化为：

$$H_t = A E_t H_{t+1} + B Z_t \qquad (2-17)$$

$$Z_t = \rho Z_{t-1} + \varepsilon_t \qquad (2-18)$$

其中，$H_t = \begin{bmatrix} z_t \\ \pi_t \end{bmatrix}$，$A = \begin{bmatrix} 1 - \varphi\alpha_z/\omega & \varphi(\alpha_\pi/\omega - 1) \\ \gamma(1 - \varphi\alpha_z/\omega) & (\beta + \gamma\varphi - \gamma\varphi\alpha_\pi/\omega) \end{bmatrix}$，$B = \begin{bmatrix} 1 & 0 \\ \gamma & 1 \end{bmatrix}$，

$Z_t = \begin{bmatrix} d_t \\ s_t \end{bmatrix}$，$\rho = \begin{bmatrix} \rho_d & 0 \\ 0 & \rho_s \end{bmatrix}$。

由式（2-17）和式（2-18）构成的宏观经济系统矩阵表明，t 时期的实际产出缺口和通货膨胀受到公众该时期的预期和外生冲击［服从 AR(1) 的自回归过程］的叠加影响。对比式（2-1）和式（2-2），可以发现宏观经济系统矩阵在结构上与单变量内生滞后简化模型十分吻合，适合引入适应性学习的分析范式作进一步的分析。

四、三方程模型在 CG-LS 学习下的结构及动态均衡

在式（2-17）和式（2-18）的基础上，引入适应性学习以刻画 t 时期公众对通胀和产出缺口的预期形成过程。借鉴卡塞莱斯-波韦达和詹尼特萨鲁（Carceles-Poveda & Giannitsarou，2007）、卞志村和高洁超（2013）以及郭豫媚和周璇（2018）等中外学者的研究，宏观经济系统矩阵的 REE 均衡时有：

$$H_t = \phi Z_{t-1} + \tau_t \qquad (2-19)$$

其中，$\phi = \begin{bmatrix} \overline{\phi_{11}} & \overline{\phi_{12}} \\ \overline{\phi_{21}} & \overline{\phi_{22}} \end{bmatrix}$ 是 REE 时的递归算子均衡解，τ_t 是白噪声冲击。对

式（2－19）进行期望运算，可得：

$$E_t H_{t+1} = \phi Z_t \qquad (2-20)$$

将式（2－20）代入式（2－17），可得：

$$H_t = (A\phi + B) Z_t \qquad (2-21)$$

将式（2－18）代入式（2－21），可得：

$$H_t = (A\phi + B)\rho Z_{t-1} + (A\phi + B)\varepsilon_t \qquad (2-22)$$

式（2－22）即宏观经济系统矩阵在 REE 时的 ALM 法则。

在适应性学习的方式下，假设公众知晓宏观经济系统矩阵的理性预期均衡时的结构特征，即公众知晓式（2－19），但公众并不知道均衡解 ϕ，于是公众会根据已有的知识结构和信息形成对宏观经济系统矩阵均衡的主观判断。假设公众形成的主观判断为：

$$H_t = \phi_{t-1} Z_{t-1} + \xi_t \qquad (2-23)$$

式（2－23）也即公众对宏观经济的 PLM 模型。假设公众的预期形成方程为：

$$E_t H_{t+1} = \phi_{t-1} Z_t \qquad (2-24)$$

式（2－24）揭示了公众预期的具体形成过程，即公众使用本期更新的数据进行预测，同时假定上一期的参数仍适用于本期预测。[①] 将式（2－24）代入式（2－17），可得：

$$H_t = (A\phi_{t-1} + B) Z_t \qquad (2-25)$$

---

① 如果在式（2－23）中使用 ϕ_t，将会出现 H_t 和 ϕ_t 互相同时决定的"同时性问题"，故此，本书参考了卡塞莱斯－波韦达和詹尼特萨鲁（2007）、加斯帕等（Gaspar et al.，2010）、卞志村和高洁超（2014）以及郭豫媚和周璇（2018）等学者的处理方法，改用 ϕ_{t-1} 作为预期形成方程的参数。

将式（2 – 18）代入式（2 – 25），得到公众对于宏观经济的 ALM 模型：

$$H_t = (A\phi_{t-1} + B)\rho Z_{t-1} + (A\phi_{t-1} + B)\varepsilon_t \qquad (2-26)$$

在式（2 – 26）中，公众完全知晓结构系数 A、B 以及有关参数 ρ 和 ε_t，对于公众唯一不明确的递归矩阵 ϕ_{t-1}，公众需要更新每个时期的信息集然后通过一定的计量方法获得，并且，随着公众信息集的更新，ϕ_{t-1} 每期都会改变。

本书假定公众采取了 CG-LS 学习更新递归矩阵参数 ϕ_{t-1}。对比 RLS 学习，CG-LS 学习有如下优势。首先，CG-LS 学习对模型的结构性变化更为敏感，因而更加贴近我国现阶段经济结构转型时期的现实国情，面对经济结构的不稳定，CG-LS 学习可以更加有效地拟合实际经济波动；其次，CG-LS 学习引入了学习收益参数 $g(0 < g < 1)$，代表公众预测误差对本期参数更新的影响程度，进一步地，考虑互联网环境下的公众信息获取能力，可令 $g = g(\omega)$，ω 越趋近于 1，g 越小，说明公众在参数更新时的预测误差影响越小，公众的预期越理性。

根据表 2 – 1，令 $\phi_t = \begin{bmatrix} \phi_{1t} & \phi_{2t} \\ \phi_{3t} & \phi_{4t} \end{bmatrix} = [\, Q_{1t} \quad Q_{2t}\,]'$，对于 CG-LS 学习有：

$$Q_{1t} = \Big(\sum_{i=1}^{t} (1-g)^{i-1} Z_{t-i} Z'_{t-i} \Big)^{-1} \Big(\sum_{i=1}^{t} (1-g)^{i-1} Z_{t-i} z_{t-i+1} \Big)$$

$$Q_{2t} = \Big(\sum_{i=1}^{t} (1-g)^{i-1} Z_{t-i} Z'_{t-i} \Big)^{-1} \Big(\sum_{i=1}^{t} (1-g)^{i-1} Z_{t-i} \pi_{t-i+1} \Big)$$

可令过渡矩阵：

$$R_t = g \sum_{i=1}^{t} (1-g)^{i-1} Z_{t-i} Z'_{t-i}$$

$$N_{1t} = g \sum_{i=1}^{t} (1-g)^{i-1} Z_{t-i} z_{t-i+1}$$

$$N_{2t} = g \sum_{i=1}^{t} (1-g)^{i-1} Z_{t-i} \pi_{t-i+1}$$

经过简单递归可得：

$$Q_{1t} = R_t^{-1} N_{1t} = Q_{1t-1} + gR_t^{-1} Z_{t-1} (z_t - Z'_{t-1} Q_{1t-1}) \qquad (2-27)$$

$$Q_{2t} = R_t^{-1} N_{2t} = Q_{2t-1} + gR_t^{-1} Z_{t-1} (\pi_t - Z'_{t-1} Q_{2t-1}) \qquad (2-28)$$

$$R_t = R_{t-1} + g(Z_{t-1} Z'_{t-1} - R_{t-1}) \qquad (2-29)$$

式（2-27）至式（2-29）构成了公众更新参数 ϕ_t 的 CG-LS 算法，一旦给定了初始值 R_{t0} 和 ϕ_{t0}，公众结合式（2-18）和式（2-26）就可以通过递归运算不断更新参数 ϕ_t，只要将更新后的 ϕ_t 代入式（2-22），就可以获得宏观经济变量 H_t 的实际走势，只要将更新后的 ϕ_t 代入式（2-24），公众就可以获得对 H_{t+1} 的估计，其中也包括了公众对未来实际通胀水平 π_{t+1} 的估计。

第三节　公众与货币当局在通胀预期形成过程中的互动关系

一、持续性的学习互动

如果将式（2-16）中的公众预期替换为货币当局预期，则存在：

$$\begin{bmatrix} z_t \\ \pi_t \end{bmatrix} = \begin{bmatrix} \omega - \varphi\alpha_z & \varphi(\omega - \alpha_\pi) \\ \gamma(\omega - \varphi\alpha_z) & (\omega\beta + \gamma\varphi(\omega - \alpha_\pi)) \end{bmatrix} \begin{bmatrix} E_t^B(z_{t+1}) \\ E_t^B(\pi_{t+1}) \end{bmatrix} + \begin{bmatrix} 1 & 0 \\ \gamma & 1 \end{bmatrix} \begin{bmatrix} d_t \\ s_t \end{bmatrix}$$

$$(2-30)$$

可见，货币当局的预期形成也可以被视为遵循着某种适应性学习的方式。尽管货币当局相比于公众具有专业和信息的双重优势，但由于受到公众通胀预期网络信息获取参数 ω 的牵引，货币当局的预期形成不可避免地要受到各期公众通胀预期的影响。反过来，设想货币当局一方面通过信息披露与沟通努力引导公众预期，另一方面又无视公众预期带来的反馈，将很可能导致货币当局的预期与公众预期从某个时刻开始脱钩，双方预期间的误差会通过系统内部的累积和叠加被逐渐放大，货币当局又需要付出比以往更多的努力来扭转这种脱钩的现象，否则将导致整个宏观经济运转的大幅波动。在互联网环境下，这种系统性的误差会随着公众学习能力的提升而被进一步放大，公众学习速度越快，公众通胀预期偏离 REE 均衡的程度也越高。

式（2-16）表明，公众与货币当局之间的互动关系对公众通胀预期能否贴近 REE 均衡、货币政策调控能否取得理想效果具有重要影响。从公众网络信息获取参数 ω 的性质来看，公众与货币当局预期是否趋向一致受到公众获取网络信息充分程度以及公众对货币当局披露信息信任程度的共同影响。在互联网环境下，公众对网络宏观经济金融信息的获取充分程度日益提升，对货币当局信息披露的依赖性逐渐降低，因此，为了取得更好的通胀预期引导效果，货币当局必须更加重视提升公众对其的信任程度。如果公众对货币当局信息披露的信任程度不高，即便披露信息的精确度很高，也不能保证被公众广泛接受，从而形成"预期陷阱"[①]；相反，如果公众对货币当局信任程度高，即使短期内经济指标的变化不能证实货币当局政策的有效性，公众的预期也将保持稳定。对货币当局而言，也并非被动坐等"预期陷阱"的出现，而是持续对市场反馈信息开展学习，掌握公众预期形成特点，监控公众预期走势，采取主动引导公众预期的方式，增强货币政策调控的前瞻性和灵活性。

二、基于信息的合作与博弈

在公众通胀预期形成过程中，公众与货币当局之间还存在着围绕信息开展的合作与博弈。参考储峥（2012）的研究，这种基于信息的合作与博弈可以通过一个简单的价格决定模型予以定性诠释。

假设企业（或公众）对其产品（或劳务）价格的制定依托于他们所获取的信息，因此在学习互动作用下会同时受到自身预期以及货币当局预期

[①] "预期陷阱"是指公众通胀预期大幅背离货币当局的估计下，货币当局被迫采取措施以适应公众通胀预期。

的影响，则有一个普适直观的定价策略存在：

$$p_i = (1-w)E^i(I,D)p_i^e + wE^B(I,D)\bar{p} \qquad (2-31)$$

其中，p_i 是企业（或公众）i 制定的单一价格水平，p_i^e 是企业（或公众）基于自我预期形成的价格期望；D 是反映需求的函数；$\bar{p}$ 是货币当局政策调控的价格目标，代表货币当局对该行业整体价格水平的期望；E^i 和 E^B 分别是表示企业（或公众）i 以及货币当局的预期函数，它们的预期函数与信息 I 及需求 D 相关；w 代表企业（或公众）决策时货币当局所披露信息的权重，$0 < w < 1$，体现了企业（或公众）在价格决策时的权衡。如果将式（2-31）所体现的定价权衡策略延伸至经济社会整体层面，假定 E 是社会整体（包括公众和货币当局）基于宏观基本面信息的预期，则社会价格总水平的定价权衡可以进一步表示为：

$$E(p) = (1-w)E + w(1-w)E[E] + w^2(1-w)E[E^{(2)}] + \cdots$$

$$= (1-w)\sum_{k=0}^{\infty} w^k E[E^{(k)}] \qquad (2-32)$$

其中，$E(p)$ 为社会整体对价格总水平的预期，$E^{(k)}$ 表示基于信息的 k 阶预测。

根据式（2-31），企业（或公众）的定价决策一方面参考着自身的预期，另一方面也融合了货币当局的价格预期，关键参数 w 决定了双方预期在最终稳态价格中所占的比重。式（2-32）表明公众和货币当局定价过程中高阶预期的存在。高阶预期是指双方反复预期着对方的预期，预期结果又受到彼此预期的影响，使得两者之间不再是单纯的引导与被引导的关系。式（2-31）与式（2-32）描述了在预期不断调整的过程中，公众和货币当局针对信息的获取和披露开展的系列行为是一个持续性的博弈与合作的过程。

在实际中，若关键参数 w 过大，即公众通胀预期形成过程中过于依赖货币当局释放的公开信息，那么公众通过自身努力获取外部其他信息的动力就会减弱，公众对个人信息的依赖性降低将导致公众对信息开展适应性学习的速度放缓，公众通过信息更新修正预期的意愿也将降低，就会出现公开信息对私人信息的"挤出效应"，此时一旦货币当局的预期误差进入公众预期形成过程就会被放大，加大经济运行的不确定性。并且由于预期黏性的存在，这种影响将在较长时间内持续。若关键参数 w 过小，意味着公众预期形成过程中货币当局信息的权重过低，使得货币当局对公众的预期引导效果减弱，如果公众对个人信息的信心逐步增强，会加速公众适应性学习更新预期的速度，这样在面临经济形势发生重大变化时，货币当局的政策调控可能来不及进入公众的预期形成通道中，最终导致货币政策的调整不及时和无效率，并引发系列倾轧性的后果。在网络环境下，随着公众对外部网络信息获取能力的增强，公众在主观上有忽视货币当局披露信息的倾向，即关键参数 w 有可能持续减弱，货币当局需要更加注意对公众通胀预期的观测，不断增强信息披露的及时性和精度，努力将关键参数 w 维持在一个适度的范围。

第四节　本章小结

为研究网络信息获取和利用在公众通胀预期形成及预期引导中的作用，本章从适应性学习理论入手，将一个简化的公众通胀预期适应性学习形成模型和基于新凯恩斯动态随机一般均衡的三方程模型融合，通过将货币当局预期与公众通胀预期分开、设置公众网络信息获取参数和论述均衡收敛条件，构建了基于网络信息获取的公众通胀预期适应性学习形成机制理论分析框架，揭示了公众信息获取和货币当局信息披露在预期形成中发挥的作用，并对互联网环境下公众与货币当局互动关系的变化进行了分析。

在货币当局决策恰当、调控举措适度的前提下，公众预期和货币当局的预期趋向一致，是公众通胀预期靠近理性预期均衡并实现宏观经济系统稳定的前提条件。在适应性学习机制下，公众与货币当局存在着持续性的学习互动。货币当局作为公众信息获取的源头之一，通过不断强化自我的权威性，提升其流向公众信息的影响比重，来引导公众预期的形成；公众预期指导公众生产生活行为和决策，汇聚形成宏观经济和金融市场的波动信息，在前瞻性调控思想的指引下投射到货币当局学习、决策的过程中。双方还围绕信息权重展开了反复的合作与博弈，因此存在双向的信息传导和双向的高阶预期问题，这种双向反馈、动态递归的复杂互动是一把"双刃剑"，良好的学习互动固然将引向理性预期均衡，有问题的学习互动，如信息传递中信息精度不够、不信任和过于信任等，都可能带来预期均衡状态的偏移，造成宏观经济的波动。互联网环境既给公众努力提高自身信息获取的充分程度提供了条件，也为货币当局更加迅捷和精度更高的信息披露提供了条件，但同时也会放大公众与货币当局间的互动性，加速误差的累积。这对货币当局的预期引导提出了更高要求。

第三章

预期引导影响因素的
理论分析

　　第二章阐述了基于网络信息获取的公众通胀预期适应性学习形成机制，以及通过持续性学习可收敛于理性预期均衡的特性。公众对于外部信息的获取与利用决定了适应性学习过程中的参数更新效率与通胀预期收敛速度。有别于传统媒体时代，在互联网环境下，公众的信息获取渠道更为宽广与畅通，公众通过网络搜索引擎等技术手段接触到的信息量更呈现几何级数的爆发式增长。因此，有必要对公众的网络信息获取和利用行为以及这些行为决策对通胀预期形成的影响作进一步的分析。从适应性学习的互动视角来看，公众在广泛获取外部信息的同时，货币当局也在经常性地向社会披露对宏观经济形势的研判或者对未来货币政策调控目标与实施的倾向性信息，目的在于更好地引导公众通胀预期，使之能够契合货币政策，达到稳定通胀同时刺激经济增长的良好效果。货币当局通过信息披露发布公共信息是否有利于公众通胀预期的形成，同样需要进行理性的分析与研究。基于公众和货币当局围绕信息获取和信息披露存在着密切的、持续性的互动关系，公众通胀预期的形成和货币当局预期引导的过程其实是"一枚硬币的两面"，互联网环境下公众通胀预期形成中公众与货币当局的一些互动特征，也必将影响到货币当局对公众通胀预期

的引导。进一步地，如果将货币当局对公众通胀预期的引导过程视为一场
博弈，则该博弈具有不完全、非对称性信息优势的特征。当前环境下货币
当局被认为具有更多的信息优势，必然对非对称信息宏观金融博弈均衡以
及货币政策行为与效应产生重要影响，与此同时这种非对称信息也会给公
众通胀预期带来更多的不确定性。本章从双方的互动如何影响预期引导效
果的角度展开进一步的研究，以期为新时期货币当局更有效地引导公众预
期、提升货币政策效果提供理论依据。

第一节　信息获取和信息披露对预期引导的影响

为了方便理解，可以设想在任意时期，公众都拥有一个信息集合 $\{I\}$，
该信息集合不仅包括公众的私人信息（如个人经验、个人学识、私有数据
等），还包括公众通过网络搜索从外部获取的含有噪声的信息。对公众而
言，其在预期形成过程中的主要工作就是不断用含有噪声的外部信息来优
化信息集合 $\{I\}$ 进而修正预测参数；对货币当局而言，就是通过信息披露释
放公共信息[①]，并努力促使公共信息能够被公众获取而进入公众信息集
合 $\{I\}$ 中，进而引导公众预期往预设目标上靠拢。因此，货币当局的信息披
露与公众的信息获取的共同作用既影响了公众通胀预期的形成，也决定了
公众通胀预期引导的效果。

在传统媒体时代，公众信息集合中，私人信息量有限，私人信息的边
界较为清晰，同时公众能够获取外部信息的渠道也较闭塞，因此具有共
享性质的公共信息更多地承担了优化公众信息集合的角色。由于货币当
局的信息优势非常显著，一直以来，学术界的研究主要集中于如何加强
货币当局的信息披露来提高预期引导的有效性。由莫里斯和辛（2002）
借用凯恩斯（Keynes，1936）的选美竞赛思想所提出的 M-S 模型，就是

---

　　① 货币当局释放的公共信息也可能含有噪声，例如，在高通胀时期货币当局为避免加重公
众的担忧，可能会刻意淡化对实际通胀情况的描述。

将公共信息作为重要参数引入公众福利损失函数体系中，是研究市场权威参与者披露公共信息引导公众预期的经典模型。但是，随着公众网络获取信息和学习能力的迅速提升，货币当局相对于公众的信息优势在不断削弱。本节尝试将适应性学习引入 M-S 模型，从社会整体福利的角度出发，分析互联网环境下公众信息获取和货币当局信息披露对预期引导的影响。

一、M-S 模型的基本架构

莫里斯和辛（2002）假设公众拥有不同的私人信息，同时他们均可以获取一个相同的含有噪声 η 的公共信息 y，$y = \theta + \eta$，θ 是代表基本面信息的参数，η 服从期望为 0、方差为 σ_η^2 的正态分布。这样每个公众就会根据公共信息 y 和私人信息展开行动。假设在宏观经济运行中有许多彼此独立的公众个体，为了方便论述，将这些公众个体的分布设定为均匀分布在单位区间 $[0,1]$ 之间，公众 i 基于其信息集的行动为 a_i，所有公众的行动为 A，则公众 i 的福利损失函数表示为：

$$\begin{cases} u_i(A,\theta) = -(1-w)(a_i - \theta)^2 - w(L_i - \bar{L}) \\ L_i = \int_0^1 (a_j - a_i)^2 \mathrm{d}j \\ \bar{L} = \int_0^1 L_j \mathrm{d}j \end{cases} \tag{3-1}$$

其中，公众福利损失包括两个部分：第一部分受公众行动 a_i 和基本面 θ 的差平方 $(a_i - \theta)^2$ 影响；第二部分就是"选美竞赛"①，即损失项 L_i 随公众个体行动与公众整体行动均值之间的差异而扩大。w 为外部性影响的权重，$0 < w < 1$。

莫里斯和辛（2002）将整个社会福利函数定义为个人效用的平均值：

---

① "选美竞赛"思想其实是外部性的一种体现，即公众总是试图揣测其他公众的行动。

$$W(A,\theta) = \frac{1}{1-w}\int_0^1 u_i(A,\theta)\,\mathrm{d}i = -\int_0^1 (a_i - \theta)^2\,\mathrm{d}i \qquad (3-2)$$

从式（3-2）可以发现，社会福利最终只与公众个体行为对基本面信息的贴近程度有关。

求式（3-1）的一阶导数可得到公众 i 最优行动的条件为：

$$a_i = (1-w)E_i(I) + wE_i(\bar{a})$$
$$\bar{a} = \int_0^1 a_j\mathrm{d}j \qquad (3-3)$$

其中，$\bar{a}$ 为所有公众的平均行动；$E[\cdot]$ 为公众 i 根据其信息集所得出的期望函数；w 此时成为二阶预期的权重，w 越接近 1 表明对公众平均行为的二阶预期的重要性越高，反之则表明个人信息的重要性越高。在完全理性预期情况下，公众 i 对信息的掌握能力一致且全部最大化，因此在均衡时所有的行为 $a_i = \theta$，实现了式（3-2）所体现的社会福利最大化。如果公众行为面临较大的不确定性，则不确定性越小，他们的行动越接近于 θ。

在获取公共信息 y 之后，公众开展了行动，根据式（3-3）公众 i 的最优行动为：

$$a_i(y) = (1-w)E(\theta\,|\,y) + w\int_0^1 E(a_j\,|\,y)\,\mathrm{d}j \qquad (3-4)$$

考虑到 $E(\theta\,|\,y)=y$，并且 $E(a_j\,|\,y)=a_j(y)$，于是有：

$$E(W\,|\,\theta) = -E[(y-\theta)^2\,|\,\theta] = -\sigma_\eta^2$$

因此，公共信息中的噪声越小，公共信息对基本面的反映越准确，公众预期越贴近真实情况，社会福利越高。

M-S 模型为解释货币当局信息披露影响公众预期提供了一个明确的方向，但 M-S 模型有一些缺陷：一是过于强调货币当局的信息优势，忽视了网络时代公众信息获取和学习能力的增加，可能会削弱货币当局原有的信息优势；二是其参数设置过于单一而且静态，无法反映网络环境下公众私人信息边界扩展和跨期决策的影响，因此需要因地制宜地补充参数并引入公众通胀预期适应性学习形成机制以实现对 M-S 模型的动态改进。

二、M-S 模型在网络环境下的动态改进

在网络环境下，公众私人信息的边界开始变得模糊，得益于网络信息搜索，公众可以很轻易地拓展私人信息的边界，货币当局的信息披露能否像传统媒体时代一样轻松地计入公众的信息集合有待探讨。为了体现这种外部环境变化下的信息披露与获取的新的特征，本书对传统 M-S 模型进行了改进，加强了 M-S 模型与公众通胀预期形成以及跨期决策的关联。

首先，考虑到公众私人信息边界的变化，需要在经典 M-S 模型中增加公众对基本面信息认知的参数设置。在任意时期，无论公众还是货币当局都可以认知但又无法精准地认知宏观经济信息的冲击 I_t。为了模拟现实环境下公众和货币当局信息认知的真实状态，本书设定货币当局对信息冲击 I_t 的认知为：

$$I_t^B = I_t + \varepsilon_t \qquad (3-5)$$

$$\varepsilon_t = \varepsilon_{1t} + \varepsilon_{2t} \qquad (3-6)$$

与莫里斯和辛（2002）不同的是，本书将货币当局对宏观经济信息冲击的认知扰动 ε_t 分成了两个部分，其中，$\varepsilon_{1t} \sim NID(0, \sigma_{\varepsilon_1}^2)$ 代表货币当局对宏观经济信息冲击 I_t 的真实认知偏差，$\varepsilon_{2t} \sim NID(0, \sigma_{\varepsilon_2}^2)$ 表示货币当局对通胀"刻意淡化"的偏好而向公众隐瞒的信息，记 $\sigma_\varepsilon^2 = \sigma_{\varepsilon_1}^2 + \sigma_{\varepsilon_2}^2$，则货币当局公开展示的宏观经济信息认知误差为：$\varepsilon_t \sim NID(0, \sigma_\varepsilon^2)$。每一期，货币当局将 I_t^B 作为公共信息通过互联网络等媒体发布，这也意味着货币当局对宏观经济信息冲击认知的"偏好性"误差也进入公共信息层面。

进一步地，本书设定代表性公众 i 对宏观经济信息冲击 I_t 的认知为：

$$I_t^{P(i)} = I_t + \xi_t^i \qquad (3-7)$$

其中，$\xi_t \sim NID(0, \sigma_\xi^2)$，代表公众 i 对宏观经济信息冲击 I_t 的认知偏差。实际上，$I_t^{P(i)}$ 即代表性公众 i 在 t 时期拥有的独自判断分析宏观经济情况的私人信息，并且这种私人信息不会被其他公众获得，对于不同的公众，当

$i \neq j$ 时，$E(\xi^i \xi^j) = 0$。

为了简化表达，可令 $\alpha = 1/\sigma_\varepsilon^2$ 并且 $\beta = 1/\sigma_\xi^2$，那么，α 和 β 分别表示公共信息和私人信息的精准度，α、β 越大，公共信息和私人信息的精度越高。对于接受公共信息 I_t^B 且拥有私人信息 $I_t^{P(i)}$ 的公众而言，根据获得的公开信息和私人信息的加权平均对宏观经济信息冲击 I_t 进行预测，其期望可以表示为：

$$E(I_t \mid I_t^B, I_t^{P(i)}) = \frac{\alpha I_t^B + \beta I_t^{P(i)}}{\alpha + \beta} \qquad (3-8)$$

式（3-8）表明，从预期形成的角度来看，公众和货币当局出于各自利益考虑，在信息的获取和利用上必定存在博弈，每一期的博弈过程又可简要划分为两个步骤：一是货币当局以社会福利最大化为原则，优先确定公共信息的精确度；二是公众以个人福利最大化为原则，根据网络搜索获取私人信息、公共信息以及对货币当局信息披露信任程度形成预期。

每一期，公众通过网络搜索、网络博客以及社区论坛等多种途径感受宏观经济信息的冲击 I_t，在公众自身对宏观经济信息冲击 I_t 形成认知后，公众会根据其在网络渠道上获得的公共信息 I_t^B 来进一步修正和优化自己的信息集 $\{I\}$，并得到经过筛选的信息 $I_t^{P(i)}$。联系经典 M-S 模型，即式（3-1），可得公众的福利损失函数为：

$$\begin{cases} u_i = -(1-w)(I^{P(i)} - I)^2 - w(L_i - \overline{L}) \\ L_i = \int_0^1 (I^{P(j)} - I^{P(i)})^2 \mathrm{d}j \\ \overline{L} = \int_0^1 L_j \mathrm{d}j \end{cases} \qquad (3-9)$$

其中，$(I^{P(i)} - I)^2$ 反映了代表性公众[①] i 对真实宏观经济信息 I 认知的偏差；$(L_i - \overline{L})$ 反映了代表性公众 i 与其他公众之间对真实宏观经济信息 I 认知上的偏差。两种偏差通过福利损失函数权重 w 联系在一起，共同构成

---

① 代表性公众是指该公众行为及认知与公众整体的行为及认知趋势保持一致，也即该公众样本不是特例（或突变）样本。

了代表性公众 i 的福利损失函数。外部性权重函数 $0 < w < 1$ 决定了不同认知差异造成的损失在公众个体福利总损失中的比重。

如果将公众整体对信息 I 冲击的认知表示为 I_t^p，则代表性公众 i 对信息 I 冲击的认知在数值上与公众整体的认知保持一致，即 $I_t^{P(i)} = I_t^P$。那么，在观察到 I_t^P 的实际水平后，公众 i 据此进行反应，考虑到公众 i 的条件期望函数为 $E(u_i \mid I_t^P)$，以 I_t^P 为条件，公众 i 把 I_t^P 视为服从均值为 I_t、方差为 σ_ξ^2 的正态分布，因此，代表性公众 i 面对 I 冲击的最优反应是：

$$a_i(I_t^P) = (1 - w) E(I_t \mid I_t^P) + w \int_0^1 E(a_j \mid I_t^P)\,\mathrm{d}j \qquad (3-10)$$

其中，a_i 是以 I_t^P 为自变量的函数，表示公众 i 根据私人信息 I_t^P 而进行的反应。因为 $E(I_t \mid I_t^P) = I_t^P$，且每个公众都是独立地根据 I_t^P 认知，所以 $E(I_t \mid I_t^P) = a_i(I_t^P)$，于是，可以得到 $a_i(I_t^P) = I_t^P$。根据式（3-2），公众福利的期望值为公众 i 的认知与信息冲击 I_t 之间的方差，可得：

$$E(W \mid I_t) = -E[\,(I_t^P - I_t)^2 \mid I_t\,] = -\sigma_\xi^2$$

所以，当私人信息 I_t^P 中的噪声越小时，私人信息越精确，公众所采取的认知越接近信息冲击 I_t，所得到的福利越大；反之，不准确的信息会造成社会福利的总损失。

其次，为了体现互联网环境下公众信息获取的特点，本书将第二章提出的公众网络信息获取参数 ω 的分量作为新参数引入 M-S 模型。一是公众获取网络信息量参数 $net(\sigma_\xi^2)$，用以衡量公众通过互联网获取信息的效率。一般而言，公众一段时期内通过互联网获取的信息量越充分，公众私人信息的精确度越高，公众对宏观经济信息冲击的认知越接近于信息源。据此，本书定义公众获取网络信息量参数 $net(\sigma_\xi^2)$ 是私人信息认知偏差方差 σ_ξ^2 的单调递减函数，有 $0 < net(\sigma_\xi^2) < 1$，反映了公众对网络信息获取很难达到100%的真实状况。二是公众对货币当局公共信息的信任参数 $bel(\sigma_\varepsilon^2)$，用以衡量货币当局信息披露对公众公共信息认知的影响程度。一般而言，货币当局信息披露的精度越高（包括货币当局对客观经济情况的认知精

确、信息披露时不存在货币当局私人信息等），公众对公共信息越信任，货币当局通过信息披露引导公众预期的作用越明显。据此，本书定义公众对货币当局公共信息的信任参数 $bel(\sigma_\varepsilon^2)$ 是公共信息认知偏差方差 σ_ε^2 的单调递减函数，有 $0 \leqslant bel(\sigma_\varepsilon^2) \leqslant 1$，反映了现实中公众不完全信任货币当局公共信息披露的真实情况。

这样每个公众个体就会根据公共信息、私人信息、网络获取信息量参数以及对公开信息的信任程度作出预测。基于上述分析，可以进一步求得均衡解。一个简单的方法是假设公众私人对信息冲击的认知是基于公共信息和私人信息的线性函数，并且线性均衡解是唯一均衡解。假设公众个人的认知函数是：

$$a_j = \lambda I_t^{P(i)} net(\sigma_\xi^2) + (1 - \lambda) I_t^B bel(\sigma_\varepsilon^2) \qquad (3-11)$$

其中，λ 为常数，用来表示公众个体在对信息冲击的认知行为中私人信息所占的比重，如果 λ 趋向于 1，则公众个人并不看重公开信息；反之，如果 λ 值趋向于 0，则公众个人对公开信息的认知占比高。

全体公众平均认知的条件均值为：

$$E[\bar{a} \mid I_t^P net(\sigma_\xi^2)] = \lambda E[I_t^P \mid I_t^P net(\sigma_\xi^2), I_t^B bel(\sigma_\varepsilon^2)] + (1 - \lambda) I_t bel(\sigma_\varepsilon^2)$$
$$= (1 - \lambda) I_t^B bel(\sigma_\varepsilon^2) + \lambda \frac{\alpha I_t^B bel(\sigma_\varepsilon^2) + \beta I_t^P net(\sigma_\xi^2)}{\alpha + \beta}$$
$$(3-12)$$

将式（3-12）代入式（3-3），得到公众 i 的最优认知为：

$$a_i = \frac{\beta[1 - w(1 - \lambda)]}{\alpha + \beta} I_t^P net(\sigma_\xi^2) + \frac{\alpha + \beta w(1 - \lambda)}{\alpha + \beta} I_t^B bel(\sigma_\varepsilon^2) \quad (3-13)$$

比较式（3-13）和式（3-11）的系数，可得：

$$\lambda = \frac{\beta(1 - w)}{\alpha + \beta(1 - w)} \qquad (3-14)$$

因此：

$$a_i = \frac{\alpha}{\alpha + \beta(1 - w)} I_t^B bel(\sigma_\varepsilon^2) + \frac{\beta(1 - w)}{\alpha + \beta(1 - w)} I_t^P net(\sigma_\xi^2) \qquad (3-15)$$

$$\bar{a} = \frac{\alpha I_t^B + \beta(1-w) I_t}{\alpha + \beta(1-w)} \tag{3-16}$$

然后，根据第二章适应性学习机制的设定，假设公众知道经济的理性预期均衡表达式（2-19）的结构，但不知道结构递归参数 ϕ 的具体大小。公众会利用所有掌握的信息对通胀进行主观判断：

$$\prod_t = \phi_{t-1} I_{t-1}^P + \zeta_t \tag{3-17}$$

式（3-17）即为融合了 M-S 模型的公众 PLM 法则。

根据式（3-13）有：

$$a_i(I_t^P) = I_t^P = \frac{\alpha}{\alpha + \beta(1-w)} I_t^B bel(\sigma_\varepsilon^2) + \frac{\beta(1-w)}{\alpha + \beta(1-w)} I_t^P net(\sigma_\xi^2)$$

于是，公众的通胀预期如下[①]：

$$E_t \prod_{t+1} = \phi_{t-1} I_t^P = \phi_{t-1} \left[\frac{\alpha I_t^B bel(\sigma_\varepsilon^2) + \beta(1-w) I_t^P net(\sigma_\xi^2)}{\alpha + \beta(1-w)} \right]$$

$$= \phi I_t + (\phi_{t-1} - \phi) \left[\frac{\alpha I_t^B bel(\sigma_\varepsilon^2) + \beta(1-w) I_t^P net(\sigma_\xi^2)}{\alpha + \beta(1-w)} \right]$$

$$+ \phi \frac{\alpha \varepsilon_t + \beta(1-w) \xi_t}{\alpha + \beta(1-w)} \tag{3-18}$$

式（3-18）即为公众预期。式（3-18）第二行第一项 ϕI_t 表示理性预期均衡，将该项左移可得到公众预期与理性预期均衡的差，即公众通胀预期的误差，其表达式为：

$$E_t \prod_{t+1} - \phi I_t = \zeta_t$$

$$= \underbrace{(\phi_{t-1} - \phi) \left[\frac{\alpha I_t^B bel(\sigma_\varepsilon^2) + \beta(1-w) I_t^P net(\sigma_\xi^2)}{\alpha + \beta(1-w)} \right]}_{\text{适应性学习伴生误差}} + \underbrace{\phi \frac{\alpha \varepsilon_t + \beta(1-w) \xi_t}{\alpha + \beta(1-w)}}_{\text{信息获取伴生误差}}$$

可见，公众预期的误差由两部分组成。第一部分是适应性学习过程中的伴生误差，学习伴生误差的来源是参数递归过程中的 $(\phi_{t-1} - \phi)$，这是由于

---

① 为了避免 H_t 和 ϕ_t 同时决定，改用 ϕ_{t-1} 作为预期形成的参数。

公众对递归参数 ϕ 的学习过程未完成，即未收敛到理性预期均衡水平产生的。同时，公众对网络信息获取的效率以及对公共信息的信任程度，也会通过学习过程中的反复递归而影响适应性学习伴生误差。随着不断地学习，$(\phi_{t-1} - \phi)$ 将逐渐趋向于 0，学习伴生误差也将不断减小至 0。第二部分是信息获取伴生误差，由公共信息和私人信息的噪声 ε_t 和 ξ_t 引起。当学习伴生误差和信息获取伴生误差都趋近于 0 时，公众预期逐步趋近理性预期均衡。

最后，根据公众预期 $E_t \prod_{t+1}$，可计算得到公众对经济系统的 ALM 法则：

$$\prod_t = A\phi_{t-1}\Big[\frac{\alpha I_t^B bel(\sigma_\varepsilon^2) + \beta(1-w)I_t^P net(\sigma_\xi^2)}{\alpha + \beta(1-w)}\Big] + B\rho I_{t-1} + B\varepsilon_t$$

假定公众使用 CG-LS 学习，回归方程为 $\prod_t = \phi_{t-1}I_{t-1}^P + \zeta_t$，根据表 2 - 1，令：

$$\phi_t = \begin{bmatrix} \phi_{1t} & \phi_{2t} \\ \phi_{3t} & \phi_{4t} \end{bmatrix} = [\,Q_{1t} \quad Q_{2t}\,]'$$

则有：

$$Q_{1t} = \Big(\sum_{i=1}^t (1-g)^{i-1} I_{t-i}^P I_{t-i}^{P'}\Big)^{-1}\Big(\sum_{i=1}^t (1-g)^{i-1} I_{t-i}^P z_{t-i+1}\Big)$$

$$Q_{2t} = \Big(\sum_{i=1}^t (1-g)^{i-1} I_{t-i}^P I_{t-i}^{P'}\Big)^{-1}\Big(\sum_{i=1}^t (1-g)^{i-1} I_{t-i}^P \pi_{t-i+1}\Big)$$

令过渡矩阵：

$$R_t = g\sum_{i=1}^t (1-g)^{i-1} I_{t-i}^P I_{t-i}^{P'}$$

$$N_{1t} = g\sum_{i=1}^t (1-g)^{i-1} I_{t-i}^P z_{t-i+1}$$

$$N_{2t} = g\sum_{i=1}^t (1-g)^{i-1} I_{t-i}^P \pi_{t-i+1}$$

经过简单递归可得：

$$
\begin{cases}
Q_{1t} = R_t^{\ -1} N_{1t} = Q_{1t-1} + g R_t^{\ -1} I_{t-1}^P (z_t - I_{t-1}^{P\ \prime} Q_{1t-1}) \\
Q_{2t} = R_t^{\ -1} N_{2t} = Q_{2t-1} + g R_t^{\ -1} I_{t-1}^P (\pi_t - I_{t-1}^{P\ \prime} Q_{2t-1}) \\
R_t = R_{t-1} + g(I_{t-1}^P I_{t-1}^{P\ \prime} - R_{t-1})
\end{cases}
$$

最后，只要将更新后的 ϕ_t 代入式（2－24），就可以获得公众通胀预期的估计：

$$
E_t(\pi_{t+1}) = Q_{1t} \left[\frac{\alpha I_t^B bel(\sigma_\varepsilon^2) + \beta(1-w) I_t^P net(\sigma_\xi^2)}{\alpha + \beta(1-w)} \right]
$$

三、信息披露和获取过程中预期引导的影响因素分析

综合前文动态 M-S 模型以及本书第二章有关公众通胀预期动态均衡的分析，信息披露和获取过程中影响公众预期引导效果的主要因素主要来自三个方面，分别是福利损失函数的权重 w 的影响因素、货币当局公开信息的精确度 α 和公众私人信息精度 β 的影响因素，以及高阶信任的影响因素。

1. 福利损失函数权重的影响

首先，考虑当 $w=0$ 时的前提，即每个公众只关心自己的冲击信息是否接近于冲击的真实水平，而不关心自己的信息与其他公众私人信息之间的差异。根据式（3－14）可知，此时 $\lambda = \beta/(\alpha+\beta)$，表明公众在形成预期的过程中，对货币当局信息赋予的权重为 $\alpha/(\alpha+\beta)$，对私人信息赋予的权重为 $\beta/(\alpha+\beta)$。其次，考虑当 $w>0$ 时的前提，即每个公众不仅关心自己的预期，还关心自己的预期与其他个体预期的差异。尽管每个公众并不知道他人的预期，但他知道货币当局的公开信息且知道其他公众在预期时也会受货币当局公开信息的影响。根据式（3－14）可知，公众预期形成过程中私人信息所占比重 $\lambda = 1 - \alpha/[\alpha+\beta(1-w)]$，即 λ 为 w 的单调减函数，因此，当 $w>0$ 时，w 越大，公众整体预期对货币当局信息赋予的权重 $\alpha/[\alpha+\beta(1-w)]$ 会增加，而对私人信息赋予的权重会减少（λ 变小），这意味着公众个体越关注其他公众的预期形成，则在公众预期形成过程中

货币当局公开信息的引导作用越明显。很显然，互联网环境下，公众内部的沟通更加便捷，对比传统媒体时代更有利于货币当局开展预期引导。

2. 信息精度的影响

对货币当局公开信息的精确度 α 和公众私人信息精度 β 而言，公共信息方差 σ_ε^2 和私人信息方差 σ_ξ^2 的大小衡量了信息偏差的大小，进而影响货币当局信息沟通在引导公众预期方面的效果。

情形 1：当私人信息的精确度 β 很小（方差 σ_ξ^2 很大）而货币当局公共信息的精确度 α 很大（方差 σ_ε^2 很小）时，公众获取网络信息量参数 $net(\sigma_\xi^2)$ 趋近于 0，公众对货币当局公共信息的信任参数 $bel(\sigma_\varepsilon^2)$ 趋近于 1，公众预期形成过程中私人信息所占比重 λ 趋近于 0。这意味着，货币当局公共信息越准确，公众预期对货币当局信息赋予的权重越大，公众预期也能越准确。并且，货币当局公共信息越准确（α 越大），则 $\alpha / [\alpha + \beta(1-w)]$ 越接近 1，且 ε_t 越接近 0，信息误差就越趋近于 0，公众预期越接近理性预期水平。在这种情况下，随着福利损失函数的权重 w 越大（公众更关注彼此的预期，公众间的信息交流越频繁），公众预期对货币当局公共信息的权重 $\alpha / [\alpha + \beta(1-w)]$ 也会越大，从而进一步提高公众对信息冲击认知的准确性并降低预期中的信息偏差。可以看到，当货币当局的信息相对私人信息而言更为准确时，货币当局的信息沟通是有利的，货币当局信息挤出了私人信息从而缩小了信息偏差，促使公众预期向理性预期靠近，提高经济系统的运行效率。

情形 2：当私人信息的精确度 β 很大（方差 σ_ξ^2 很小）而货币当局公共信息的精确度 α 很小（方差 σ_ε^2 很大）时，公众获取网络信息量参数 $net(\sigma_\xi^2)$ 趋近于 1，公众对货币当局公共信息的信任参数 $bel(\sigma_\varepsilon^2)$ 趋近于 0，公众预期形成过程中私人信息所占比重 λ 趋近于 1。此时，货币当局的信息沟通是不利的，会丧失预期引导功能并被公众所忽略。

情形 3：当私人信息的精确度 β 很大（方差 σ_ξ^2 很小）并且货币当局公共信息的精确度 α 也很大（方差 σ_ε^2 很小）时，公众获取网络信息量参数 $net(\sigma_\xi^2)$ 趋近于 1，公众对货币当局公共信息的信任参数 $bel(\sigma_\varepsilon^2)$ 趋近于 1

时，公众预期形成过程会出现私人信息和公开信息的信息竞争，原因是当私人信息精确度 β 越大时，公众预期形成过程中私人信息所占比重 λ 也越大，因此为了有效引导预期，货币当局必须提升公共信息的精确度，从而提升在公共预期形成中公共信息所占的比重（$1 - \lambda$）。互联网环境下，公众私人信息获取的效率和精确度大大提升，相比于传统媒体时代，货币当局不再可以随心所欲地向公众隐瞒信息。为了更好地获得公众预期引导的目标效果，货币当局需要切实提高信息披露的精准度，即减小式（3 - 6）中"刻意隐瞒"的信息误差 ε_{2t}。

3. 高阶信任的影响

现实情况下，公众通胀预期的形成是持续而非间断的，前一时期的预期结果也会进入下一时期中。为体现这种重复预期的特点，现将式（3 - 3）用迭代的方式表示。假设 $\bar{E}(I)$ 是公众整体对经济基本面的平均预期，代入式（3 - 3），高阶信任的表示方式为 $\bar{E}^{(k)}(I)$，则公众个体的预期行为表示为：

$$a_i = (1 - w)E_i(I) + (1 - w)wE_i[\bar{E}(I)] + (1 - w)w^2 E_i[\bar{E}^{(2)}(I)] + \cdots$$
$$= (1 - w)\sum_{k=0}^{\infty} w^k E_i[\bar{E}^{(k)}(I)]$$

根据式（3 - 8），公众整体对真实宏观信息 I 的平均预期为：

$$\bar{E}(I) = \int_0^1 E_i(I)\,\mathrm{d}i = \frac{\alpha I^B + \beta I^P}{\alpha + \beta}$$

高阶预期是公众 i 对公众总体平均预期的预期（即二阶预期）：

$$E_i[\bar{E}(I)] = E_i\left(\frac{\alpha I^B + \beta I}{\alpha + \beta}\right) = \frac{\alpha I^B + \beta\left(\dfrac{\alpha I^B + \beta I^P}{\alpha + \beta}\right)}{\alpha + \beta}$$
$$= \frac{[(\alpha + \beta)^2 - \beta^2]I^B + \beta^2 I^P}{(\alpha + \beta)^2} \qquad (3 - 19)$$

则公众总体对宏观经济基本面的二阶预期为：

$$\bar{E}^{(2)}(I) = \bar{E}[\bar{E}(I)] = \frac{[(\alpha + \beta)^2 - \beta^2]I^B + \beta^2 I}{(\alpha + \beta)^2} \qquad (3 - 20)$$

从式（3-19）、式（3-20）可以看出，货币当局所披露的公开信息 I^B 在公众整体高阶预期中扮演了重要角色，其噪声可能导致公众预期与经济真实情况偏离的程度加剧。如果公众对货币当局的高阶信任持续存在，则货币当局以往调控的失当或错误的信息会在高阶信任的作用下反复地进入公众预期形成的过程中。因此，高阶信任削弱了公众私人信息的重要性，此时即便货币当局再发布精确程度相对高的公开信息，也未必有助于公众提高信息集合内私人信息的准确程度。

第二节　信息博弈对预期引导的影响

M-S 模型隐含了货币当局基于增进社会整体福利的考虑开展预期引导的前提。实际上，在货币政策实施过程中，公众和货币当局的决策自有其原则，以博弈的视角来看，双方均以自身利益最大化为原则所付诸的行动未必符合理想状态下的社会福利最大化情形。因此，还需要将预期引导视为货币当局与公众围绕信息所开展的博弈的动态传导过程，进而分析其在博弈循环下的反应特征。为此，本书构建了一个符合中国国情的、包含多种货币政策目标以及政策不确定因素的信息博弈模型，对货币当局和公众的行为及其影响作进一步的分析。模型中以货币当局对各种货币政策目标的关注权重来体现多政策目标因素，是考虑到我国货币政策实施的长期首要目标是努力推动经济增长同时保持物价稳定，在此基础上，还要兼顾充分就业、国际收支平衡、供给侧结构性改革等其他阶段性目标，目标体系较为复杂。货币政策的不确定性，是指货币当局通过相机抉择的范式，一方面提高货币政策的灵活性和针对性，另一方面使得货币政策操作不再有显著规律可循，带来了较高的货币政策水平波动和不可预测性。设置货币政策不确定性指标，是由于我国虽然一直宣布实施的是稳健的货币政策，但货币调控手段运用非常频繁，这种不确定性对公众的预期形成可能会带来影响。

一、公众和货币当局开展博弈的决策目标

（一）公众的博弈目标

公众是货币当局进行博弈的对手，公众的决策目标是在与货币当局的博弈活动中获得最大的效用。考虑到企业生产是公众对货币当局货币政策实施反馈的主要途径，本书选择企业的生产为分析对象。企业产出受产品价格的约束，据此可以设定单一企业的生产函数为：

$$y_{it} = y_i^n + \alpha_i(p_{it} - p_t)$$

其中，y_{it} 是企业 i 在 t 时期的产出水平，p_{it} 是企业 i 在 t 时期的产出单价；y_i^n 是企业 i 的潜在产出水平，p_t 是 t 时期产出的社会真实价格；α_i 是企业 i 的供给弹性，且需满足 $\alpha \geqslant 0$；$(p_{it} - p_t)$ 是生产企业的相对价格[①]。在 t 时期，企业 i 根据过往经验以及对宏观经济形势的认知形成价格预期 p_t^e，并在此基础上进行生产，其真实生产函数为：

$$y_{it} = y_i^n + \alpha_i(p_{it} - p_t^e)$$

进一步地，将所有企业的生产加总可得到 t 时期整个社会的总生产函数：

$$y_t = y^n + \alpha(\pi_t - \pi_t^e)\text{[②]} \qquad\qquad (3-21a)$$

其中，π_t 是 t 时期的通货膨胀率，π_t^e 是 t 时期社会公众对通货膨胀率的预期值。

（二）货币当局的博弈目标

货币当局的博弈目标函数一般以库尔曼（Cukierma，1992）的中央银行

---

① 由于企业的利润来源于收入减去成本，在其他条件不变的情况下，只有产品价格上涨幅度超过产品成本上涨幅度，利润才能增加，企业才会扩大生产。因此，企业的生产函数与相对价格相关。

② 为与后文对应，生产函数以增长率的形式体现。该式即为卢卡斯供给曲线，也称短期菲利普斯曲线。

二次型损失函数为基础，国内学者陈学彬（1997）最早将其应用于我国公众与货币当局在非对称信息条件下的博弈研究。本书将在陈学彬（1997）模型的基础上，增加货币政策目标参数以及政策不确定性参数，以期真实体现我国货币当局的政策调控特征。货币当局的博弈总体决策原则仍是以货币政策未来总成本（损失）期望的现值和最小，该成本（损失）函数形式为：

$$\min L_t = E_{c0} \sum_{t=0}^{\infty} \beta^t \left[\eta_t f[E(y_t) - y_t] + \frac{\pi_t^2}{2} + MPU_t \right]$$

$$f[E(y_t) - y_t] \equiv \begin{cases} E(y_t) - y_t, & E(y_t) - y_t \geq 0 \\ 0, & E(y_t) - y_t < 0 \end{cases} \qquad (3-21b)$$

对式（3-21b）实施的约束条件有：

$$y_t = y^n + \alpha(\pi_t - \pi_t^e) \qquad (3-21a)$$

$$\pi_t = m_t + v_t - y_t \qquad (3-22)$$

$$MPU_t = \sum_{i \neq s} w_{it} M_{it} + w_{st} M_{st} \qquad (3-23)$$

$$M_{st} = m_t - y_t \qquad (3-24)$$

在式（3-21b）中，L_t 代表货币当局进行货币政策调控的目标损失函数；E_{c0} 代表目标损失函数是以第 0 期货币当局可获得的信息，包括对 η_t 的直接观测为条件的条件期望值；β^t 为 t 时期的折现系数，且满足 $0 < \beta < 1$；y_t 为社会经济增长率的实际值，$E(y_t)$ 为社会经济增长率的期望值，y^n 为社会经济潜在增长率；η_t 为货币当局对某种货币政策目标的关注程度，且满足 $\eta_t > 0$，表示货币政策的实施成本是 $E(y_t) - y_t$ 的增函数；MPU_t 为货币政策不确定性指标，MPU_t 的值越小代表货币当局的政策越清晰。式（3-22）是著名的费雪方程式（Fisher equation），其中，π_t 是 t 时期的实际通货膨胀率，m_t 是 t 时期的实际货币供给增长率，v_t 是 t 时期的实际货币流通速度。在式（3-23）中，M_{st} 为广义货币供给 M2 与 GDP 之比的增长率，作为衡量货币政策变化的基础指标，本书将其定义为实际货币供给增长率 m_t 减去实际社会经济增长率 y_t；$M_{it}(i \neq s)$ 是除 M_{st} 外其他衡量货币政策不确定性的基础指标，w_{st} 和 $w_{it}(i \neq s)$ 是与各基础指标相对应的权重值。

二、货币当局信息优势分析

尽管在互联网环境下，公众获取信息的能力大大提升，但作为博弈一方的货币当局在货币政策目标、货币政策不确定性认知和货币需求预测三个方面相对于博弈另一方的公众仍具有一定的信息优势。

（一）货币当局在货币政策目标上的信息优势

假设货币当局不公开披露其政策目标或对某种货币政策目标的关注倾向 η_t，那么公众就只能够基于以往对货币当局政策目标及其倾向性的观察来预测未来。为了准确刻画这种情形，根据陈学彬（1997）的研究，本书设定货币当局对货币政策目标的关注与侧重系数 η_t 为随机变量，并符合以下特征：

$$\eta_t = G + o_t \qquad (3-25a)$$

$$o_t = \rho o_{t-1} + \iota_t \qquad (3-25b)$$

$$\iota_t \sim N(0, \sigma_\iota^2) \qquad (3-25c)$$

于是有：

$$\eta_t \sim N(G, \sigma_\eta^2)，其中 \sigma_\eta^2 \equiv \frac{\sigma_\iota^2}{(1-\rho^2)} \qquad (3-25d)$$

其中，G 为公众已知的 η_t 的平均值，且满足 $G>0$；o_t 为 η_t 的随机项；ρ 为自回归参数，且满足 $0<\rho\leqslant\beta\leqslant1$，反映了公众认知误差 o_t 的持续性波动逐渐收敛的特征。

在 t 时期，货币当局因其地位可以明确获得 η 或 o 的当前值，进而根据这些信息来预测未来货币流通速度 v 的取值；相比之下，公众只能够凭借过去经验了解平均值 G 以及 η_t 变动过程的随机结构，即公众可以掌握 σ_ι^2、ρ，并结合自己的主观分析和判断来形成通胀预期 π_t^e。

（二）货币当局在货币政策不确定性感知上的信息优势

假设货币当局对货币政策的决策不够透明，公众也只能通过对过去的感知和对未来发展的主观预期去判断货币政策的变化。理同前文，设定货币政策不确定性权重 w_{st} 具有以下随机特征：

$$w_{st} = W + \xi_t \qquad (3-26a)$$

$$\xi_t \sim N(0, \sigma_\xi^2) \qquad (3-26b)$$

其中，W 为公众已知的 w_{st} 的平均值，且满足 $0 < W < 1$；ξ_t 为 w_{st} 的随机项，它是一个标准正态变量，以之解释货币当局可以在权重 w_{st} 的均值 W 附近作出些微调整。在 t 时期，货币当局因其地位可以准确地了解货币政策不确定性关键指标 w_s，与此同时，公众虽然对 w_s 不了解，但对 W 却有确定了解。

（三）货币当局面在货币需求预测上的信息优势

假设在 t 时期货币当局决定货币供给增长率时并不了解货币需求冲击 i_t 的准确情况，也即货币当局对真实货币需求预测 ϕ_t 存在一定的误差，用函数表示结果如下：

$$\varphi_t = i_t + \varepsilon_t \qquad (3-27a)$$

$$\varepsilon_t \sim N(0, \sigma_\varepsilon^2) \qquad (3-27b)$$

其中，ε_t 是货币需求预测的随机误差项，服从方差为 σ_ε^2 的正态分布。不失一般性，假定 i_t 为与真实货币需求变化正相关的正态变量，仅受 y_t、v_t 的影响，即：

$$i_t = y_t - v_t \qquad (3-28)$$

一旦货币当局明确了 t 时期的计划货币供给增长率 m_t^p，已然不自觉对公众隐瞒了一个含有货币需求冲击 i_t 的噪声信号 φ，具体形式为：

$$\varphi_t = i_t + \varepsilon_t = y_t - v_t + \varepsilon_t \qquad (3-29)$$

对公众而言，φ_t 只在货币当局的信息集中出现，并不包含在公众的信息集中，因而公众不可能观察到。现实中，货币当局的预测不可避免会存在误差，误差也会被传导至货币当局的计划、实际货币供给和通货膨胀。

假设货币当局不公开披露其货币需求预测，公众也只能通过对实际货币扩张和通胀的观察来推测货币当局的预测误差和货币政策目标的变化。根据费雪方程式（3-22）可得：

$$\pi_t = m_t - i_t \qquad (3-30)$$

表明信息不对称使得公众会比货币当局更难形成稳定的通胀预期。

三、信息博弈中的货币当局预期引导与公众通胀预期形成

在博弈中，货币当局的行动是在一定的公众通胀预期下选择最符合其调控目标的货币供给增长率。因此，货币当局的决策依赖于公众通胀预期的形成过程，该过程又同时依赖于货币当局的决策规则。如果纳什均衡存在，一旦明确了公众通胀预期形成过程，则货币当局的决策规则应该等同于公众对其的推测，也即公众通胀预期形成与货币当局的决策规则是同时确定的。

（一）博弈过程中货币当局对公众预期的引导

为引导公众预期，假设货币当局会在 t 时期开始，通过各种媒介（如电视新闻、互联网络、权威报纸等）向社会公开披露其货币供给总量控制目标：

$$m_t^\alpha = m_t^p + \gamma_t \qquad (3-31)$$

其中，m_t^a 是货币供给总量控制目标，它既可能是一个数值点，也可能是一个数值范围，因而，它是一个含有噪声的货币政策信息。

公众会将 m_t^a 视为一个有关未来货币供给和通胀的信息源，并据此推测货币当局的计划货币增长率 m_t^p；γ_t 是具有零均值、方差为 σ_γ^2 的非序列相关的正态变量，它的分布独立于货币供给误差。当公众利用互联网获取有关经济形势的信息以及通过学习货币政策相关的知识后，对货币当局货币政策目标的预测将更为准确，也即 σ_γ^2 的值会降低。

（二）博弈模型中的公众通胀预期求解

假定公众认为货币当局决策与前文所述变量有关，为分析简便，可构造货币当局的计划货币增长率线性函数以直观体现这种关联性：

$$m_t^p = c_1 G + c_2 o_t + c_3 \phi_t + c_4 W + c_5 \xi_t \qquad (3-32)$$

其中，c_1、c_2、c_3、c_4 和 c_5 为待定系数。而货币当局实际货币供给增长率为：

$$m_t = m_t^p + \phi_t \qquad (3-33)$$

其中，ϕ_t 是随机控制误差，它是一个方差为 σ_ϕ^2、均值为 0 的标准正态变量。货币当局在选择 m_t^p 时并不知道 ϕ_t，这是因为在现实中货币政策的操作程序和制度环境多少都会阻碍货币当局对货币增长的完美控制。假定 ϕ_t 独立于 ι 和 ε 而分布。将式（3-32）代入式（3-33），可得：

$$m_t = c_1 G + c_2 o_t + c_3 \phi_t + c_4 W + c_5 \xi_t + \phi_t \qquad (3-34a)$$

将式（3-29）、式（3-30）代入式（3-34a），可得：

$$\pi_t = c_1 G + c_2 o_t + (c_3 - 1)(y_t - v_t) + c_3 \varepsilon_t + c_4 W + c_5 \xi_t + \phi_t \quad (3-34b)$$

根据前文的分析，由于在 t 时期公众信息集合 X_t 中既不包括有关 ϕ_t 的信息，也不包括有关 ι_t 和 ε_t 的信息，公众的通胀预期可以表示为：

$$E[\pi_t \mid X_t] = E[m_t \mid X_t] \qquad (3-35)$$

公众了解由 m_t^p 代表的货币当局的决策结构与在式（3-31）中披露的货币控制目标之间的关系。由于无法直接观察 m_t^p，在 t 时期开始时，公众的信息集合 X_t 中只包括了历史时期的实际通胀率、货币供给增长率以及当期的 m_t^a。将式（3-32）代入式（3-31）和式（3-33），可得：

$$m_t^\alpha = c_1 G + c_2 o_t + c_4 W + c_5 \xi_t + \gamma_t \equiv c_1 G + c_4 W + x_t \qquad (3-36a)$$

$$m_t = c_1 G + c_2 o_t + c_3 \phi_t + c_4 W + c_5 \xi_t + \phi_t \equiv c_1 G + c_4 W + z_t \qquad (3-36b)$$

$$x_t = c_2 o_t + c_5 \xi_t + \gamma_t \qquad (3-36c)$$

$$z_j = c_2 o_j + c_3 \phi_j + \phi_j, j \leq (t-1) \qquad (3-36d)$$

从前文分析可知 $\overline{m^p} = c_1 G + c_4 W$，也即 c_1、c_4、G 和 W 均是已知参数，因此，对 m_t 和 m_t^α 的求解转化为对 x_t 和 z_t 的求解。货币当局披露货币政策信息的目的是让公众利用这些信息来改善其对政策目标的了解，降低货币政策的不确定性。通过式（3−36b）和式（3−36d），公众通胀预期可以表示为：

$$\pi_t^e = E[m_t \mid X_t] = c_1 G + c_2 E[o_t \mid x_t, x_{t-1}, \cdots, z_{t-1}, z_{t-2}, \cdots] + c_4 W$$

$$= \frac{(\rho - \delta)(1 - \theta)}{\delta + (\rho - \delta)(1 - \theta)(1 - \delta)} m_t^a + \frac{\delta}{\delta + (\rho - \delta)(1 - \theta)} \times$$

$$\sum_{i=0}^{\infty} \delta^i \{(1 - \rho)(c_1 G + c_4 W) + (\rho - \delta)[\theta m_{t-i-1} + (1 - \theta)(m_{t-i-1}^p + \gamma_{t-i-1})]\}$$

$$(3-37)$$

其中，$r = c_2^2 \left(\dfrac{\sigma_\iota^2}{c_3^2 \sigma_\phi^2 + \sigma_\phi^2} + \dfrac{\sigma_\iota^2}{\sigma_\gamma^2} \right)$，$\theta = \dfrac{\sigma_\gamma^2}{c_3^2 \sigma_\phi^2 + \sigma_\phi^2 + \sigma_\gamma^2}$，$\delta = \dfrac{(1 + r) + \rho^2}{2\rho} -$

$\sqrt{\left[\dfrac{(1 + r) + \rho^2}{2\rho} \right]^2 - 1}$。

（三）博弈过程中的货币当局决策规则求解

将约束条件式（3−21a）、式（3−22）、式（3−23）和式（3−24）代入式（3−21b），则货币当局的损失函数演变成式（3−38）的形式：

$$L_t = E_{c0} \sum_{t=0}^{\infty} \beta^t \left\{ \eta_t [(E(y_t) - y_t^n) - \alpha(\pi_t - \pi_t^e)] + \frac{\pi_t^2}{2} \right.$$

$$\left. + \sum_{i \neq s} w_{it} F_{it} + w_{st}(m_t - y_t) \right\}$$

$$(3-38)$$

根据式（3−21a）、式（3−22）、式（3−28）和式（3−35），并且由于 $[E(y_t) - y_t^n]$ 和 y_t^n 项不受货币当局的决策影响，可将 L_t 改写为：

$$L_t = E_{c0} \sum_{t=0}^{\infty} \beta^t \left\{ \frac{(m_t - i_t)^2}{2} - \eta_t \alpha(m_t - i_t - E[m_t \mid X_t]) \right\}$$

$$+ E_{c0} \sum_{t=0}^{\infty} \beta^t \left\{ \sum_{i \neq s} w_{it} F_{it} + w_{st}[m_t - \alpha(m_t - i_t - E[m_t \mid X_t])] \right\}$$

$$(3-39)$$

　　每一期开始时，货币当局都会在博弈中相机抉择以便最小化其损失 L_t。由于货币当局的决策规则与公众通胀预期同时确立，因此，其求解应该先将代表公众通胀预期形成过程的式（3－37）代入式（3－39）并进行整理可得：

$$
\operatorname*{Min}_{(m_t^p, t=0,1,\cdots)} E_{c0} \sum_{t=0}^{\infty} \beta^t \left\{ \frac{(m_t^p - i_t + \phi_t)^2}{2} - \alpha(\eta_t + w_{st}) \left[(m_t^p - i_t + \eta_t) - \right. \right.
$$
$$
\frac{(\rho - \delta)(1 - \theta)}{\delta + (\rho - \delta)(1 - \theta)}(m_t^p + \gamma_t) - \frac{\delta}{\delta + (\rho - \delta)(1 - \theta)} \times
$$
$$
\left. \sum_{t=0}^{\infty} \delta^i \left\{ (1 - \rho)(c_1 G + c_4 W) + (\rho - \delta)[m_{t-1-i}^p + \theta\phi_{t-1-i} + (1 - \theta)\gamma_{t-1-i}] \right\} \right]
$$
$$
\left. + w_{st}(m_t^p + \phi_t) \right\} \tag{3-40}
$$

则式（3－40）取得最小值的一阶导数为：

$$
\frac{\partial L}{\partial m_t^p} = m_t^p - i_t + \phi_t - \left[1 - \frac{(\rho - \delta)(1 - \theta)}{\delta + (\rho - \delta)(1 - \theta)} \right] \alpha(\eta_t + w_{st})
$$
$$
+ \frac{\alpha\delta(\rho - \delta)}{\delta + (\rho - \delta)(1 - \theta)} \times E_{Gt}[\beta^1(\eta_{t+1} + w_{st+1})
$$
$$
+ \delta\beta^2(\eta_{t+2} + w_{st+2}) + \cdots] + w_{st} = 0 \tag{3-41}
$$

　　根据前文分析，在 t 时期无论货币当局还是公众都无法将货币控制误差 ϕ_t 的信息纳入其信息集合，因此，式（3－41）中 $\phi_t = 0$。货币当局在 t 期知道 η_t 的值，但却不知道 t 期以后的 η 值，因而将在其 t 期可获得信息的基础上形成自己对 η_{t+i}，$i \geq 1$ 的条件预期。根据式（3－24b）和式（3－24c），其条件预期为：

$$
E_{Gt}(\eta_{t+i}) = G + E_{Gt}(o_{t+i}) = G + \rho^i o_t = \rho^i \eta_t + (1 - \rho^i) G, i \geq 0 \tag{3-42}
$$

　　在 t 期，货币当局对真实货币需求冲击 i_t 的预期为：

$$
E_{Gt}(i_t) = \frac{\sigma_i^2}{\sigma_i^2 + \sigma_\varepsilon^2} \varphi_t = \frac{\sigma_y^2 + \sigma_v^2}{\sigma_y^2 + \sigma_v^2 + \sigma_\varepsilon^2} \varphi_t \equiv c_3 \varphi_t \tag{3-43}
$$

　　其中，σ_i^2、σ_y^2 和 σ_v^2 分别为真实货币需求冲击 i_t、经济增长率 y_t 和货币流通速度 v_t 扰动误差的方差项。

通过式（3－26a）和式（3－26b）可知：

$$E_{Gt}(w_{st}) = W \tag{3－44}$$

将式（3－24a）、式（3－26a）、式（3－42）、式（3－43）和式（3－44）代入式（3－41），可得：

$$m_t^p = \frac{[\alpha\delta(1-\rho\beta)-(1-\beta\delta)\delta] + \dfrac{[\alpha\delta(1-\rho\beta)-(1-\beta\delta)\rho](c_3^2\sigma_\phi^2+\sigma_\phi^2)}{\sigma_\gamma^2}}{\left[\delta + \dfrac{\rho(c_3^2\sigma_\phi^2+\sigma_\phi^2)}{\sigma_\gamma^2}\right](1-\beta\delta)}W$$

$$+ \frac{\alpha\delta\left(1+\dfrac{c_3^2\sigma_\varphi^2+\sigma_\phi^2}{\sigma_\gamma^2}\right)(1-\rho\beta)}{\left[\delta+\dfrac{\rho(c_3^2\sigma_\varphi^2+\sigma_\phi^2)}{\sigma_\gamma^2}\right](1-\beta\delta)}G + \frac{\alpha\delta\left(1+\dfrac{c_3^2\sigma_\varphi^2+\sigma_\phi^2}{\sigma_\gamma^2}\right)(1-\rho^2\beta)}{\left[\delta+\dfrac{\rho(c_3^2\sigma_\varphi^2+\sigma_\phi^2)}{\sigma_\gamma^2}\right](1-\rho\beta\delta)}o_t$$

$$+ \frac{(\alpha-1)\delta+\dfrac{(\alpha\delta-\rho)(c_3^2\sigma_\varphi^2+\sigma_\phi^2)}{\sigma_\gamma^2}}{\delta+\dfrac{\rho(c_3^2\sigma_\varphi^2+\sigma_\phi^2)}{\sigma_\gamma^2}}\xi_t + c_3\varphi_t \tag{3－45}$$

式（3－45）证明了货币当局的决策规则具有式（3－32）假定的形式，且：

$$c_1 = \frac{\alpha\delta\left(1+\dfrac{c_3^2\sigma_\varphi^2+\sigma_\phi^2}{\sigma_\gamma^2}\right)(1-\rho\beta)}{\left[\delta+\dfrac{\rho(c_3^2\sigma_\varphi^2+\sigma_\phi^2)}{\sigma_\gamma^2}\right](1-\beta\delta)} \tag{3－46a}$$

$$c_2 = \frac{\alpha\delta\left(1+\dfrac{c_3^2\sigma_\varphi^2+\sigma_\phi^2}{\sigma_\gamma^2}\right)(1-\rho^2\beta)}{\left[\delta+\dfrac{\rho(c_3^2\sigma_\varphi^2+\sigma_\phi^2)}{\sigma_\gamma^2}\right](1-\rho\beta\delta)} \tag{3－46b}$$

$$c_3 = \frac{\sigma_y^2+\sigma_v^2}{\sigma_y^2+\sigma_v^2+\sigma_\varepsilon^2}\varphi_t \tag{3－46c}$$

$$c_4 = \frac{[\alpha\delta(1-\rho\beta)-(1-\beta\delta)\delta] + \dfrac{[\alpha\delta(1-\rho\beta)-(1-\beta\delta)\rho](c_3^2\sigma_\varphi^2+\sigma_\phi^2)}{\sigma_\gamma^2}}{\left[\delta+\dfrac{\rho(c_3^2\sigma_\varphi^2+\sigma_\phi^2)}{\sigma_\gamma^2}\right](1-\beta\delta)}$$

$$\tag{3－46d}$$

$$c_5 = \frac{(\alpha-1)\delta + \dfrac{(\alpha\delta-\rho)(c_3^2\sigma_\varphi^2+\sigma_\phi^2)}{\sigma_\gamma^2}}{\delta + \dfrac{\rho(c_3^2\sigma_\varphi^2+\sigma_\phi^2)}{\sigma_\gamma^2}} \qquad (3-46e)$$

将式（3-45）代入式（3-22）和式（3-33），可得货币当局预期引导下的实际货币扩张率和通货膨胀率分别为：

$$m_t = \frac{[\alpha\delta(1-\rho\beta)-(1-\beta\delta)\delta] + \dfrac{[\alpha\delta(1-\rho\beta)-(1-\beta\delta)\rho](c_3^2\sigma_\varphi^2+\sigma_\phi^2)}{\sigma_\gamma^2}}{\left[\delta + \dfrac{\rho(c_3^2\sigma_\varphi^2+\sigma_\phi^2)}{\sigma_\gamma^2}\right](1-\beta\delta)}W$$

$$+ \frac{\alpha\delta\left(1+\dfrac{c_3^2\sigma_\varphi^2+\sigma_\phi^2}{\sigma_\gamma^2}\right)(1-\rho\beta)}{\left[\delta+\dfrac{\rho(c_3^2\sigma_\varphi^2+\sigma_\phi^2)}{\sigma_\gamma^2}\right](1-\beta\delta)}G + \frac{\alpha\delta\left(1+\dfrac{c_3^2\sigma_\varphi^2+\sigma_\phi^2}{\sigma_\gamma^2}\right)(1-\rho^2\beta)}{\left[\delta+\dfrac{\rho(c_3^2\sigma_\varphi^2+\sigma_\phi^2)}{\sigma_\gamma^2}\right](1-\rho\beta\delta)}o_t$$

$$+ \frac{(\alpha-1)\delta + \dfrac{(\alpha\delta-\rho)(c_3^2\sigma_\varphi^2+\sigma_\phi^2)}{\sigma_\gamma^2}}{\delta + \dfrac{\rho(k_3^2\sigma_\varphi^2+\sigma_\phi^2)}{\sigma_\gamma^2}}\xi_t + c_3(y_t-v_t+\varepsilon_t) + \phi_t \qquad (3-47)$$

$$\pi_t = \frac{[\alpha\delta(1-\rho\beta)-(1-\beta\delta)\delta] + \dfrac{[\alpha\delta(1-\rho\beta)-(1-\beta\delta)\rho](c_3^2\sigma_\varphi^2+\sigma_\phi^2)}{\sigma_\gamma^2}}{\left[\delta + \dfrac{\rho(c_3^2\sigma_\varphi^2+\sigma_\phi^2)}{\sigma_\gamma^2}\right](1-\beta\delta)}W$$

$$+ \frac{\alpha\delta\left(1+\dfrac{c_3^2\sigma_\varphi^2+\sigma_\phi^2}{\sigma_\gamma^2}\right)(1-\rho\beta)}{\left[\delta+\dfrac{\rho(c_3^2\sigma_\varphi^2+\sigma_\phi^2)}{\sigma_\gamma^2}\right](1-\beta\delta)}G + \frac{\alpha\delta\left(1+\dfrac{c_3^2\sigma_\varphi^2+\sigma_\phi^2}{\sigma_\gamma^2}\right)(1-\rho^2\beta)}{\left[\delta+\dfrac{\rho(c_3^2\sigma_\varphi^2+\sigma_\phi^2)}{\sigma_\gamma^2}\right](1-\rho\beta\delta)}o_t$$

$$+ \frac{(\alpha-1)\delta + \dfrac{(\alpha\delta-\rho)(c_3^2\sigma_\varphi^2+\sigma_\phi^2)}{\sigma_\gamma^2}}{\delta + \dfrac{\rho(c_3^2\sigma_\varphi^2+\sigma_\phi^2)}{\sigma_\gamma^2}}\xi_t + (c_3-1)\times(y_t-v_t) + c_3\varepsilon_t + \phi_t$$

$$(3-48)$$

四、信息博弈对预期引导的影响因素分析

信息是博弈双方的决策依据，也是决定博弈行为和博弈均衡的重要因素。不同的信息状况决定了不同的博弈均衡，从而也就决定了不同的货币政策行为及其效应。因此，信息博弈对公众通胀预期引导的影响可以通过博弈均衡下的货币政策宏观效应来进行分析。

沿用国内学者陈学彬等（2007）、袁铭（2017）以及何楠（2018）的研究设定，本书以实际通胀的期望和方差作为体现货币政策宏观效应的指标。根据式（3-48）可知，实际通货膨胀率 π_t 的期望 $E(\pi_t)$ 和方差 $V(\pi_t)$ 分别为：

$$E(\pi_t) = c_1 G + c_4 W \qquad\qquad (3-49a)$$

$$V(\pi_t) = c_2^2 \alpha^2 + c_5^2 \sigma_\xi^2 + (c_3 - 1)^2 \times (\sigma_y^2 + \sigma_v^2) + c_3^2 \sigma_\varepsilon^2 + \sigma_\phi^2 \quad (3-49b)$$

根据前文设定，贴现系数 $\beta \leqslant 1$，且回归系数满足 $\rho \leqslant \beta \leqslant 1$，所以货币当局博弈决策规则式（3-45）中的系数 $c_1 > 0$。

进一步地，可以证明 $\partial c_1 / \partial \sigma_\gamma^2 > 0$，并且由于 $G > 0$，根据式（3-49a）可知 $E(\pi_t)$ 与 σ_γ^2 正相关，即平均通胀与公众对货币当局信息披露认知误差的方差具有正向相关性。表明公众对货币当局的政策信息了解得越清晰，或者货币当局信息披露得越精确，则预期引导效果越好，总体通胀的平均水平越低。这是因为，当货币当局信息披露的准确度越高，或者公众对当前货币政策的了解越充分时，则公众据以形成的通胀预期与货币政策目标越接近。这将降低通货膨胀对经济活动的持续影响并抑制货币当局超发货币的意愿。

根据式（3-21a），产出的弹性 $\alpha > 0$，并且 $\partial c_2 / \partial \sigma_\gamma^2 > 0$，通过式（3-49b）可知 $V(\pi_t)$ 也与 σ_γ^2 正相关，即通胀的波动与公众对货币当局信息披露认知误差的方差也具有正向相关性。表明公众对货币当局的政策信息了解得越清晰，或者货币当局信息披露得越精确，则预期引导的效果越好，总体通胀的波动水平也越低。其原因在于，货币当局政策信息披露

的准确度越高，或者公众对货币政策了解得越充分，货币当局通过信息披露对公众通胀预期的引导作用就越大，货币当局自身的政策主动性也会越低，通货膨胀的波动程度也就越小。

第三节　货币政策不确定性对预期引导的影响

上述博弈模型是在一定的货币政策不确定性设定前提下展开的。从我国实际情况看，货币政策一般采取相机抉择策略，强调根据经济金融形势预调、微调，政策主动性水平[①]始终处于较高的程度。近十年来，我国货币政策的主要目标随经济金融运行、外部冲击、经济增长目标等的改变切换频繁，由此带来了货币政策主动性水平的频繁改变，加剧了我国货币政策的不确定性，为预期引导带来了压力。对预期形成和预期引导过程而言，货币政策的不确定性可以视为一种巨大的噪声信息。

一、货币当局政策主动性水平对公众通胀预期引导的影响

陈学彬等（2007）用货币当局计划货币增长率对货币当局政策目标的响应程度来衡量货币当局的政策主动性水平，在国内学术界具有广泛的共识。本书沿用这种设定，用货币当局博弈决策规则式（3－45）中 o_t 的系数 c_2 来衡量货币当局的政策主动性水平，c_2 越大，意味着货币政策目标变动对计划货币增长的影响越大，则货币当局政策主动性水平越高。

通过式（3－46b）求偏导数：

$$\frac{\partial c_2}{\partial \sigma_\gamma^2} = \frac{[(c_3^2\sigma_\varphi^2 + \sigma_\phi^2)(\rho - \delta)](1 - \rho^2\beta)(1 - \rho\beta\delta)\alpha\frac{\partial\delta}{\partial\sigma_\gamma^2}}{\{[\delta\sigma_\gamma^2 + \rho(c_3^2\sigma_\varphi^2 + \sigma_\phi^2)](1 - \rho\beta\delta)\}^2} \quad (3-50)$$

---

① 政策主动性水平是衡量相机抉择思维下货币当局自主支配货币政策的程度指标。

基于 $(\rho - \delta) \geqslant 0$、$(1 - \rho^2 \beta) > 0$、$(1 - \delta \rho \beta) > 0$，而且容易证明 δ 是 σ_γ^2 的递增函数，即 $\partial \delta / \partial \sigma_\gamma^2 > 0$，可知 $\partial c_2 / \partial \sigma_\gamma^2 > 0$，即 c_2 与 σ_γ^2 正相关，表明货币当局政策主动性越高，其对货币政策信息披露的精度削弱越大，从而开展公众通胀预期引导的难度也越大。

回顾式（3-26a）及式（3-49a），随着货币当局政策主动性水平的变化，代表货币政策不确定性的参数 W 也会随之发生变化，一旦参数 W 的变化过大，或者出现阶段性的结构变化，则其作为常参数的性质将会发生改变，并将从信息源上影响公众对货币当局信息披露的认知。为了体现货币政策不确定性对预期引导的影响，本书进一步地将参数 W 视为非常数，则式（3-49a）将变为：$E(\pi_t) = c_1 G + c_4 W_t$。其所体现的货币政策宏观效应将同时受到货币政策目标和货币当局政策不确定性的牵引，并且由于系数 c_4 的表达式（3-46d）结构较为复杂，无法通过偏导数工具得到明确的对应关系。因此，基于信息的博弈模型货币政策宏观效应分析不再适合判断货币政策不确定性对公众通胀预期引导的影响，需要寻求新的理论分析渠道。

二、货币政策不确定性影响预期引导的理论分析

加利和格特勒（Galí & Gertler，2000）及斯博多内（Sbordone，2002）基于价格黏性的新凯恩斯菲利普斯曲线对上述问题提供了一种新的分析视角。他们认为，企业行为是公众通胀预期的投射与体现，因此企业价格的调整体现了公众通胀预期的变化。面对货币政策不确定性风险的增加，通常会有一部分企业采取相对保守的定价策略，即维持原价不调整，由此导致总产出的变动也呈现出不稳定的状态。通胀预期与企业定价的关联性可以通过下面简单的数学推导得以体现。

假设我国市场是垄断竞争型市场①，市场上各个时期选择调整生产定

---

① 垄断竞争市场竞争程度较大，垄断程度较小，比较接近完全竞争，一般认为更贴近真实经济情况。

价的企业所占比例各不相同，该比例取决于对应的公众通胀预期水平 π_t^e，基于加利和格特勒（2000）的研究，这种现象可以表述为：

$$p_t = \theta p_{t-1} + (1-\theta) p_t^* (\pi_t^e) \qquad (3-51)$$

其中，单个厂商保持价格不变的概率为 θ，调整价格的概率为 $(1-\theta)$；$p_t^* (\pi_t^e)$ 为所有厂商价格调整后形成的一个稳定的价格水平，只与 t 时期的通胀预期 π_t^e 相关。根据通货膨胀的定义可知：

$$\pi_t = p_t - p_{t-1} \qquad (3-52)$$

$$\pi_t^* = p_t^* (\pi_t^e) - p_{t-1}^* (\pi_{t-1}^e) \qquad (3-53)$$

将式（3-51）代入式（3-52）和式（3-53），可将式（3-51）所代表的单个企业生产价格扩展至整个市场的通胀层面，则有：

$$\begin{aligned} \pi_t &= \lambda(\pi_t^e) \pi_{t-1} + (1-\lambda(\pi_t^e)) \pi_t^* \\ &= \lambda(\pi_t^e) l\pi_t + (1-\lambda(\pi_t^e)) \pi_t^* \end{aligned} \qquad (3-54)$$

其中，π_t 代表市场的真实通胀；π_t^* 代表产出价格调整后市场所对应的均衡通胀率，在均衡通胀条件下，实际产出增长率与潜在产出增长率相等；$\lambda(\pi_t^e)$ 是公众通胀预期黏性系数；l 是滞后算子项。本书在费雪方程式和科弗模型（Cover，1992）的基础上，充分考虑货币政策不确定性的因素，得到均衡通胀水平条件下的潜在产出增长率以及需求产出增长率分别为：

$$y_t^p = \bar{y} + \mu_t \qquad (3-55)$$

$$y_t^d = \bar{y} + \alpha(m_t - \pi_t) + A(L)Z_t + \zeta_t \qquad (3-56)$$

在式（3-55）中，$\bar{y}$ 是潜在产出增长率的平均值，一般为常数；μ_t 是白噪声，其期望为 0。在式（3-56）中，$0 < \alpha < 1$ 为供给弹性系数；m_t 为实际货币供给增长率；$Z_t = [y_t, \pi_t, \pi_t^e, W_t, I_t]'$ 是一个为衡量货币政策不确定性影响公众通胀预期引导效果而构建的模型矩阵，该矩阵的内生变量包括：y_t 是时期 t 的均衡产出增长，π_t 是时期 t 的通胀率，π_t^e 是时期 t 的公众通胀预期，W_t 是时期 t 的货币政策不确定性指标变量，I_t 是时期 t 的货

币当局信息披露变量；$A(L)$是滞后算子矩阵；ζ_t是随机扰动项。根据麦卡勒姆货币供给规则（McCallum et al. ，1999），Z_t内生变量之间存在如下稳定关系：

$$m_t = k_1 y_t + k_2 \bar{m} + k_3 (\pi_t - \pi_t^*) + B(L) Z_t + \gamma_t \qquad (3-57)$$

其中，$\bar{m}$ 是产出达到均衡时的货币供应量，一般为常数；$B(L)$是滞后算子矩阵，γ_t 是货币供给的冲击项，其均值为 0；k_1、k_2 和 k_3 是常系数项。当 $y_t^d = y_t^p$ 时，垄断竞争市场产出缺口为 0，此时的均衡通胀水平 π_t^* 可以通过联立式（3-55）、式（3-56）和式（3-57）得到，即：

$$\pi_t^* = m_t + \frac{1}{\alpha} [A(L) Z_t + \delta_t - \sigma_t] \qquad (3-58)$$

再将式（3-58）代入式（3-54）和式（3-57），就可以分别得到时期 t 的实际通胀率 π_t、实际产出增长率 y_t 和公众通胀预期黏性系数 $\gamma(\pi_t^e)$ 的表达式为：

$$\pi_t = [1 - \gamma(\pi_t^e)] \left[m_t + \frac{1}{\alpha} (A(L) Z_t + \delta_t - \sigma_t) \right] \Big/ [1 - \gamma(\pi_t^e) l]$$
$$(3-59a)$$

$$y_t = m_t - c_2 \bar{m} - \frac{c_3 \gamma(\pi_t^e)(l-1)}{[1 - \gamma(\pi_t^e) l]} \left\{ m_t + \frac{1}{\alpha} [A(L) Z_t + \delta_t - \sigma_t] \right\} - B(L) Z_t - \eta_t$$
$$(3-59b)$$

$$\gamma(\pi_t^e) = 1 - \frac{\pi_{t-1}}{m_t + \frac{1}{\alpha} (A(L) Z_t + \delta_t - \sigma_t) + \pi_{t-1}} \qquad (3-59c)$$

观察式（3-59a）和式（3-59b），从货币政策的宏观效应来看，任一经济时期 t 内市场的实际通胀与产出既与公众通胀预期黏性程度有关，也与货币政策的扩张程度有关，而且还会受到货币政策不确定性的影响。观察式（3-59c），任一经济时期 t 内公众通胀预期黏性既会因棘轮效应受到上期通胀的影响，又会受到货币政策不确定性的影响。并且，由于货币政策不确定性对公众通胀预期引导的影响隐藏在货币政策不确定矩阵 Z_t 中，其影响方向和程度的判定也将受到矩阵 Z_t 结构和参数设置的制约，极有可能出现某种非线性对应的特征。

三、货币政策不确定性对预期引导的影响因素分析

货币政策的不确定性对预期引导的复杂影响，传统理论认为，是由于公众之间普遍存在的喜顺恶逆的心理状态导致其对货币当局释放出来的信息和货币政策信号的敏感程度不同，即公众通胀预期的黏性特征和异质性特征所决定。一般公众（不包括专家、学者、金融从业人员及政策制定者等）普遍具有逐利且厌恶政策风险的特征，习惯于在货币政策确定性高、外部风险较小的情况下按照固有频率更新信息形成预期，并主观上较为排斥因货币政策波动或者宏观经济状况欠佳带来的利空消息。一旦货币政策频繁变动、宏观经济波动时，公众在接收信息时出现了选择性，在进行未来生产定价决策时会在沿用过时信息和更新信息指导定价中摇摆，进而影响到企业的生产决策，传导形成宏观经济更大的不稳定。

从基于网络搜索的通胀预期适应性学习形成和预期引导来看，货币政策的不确定性对公众与货币当局的互动形成了干扰。一方面，在互联网时代，由于信息更新频率加快，在宏观经济波动、货币政策不确定性升高的复杂时期，社会公众的学习能力出现了分化，相当一部分知识结构和学习能力偏弱的群体，面对这种时期会有无所适从的感觉，最终预期呈现出一定的差异性，较难以形成与货币当局引导一致的通胀预期；另一方面，货币当局在货币政策切换的过程中，不一定能够始终及时并且准确地向公众进行货币政策信息披露，信息披露的精度可能主动或被动地被削弱，公众感受到的信息不够精确，由此也对预期引导产生复杂影响。

第四节　本章小结

公众对于外部信息的获取与利用很大程度上决定了适应性学习过程中

的参数更新效率与通胀预期收敛速度。本章在第二章的基础上，围绕信息精度进行参数设置，通过设立新的公众获取网络信息量、公众对货币当局披露信息信任参数，改进 M-S 模型、信息博弈模型和隐函数模型，深入分析预期引导效果的影响因素，为量化分析提供了基础。一是从社会整体福利角度出发，对经典 M-S 模型进行了动态改进，确定了公众通胀预期形成过程中的公共信息和私人信息的权重规则，通过设置公众获取网络信息量参数和公众对货币当局信息披露的信任参数，阐明了不同信息权重、不同信息精度对公众通胀预期引导的差异化影响。二是将公众通胀预期的引导视为货币当局与公众围绕信息所开展的博弈的动态传导过程，结合国情，构建了一个多目标非对称信息博弈模型，揭示了博弈过程中公众对公开信息的掌握以及货币当局对货币政策信息披露程度与预期引导的关系。三是结合我国货币当局频繁调整货币政策主动性的实际情况，将货币政策不确定性视为一个巨大的噪声信息，构建了基于公众通胀预期黏性的隐函数模型，揭示了货币政策不确定性对信息精度的反作用和对预期引导的非线性影响。

　　理论分析显示，互联网环境下公众网络信息获取的充分程度和公众对货币当局的信任程度、货币当局信息披露的精度、货币政策不确定性，是影响预期引导效果的三个重要因素。网络信息获取的便捷性使得公众学习能力增强，私人信息精度大幅提升，公众通胀预期的"独立性"进一步增强，公众对货币当局的高阶信任可能减弱。货币当局必须进一步提升公开信息披露的精度，才能维持公众对其的信任程度，稳定其在互动关系中的信息权重，从而在博弈中占据主动。公众对公开信息掌握得越好，货币当局信息披露得越充分，实际通胀程度和波动幅度越低，预期引导效果越好，宏观经济越稳定。但是，在货币政策目标多元化、货币政策主动性频繁切换、不确定性增强的情况下，公众的学习能力出现了分化，货币当局的信息披露精度会因此而削弱，预期引导的效果因此呈现出非线性的效应。

第四章

基于网络信息搜索的公众
通胀预期及预期引导
量化研究

通胀预期是公众对未来通货膨胀水平变动方向和幅度的主观判断，是公众学习的产物。如何将这一心理性、行为性定性描述转化为对公众通胀预期的度量，一直是预期研究中的一个难点。由于缺少关于通胀预期的官方指标数据，对预期引导的成效也难以从实证上与货币政策的效果相区别开来。如第二章指出的，学习理论的诞生和发展，揭示了信息获取和利用在公众预期形成和货币当局预期引导中的作用。在适应性学习的视角下，公众预期与货币当局在货币政策实施中的双向影响通过信息获取中的合作与博弈过程得到一定程度的呈现，通过追踪双方在预期形成及预期引导过程中的行为轨迹来量化彼此对于未来经济状况的判定，可以为量化公众预期和评估货币当局的预期引导提供新的途径。近年来，伴随着互联网络的普及和大数据分析技术的发展，网络搜索数据的即时性、留痕性和代表性在量化和预测应用上富有成效。本章在回顾以往比较有代表性的通胀预期量化方法的基础上，重点研究应用网络搜索数据对我国公众通胀预期和货币当局预期引导行为的量化方法。

第一节　国内外通胀预期量化方法

一、国际上通胀预期量化的常用方法

（一）样本统计调查方法

样本统计调查方法通常以经济活动中的公众个体或家庭为对象，通过问卷调查、电话访问、网络调查等方式按照一定的采样规则获得调查对象对当前及未来经济形势的主观感知结果。调查的内容一般集中在个人或家庭的收入、支出（消费）、就业、物价感受、景气（信心）以及对未来的预期等方面。样本统计调查按照调查对象的类型划分，可以分为针对普通公众的调查以及针对某个领域专家的调查两类。按照调查的组织方性质可以划分为官方调查和民间机构调查。国际上比较具有代表性的官方通胀预期调查主要有美联储费城联邦储备银行定期发布的专家预测调查（survey of professional forecasters，SPF）、英格兰银行 NationalWide 消费者预期调查等；而比较有代表性的民间机构通胀预期调查主要有美国密歇根大学调查研究中心发布的消费者信心指数（cosumer confidenie index，CCI）调查、欧洲 GFK 消费者信心指数调查以及尼尔森全球消费者信心调查等。

1991～2020 年费城联邦储备银行 SPF 对 10 年通胀预测结果存在分歧，如图 4-1 所示。

在对公众通胀预期实证研究中应用最广泛的当属密歇根大学发布的消费者信心指数。1952～2018 年美国密歇根大学研究中心 CCI 指数如图 4-2 所示。

20 世纪 40 年代，美国密歇根大学的调查研究中心为了研究消费需求对经济周期的影响，首先编制了消费者信心指数（CCI）并一直持续发布到今天，随后欧洲一些国家也先后开始建立和编制消费者信心指数。消费者信心指数由消费者满意指数和消费者预期指数构成，消费者满意指数是

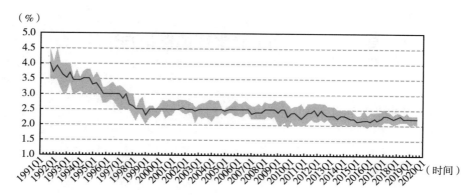

图 4 - 1   1991 ~ 2020 年费城联邦储备银行 SPF 对 10 年通胀预测结果的分歧

注：图中阴影代表专家预测的分歧程度。Q1 指第 1 季度。

资料来源：美联储费城联邦储备银行 2019 年 3 季度专家预测报告。

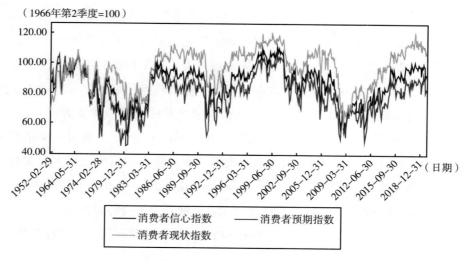

图 4 - 2   1952 ~ 2018 年美国密歇根大学研究中心 CCI 指数

资料来源：Wind 全球宏观 EDBG 数据库。

指消费者对当前经济生活的评价，消费者预期指数是指消费者对未来经济生活发生变化的预期。密歇根大学研究人员利用每月对 500 ~ 600 名成年人的原始调查数据，计算出经过季节调整后的消费者信心、现况指数（包括目前财务状况和购买状况）和预期指数（包括未来一年和五年的预期财务状况和经济状况）。出于指数计算的需要，研究人员设定 1966 年第 2 季度的结果为100。图4-2中的消费者预期指数的计算公式为：

$$消费者预期指数 = 乐观回应占比 - 悲观回应占比 + 100$$

（二）模型计量测算方法

模型计量测算方法是将通货膨胀和其他宏观经济变量置于合适的计量模型中，通过发现通货膨胀与其他变量之间长期稳定的因果或协整关系，进而得出以通货膨胀率为因变量的数量关系式，未来通胀预期可以通过该数量关系式计算得出。被广泛采纳的计量模型包括菲利普斯曲线模型、自回归滑动平均模型、向量自回归模型以及时变参数的状态空间模型。

菲利普斯曲线模型是以菲利普斯曲线为基础，通过产出与通胀的同向变动关系推测通胀预期数据，菲利普斯曲线得出的通胀预测通常比基于其他宏观经济变量（包括利率、货币和大宗商品价格）的预测更为准确。自回归移动平均（auto-regressive and moving average model，ARMA）模型是研究时间序列的重要方法，由自回归（AR）模型与滑动平均（MA）模型为基础"混合"构成。在对通货膨胀预期的测算中，主要以通货膨胀率（或CPI指数）为唯一自变量，重点通过确定滞后期数和滞后因子实现对通货膨胀率的线性化表达，并最终通过该表达式完成对未来通胀预期的测算。向量自回归（vector auto-regressive，VAR）模型是AR模型的推广，是用模型中所有当期变量对所有变量的若干滞后变量进行回归。在对通货膨胀的测算中，需要将通胀变量和其他宏观经济变量全部视为模型的内生变量，考虑到对未来的预期，还需要附加前瞻性的预测变量，最终通过通胀变量与其他变量间长期稳定的因果或协整关系实现对通胀预期的测算。时变参数的状态空间模型是在VAR模型的基础上，进一步放松了对参数的动态性假设。在通胀预期的测算中，可将通胀预期作为不可观测的变量并入其他可观测的宏观经济时间序列中，并与其一起得到可估计的结果。在动态参数的估计过程中，主要通过卡尔曼滤波算法实现参数的迭代。表4-1列出了采用上述模型计量方法测算通胀预期的重点文献。

表 4 – 1   通胀预期的模型计量测算方法相关文献回顾

作者	年份	研究对象	测算方法
斯托克和沃特森 （Stock & Watson）	1999	美国经济衰退	菲利普斯曲线模型
麦克亚当和麦克民利斯 （Mcadam & Mcnelis）	2005	美国、日本和欧元区通胀数据	自回归滑动 平均模型
肖曼君和夏荣尧	2008	1997～2007 年中国 CPI 月度数据	
米什金（Miskin）	2007	美国 FRB/US	向量自回归 模型
徐亚平	2010	1995～2009 年中国宏观经济数据	
布鲁格曼和里德尔 （Brüggemann & Riedel）	2011	英国货币政策反应函数	时变参数的 状态空间模型
刘金全和姜梅华	2011	1992～2010 年中国同业拆借利率、 CPI、名义 GDP	

（三）国债收益利率差方法

国债收益利率差方法最早由米什金和埃斯特拉（Mishkin & Estrella，2000）提出，主要涉及一国货币当局发行的两种债券。一种是通胀指数化债券（Inflation Index Bonds，IIS），即债券本金和利息的到期支付根据既定的通胀指数变化情况调整的债券。该种债券发行时通常先确定一个实际票面利率，而到期利息支付除按票面确定的利率标准外还要再加上按债券条款规定期间的通货膨胀率升水，本金的到期支付一般也根据债券存续期间通胀率调整后支付。另一种是普通债券，即未考虑通胀风险溢价的名义收益率债券。该国货币当局主要通过监测通胀指数化债券相对于普通债券的收益利率之差以及对应的交易量来测算通胀预期。世界范围内，资本市场发达、证券流动性较强且品种丰富的国家，比较热衷于运用这一方法度量通货膨胀预期。表 4 – 2 列出了世界上主要发行的通胀指数债券。

表 4 – 2   世界上主要发行的通胀指数债券与对应的通胀指数

国家	通胀指数债券	发行机构	通胀指数
美国	Treasury Inflation-Protected Securities（TIPs）	美国财政部	美国所有城市居民 CPI（CPI-U）
美国	Series I Inflation-Indexed Savings Bonds（I-Bonds）	美国财政部	美国 CPI

续表

国家	通胀指数债券	发行机构	通胀指数
英国	Index-Linked Gilts（ILG）	英国债务管理办公室	商品零售价格指数（RPI）
法国	OATi OAT€	法国财政部	法国 CPI（不包括烟草） 欧盟 HICP（不包括烟草）
加拿大	Real Return Bond（RRB）	加拿大银行	加拿大全品类 CPI
澳大利亚	Capital Indexed Bonds （CAIN series）	澳大利亚财政部	8 个省会城市加权平均：全组指数
德国	Bund index Bond indes	德意志联邦财政部	欧盟 HICP（不包括烟草）
意大利	BTP€	意大利财政部	欧盟 HICP（不包括烟草）
日本	JGBi	日本财务省	日本 CPI（全国范围内，不含新鲜食品）
瑞典	Index-Linked Treasury Bonds	瑞典国家债务办公室	瑞典 CPI

二、国内通胀预期量化的常用方法

目前，国内的通胀预期量化手段比较有限，主要还是依靠样本统计调查方法。按照统计调查机构的性质可以分为官方和民间两种。官方统计调查主要包括中国人民银行组织开展的以城镇普通居民为对象的城镇居民储户问卷调查和以企业家或银行家等专业人士为对象的企业家、银行家问卷调查，以及国家统计局景气监测中心开展的消费者信心问卷调查。而民间统计调查主要包括各研究机构自行组织的问卷调查，如北京大学光华管理学院组织的朗润预测（2015 年第 4 季度终止）以及《证券市场周刊》组织的远见杯预测等。考虑到调查的权威性、样本代表性以及样本容量，本书主要聚焦于官方针对非专业人士开展的统计调查的研究。

（一）中国城镇居民储户问卷调查报告指数系统

城镇居民储户问卷调查①是中国人民银行 1999 年起建立的一项季度调

---

① 中国人民银行城镇居民储户问卷调查结果一般以季度为频率，通过中国人民银行官方网站的"沟通交流"栏目下的"新闻"频道进行发布，网址为 http：//www.pbc.gov.cn/goutongjiaoliu/113456/113469/index.html。

查制度。每季在全国 50 个（大、中、小）调查城市、400 个银行网点各随机抽取 50 名储户、全国共 20000 名储户作为调查对象。调查内容包括储户对经济运行的总体判断、储蓄及负债情况、消费情况、储户基本情况等四个方面。城镇储户问卷调查报告中的指数采用扩散指数法进行计算，即计算各选项占比 c_i，并分别赋予各选项不同的权重 q_i（赋予"好/增长"选项权重为 1，赋予"一般/不变"选项权重为 0.5，赋予"差/下降"选项权重为 0），将各选项的占比 c_i 乘以相应的权重 q_i，再相加计算出最终的指数。所有指数取值范围在 0~100% 之间。指数在 50% 以上，反映该项指标处于向好或扩张状态；低于 50%，反映该项指标处于变差或收缩状态。中国人民银行调查统计司将在每个季度末向社会公布该季度的《城镇储户问卷调查报告》，并以附件形式公布调查数据形成的指数化指标，如表 4-3 所示。其中，城镇居民物价预期指数通常被视为公众通胀预期的量化指标，其计算方法为：

$$\text{城镇居民物价预期指数} = \frac{\text{认为下一季度物价水平会比现在上升的储户占比}}{2} - \frac{\text{认为下一季度物价水平会比现在下降的储户占比}}{2} + 50$$

表 4-3　　　　中国人民银行储户问卷调查统计

（2016 年第 3 季度至 2019 年第 3 季度）　　单位：%

时期	物价预期	收入感受	收入信心	就业感受	就业预期
2016 年第 3 季度	62.6	46.1	49.8	37.1	46.2
2016 年第 4 季度	67.6	51.9	54.9	40.1	49.4
2017 年第 1 季度	61.5	52.6	52.9	41.8	51.1
2017 年第 2 季度	61.3	51.3	52.9	41.9	50.7
2017 年第 3 季度	61.2	52.8	53.3	42.6	50.8
2017 年第 4 季度	64.3	53.6	54.9	44.9	53.4
2018 年第 1 季度	59.6	55.4	54.2	45.8	54.1
2018 年第 2 季度	61.0	53.2	53.5	45.0	52.3
2018 年第 3 季度	63.7	53.6	52.7	44.2	51.6

续表

时期	物价预期	收入感受	收入信心	就业感受	就业预期
2018 年第 4 季度	64.3	53.5	54.4	45.5	53.3
2019 年第 1 季度	60.4	51.8	54.0	45.8	53.7
2019 年第 2 季度	62.0	53.0	52.6	44.2	52.3
2019 年第 3 季度	65.4	54.1	53.4	45.4	52.6

资料来源：中国人民银行调查统计司。

（二）中国消费者信心指数系统

随着消费对经济的拉动作用不断提升，国家统计局景气监测中心于 1997 年起开始编制并向社会公布中国消费者信心指数。消费者信心指数是反映消费者信心强弱的指标，是综合反映并量化消费者对当前经济形势评价和对经济前景、收入水平、收入预期以及消费心理状态的主观感受，预测经济走势和消费趋向的一个先行指标，由消费者满意指数和消费者预期指数构成。图 4-3 中国消费者预期指数数值超过 100 代表消费者通胀预期开始转为正向，数值越高通胀预期也越高。消费者预期指数的大小反映了消费者对于未来通胀的担忧程度，在一定程度上与公众通胀预期接近，因此也可以用于通胀预期测算及其他研究。

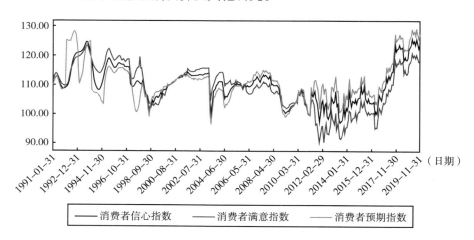

图 4-3　1991~2019 年中国消费者信心指数
资料来源：Wind 中国宏观 EDBC 数据库。

（三） 基于 C-P 概率法的城市居民通胀预期指数

官方样本统计调查获得的数据只代表了被调查者对于未来通胀的看法，这些看法虽然体现了未来通胀变动的方向，但依然没有反映出未来通胀变动的程度。为了将这些定性的看法转变为对未来通胀预期的量化描述，国内一些学者（张蓓，2009；卞志村和宗旭姣，2014；王书朦，2015）借鉴了卡尔森和帕金（Carlson & Parkin，1975）提出的概率转换方法，也被称为 C-P 概率法。

该研究方法假定被调查者 i 的通胀预期概率服从某一概率分布 $f(\pi_t^e)$，令被调查者 i 在 t 时期的通胀预期为 π_t^e，并且对被调查者的通胀预期概率分布有如下规则制定：

（1）如果 $\pi_t^e > b_t$，那么将所有满足此条件的 i 归入未来通胀预期上升人数的百分比 R_t，即 $P(\pi_t^e > b_t) = R_t$；

（2）如果 $\pi_t^e \leqslant -a_t$，那么将所有满足此条件的 i 归入未来通胀预期下降人数的百分比 F_t，即 $P(\pi_t^e \leqslant -a_t) = F_t$；

（3）如果 $-a_t < \pi_t^e \leqslant b_t$，那么将所有满足此条件的 i 归入通胀预期不变人数的百分比 N_t，即 $P(-a_t < \pi_t^e \leqslant b_t) = N_t$。

如果 $\pi_t^e \sim N(0, \sigma_t^e)$，则有：

$$P\left(\frac{\pi_t^e - \overset{e}{\underset{t}{\prod}}}{\sigma_t^e} > \frac{b_t - \overset{e}{\underset{t}{\prod}}}{\sigma_t^e}\right) = R_t$$

$$P\left(\frac{\pi_t^e - \overset{e}{\underset{t}{\prod}}}{\sigma_t^e} \leqslant \frac{-a_t - \overset{e}{\underset{t}{\prod}}}{\sigma_t^e}\right) = F_t$$

其中，$\overset{e}{\underset{t}{\prod}} = E(\pi_t^e)$，$\Phi(\cdot)$ 是累积分布函数符号，那么有：

$$z_1(t) = \Phi^{-1}(F_t) = (-a_t - \overset{e}{\underset{t}{\prod}})/\sigma_t^e$$

$$z_2(t) = \Phi^{-1}(1 - R_t) = (b_t - \overset{e}{\underset{t}{\prod}})/\sigma_t^e$$

$$\pi_t^e = \frac{b_t z_1(t) + a_t z_2(t)}{z_1(t) - z_2(t)} \tag{4-1}$$

因此，对通胀预期 π_t^e 的量化转化成对参数 a_t 和 b_t 的量化。不失一般性地，假设 $A = a_t$、$B = b_t$，如果真实通胀的平均值与通胀预期的平均值一致，则有：

$$B = \frac{\sum_{t=1}^{T} \prod_{t}^{e} [z_1(t) - z_2(t)] - \sum_{t=1}^{T} Az_2(t)}{\sum_{t=1}^{T} z_1(t)} \quad (4-2)$$

对于式（4-2），如果获得了参数 A 的值，就可以确定参数 B 的值，并最终通过式（4-1）确定通胀预期 π_t^e 的值。

三、现有公众通胀预期定量测算方法的比较

上述通胀预期定量测算方法各有利弊，对中国具体国情的适应性也不尽相同（见表4-4）。对样本统计调查方法而言，其优势在于体现了受调查群体对未来通胀的真实感受，具有第一手的直观性，而且可以对受调查群体进行适当区分，方便得出具有代表性和针对性的结论，最重要的是调查结果一般来自官方或者权威的研究机构，其数据发布持续、稳定，并且容易获得，在学术研究中也容易获得广泛的认可。其缺陷在于：第一，统计调查得到的数据绝大部分是定性描述性质的，因而只能反映通胀预期变化的趋势而不能反映通胀预期变化的程度，因此该部分数据很难直接使用，需要进行后续的处理；第二，统计调查获得的数据通常并不只针对通胀预期的一个方面，还包含了调查对象对于其他关注的宏观经济层面变动的感知，而这些感知易成为公众通胀预期的噪声；第三，统计调查的样本容量始终有限，调查结果对大范围群体的代表性不强；第四，统计调查数据发布的间隔较长，一般以季度为时间跨度，这是因为统计调查的结果需要预先进行数据统计和清洗，然后才能对外发布，这个时间周期本身较长，这个特点也决定了样本统计调查方法的可操作性有限，因为每一次调查需要投入大量的时间和经济成本；第五，统计调查的主观性色彩强，统计调查数据的处理过程一般不对外公布，这些数据一经由官方或权威渠道

发布就不可避免地打上了其所有者的烙印，如果发布者出于某些考虑对数据作出了调整，外界也不得而知。

表 4 - 4　　　　　　　　　　通胀预期量化方法的评价

通胀预期的量化方法	优点	缺点	中国适用性
样本统计调查方法	(1) 对通胀预期有直观反映 (2) 可以根据受访者群体不同得出有对比性的结论 (3) 数据的易得性和广泛的认可性	(1) 原始数据定性非定量 (2) 数据的噪声较大 (3) 受样本容量的限制 (4) 数据发布时间滞后性 (5) 调查成本较高 (6) 官方色彩浓厚	适用
模型计量测算方法	(1) 有较为严谨的理论支撑 (2) 数据便于开展实证	(1) 数据失真 (2) 缺乏广泛的认可性 (3) 适用国家和地区有限	有限适用
国债收益利率差法	(1) 原始数据定量 (2) 数据源自真实交易量，对通胀预期反映较为客观	(1) 样本容量的限制 (2) 适用国家和地区受限	不适用

对于模型计量测算方法而言，它的优势在于有较为严谨的理论支撑，因此可以根据模型的特点，选择性地进行数据填充；另外，处理对象数据也较容易获得，主要由宏观经济数据集构成，由于有固定的测算模型，一旦发现数据间稳定的因果或者协整关系，就便于下一步实证分析的展开。其缺陷在于：第一，在进行模型计量测算之前，通常要对数据的稳定性进行分析，为了符合计量模拟的要求，部分数据需要先进行预处理，如进行差分等，这样会使得最终进入回归环节的数据失真；第二，对不同的模型，学术界的观点往往有分歧，适合经济发达国家的模型不一定适用于发展中国家，因此通过该模型测算出的通胀预期也不一定会获得广泛的认可。

对于国债收益利率差法而言，其优势在于：首先，能够直接获得通胀预期的定量数据；其次，它的数据基础是来自真实的债券市场交易行为，因此对通胀预期的反映是比较客观的。但是该方法同样受到容量的限制，因为能够参与债券交易的群体不一定都是普通大众，对于没有参与交易的公众的通胀预期，该方法并不适用；对于许多发展中国家而言，并没有发行通胀指数化债券，因此该方法在这些国家和地区并不适用。

第二节 基于网络信息搜索的公众通胀预期指数的构建

根据中国互联网络信息中心（CNNIC）2019 年 8 月发布的第 44 次《中国互联网络发展状况统计报告》，截至 2019 年 6 月，中国互联网络普及率达到 61.2%；中国网民规模达 8.54 亿人，其中手机网民规模达 8.47 亿人，网民通过手机接入互联网的比例高达 99.1%。伴随着互联网的发展，公众对信息的获取迅速切换到以互联网络为载体、以网络搜索为主渠道上来。

从表 4 – 5 所列出的互联网络应用的用户规模和使用情况可以看到，社会公众网络搜索引擎的使用率达到了 81.3%，其用户规模达到了 6.9 亿人，这意味着网络搜索已成为社会公众主动获取信息的重要方式。与过去被动接受信息的方式相比，网络搜索体现出更多主动学习、精准获取的特征。

表 4 – 5　　　　2018 年 12 月和 2019 年 6 月中国网民各类互联网
应用的用户规模和使用情况

应用	2019 年 6 月		2018 年 12 月		半年增长率（%）
	用户规模（人）	网民使用率（%）	用户规模（人）	网民使用率（%）	
即时通信	82470	96.5	79172	95.6	4.2
网络视频	75877	88.8	72486	87.5	4.7
搜索引擎	69470	81.3	68132	82.2	2.0
网络新闻	68587	80.3	67473	81.4	1.7
短视频	64764	75.8	64798	78.2	– 0.1
网络购物	63882	74.8	61011	73.6	4.7
网络支付	63350	74.1	60040	72.5	5.4
网络音乐	60789	71.1	57560	69.5	5.6

续表

应用	2019 年 6 月		2018 年 12 月		半年增长率（%）
	用户规模（人）	网民使用率（%）	用户规模（人）	网民使用率（%）	
网络游戏	49356	57.8	48348	58.4	2.0
网络文学	45454	53.2	43201	52.1	5.2
网络直播	43322	50.7	39676	47.9	9.2
网上订外卖	42118	49.3	40601	49.0	3.7
旅行预订	41815	48.9	41001	49.5	2.0
网约专车	33915	39.7	33282	40.2	1.9
网约出租车	33685	39.4	32988	39.8	2.0
在线教育	23246	27.2	20123	24.3	15.5
互联网理财	16972	19.9	15138	18.3	12.1

资料来源：根据 CNNIC 第 44 次《中国互联网络发展状况统计报告》整理所得。

一、公众学习信息获取的内涵

从公众的搜索行为分析，现实生活中随着移动互联网的覆盖和智能手机的普及，公众已经习惯于从手机端获取各种信息。网络搜索由公众的信息需求所驱动，是公众信息获取、信息学习的主要手段。

网络搜索的信息需求驱动可以分为被动和主动两种模式。在被动模式下，公众的信息需求被唤醒或激发，例如，一旦出现了涉及经济民生的网络热点，基于大数据的网络推送会在第一时间将该热点及其链接通过各种 App 传递给公众，公众会被迫对热点形成初步印象，持续的热点刺激很可能会唤醒或激发公众进一步了解的意愿，继而利用网络搜索引擎去获取该热点的更多相关性信息。在主动模式下，公众本身就对信息有需求，因此他们更有动力通过网络搜索精准获取以满足自我的信息需求，并且一旦对某些关联性较强信息开展的网络搜索行为爆发，则新的网络热点会迅速形成，因此，又会形成新的网络信息推送以吸引更多公众对信息的关注并激发潜在的信息搜索需求。从信息的利用来看，公众的网络信息搜索会对公众的未来行为产生重要影响，如图 4-4 所示。在社会经济系统中，公众既是生产者也是消费者，对于消费者角色而言，公众既利用网络信息搜索修正消费意愿，也利用网络信息搜索指导消费行为；对于生产者角色而言，公众既利用网络信息搜索指导生产投入和规模，也利用网络信息搜索控制产出和存货。公众的网络信息搜索行为正是通过影响公众的消费和生产环节并将这种影响以需求和供给冲击的形式向外传递，两种冲击共同作用于社会商品价格并最终能够影响到宏观经济的各个方面。

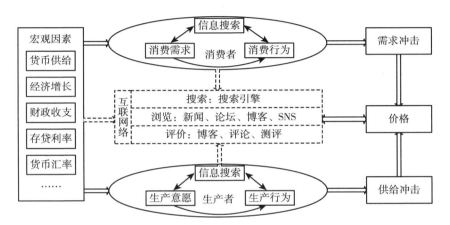

图 4 - 4　公众网络信息搜索行为对价格的影响

互联网络信息也在帮助公众形成对未来的预期。一方面，公众对未来的认知会因为在网络上发现相似的观点而得以强化；另一方面，由于网络羊群效应的存在，公众的认知会潜移默化地受到网络上信息的影响，更容易强化共识凝聚及预期的形成。目前，我国网民对信息的精确搜索主要通过对特定关键词的搜索来完成。因此，以网络搜索关键词为对象展开分析是一条分析公众学习以及公众预期形成的有效途径。2010 年 Google 退出中国市场后，百度搜索在中国互联网络搜索引擎市场上形成垄断。目前国内互联网上约 90% 以上的关键词搜索行为是使用百度搜索引擎来完成的，自2011 年起，百度公司开始以百度指数的形式向外界发布公众通过百度引擎搜索关键词的频率统计。百度指数以百度中文检索数据为基础，计算出每个关键词的用户关注和媒体关注度的数值，并且以直观的图形界面展现。任意关键词的指数都是该关键词在比较期的数值比该关键词在基期的数值。比较期的数值和基期的数值是通过当天的用户搜索量和新闻中过去30天相关的新闻数量相比得来，因此百度指数能够十分形象地反映该关键词每天的变化趋势。鉴于搜索的主动性，公众对特定关键词的搜索可以认为具有动机性，代表了公众对某一事物或者现象的关注。例如，关键词"GDP""CPI"等的搜索，可视为代表了社会公众对宏观经济走势的关注，不同时期搜索量的变化直接体现了关注强度，高频率搜索关键词的相关性则直接体现了关注的广度，关注程度越强、关注的范围越广泛，越有助于公众形成稳定的判断和一致的预期。因此，如果能够证实关键词百度指数与宏观经济因素之间的显著相关性，就可以根据百度指数形成对公众未来预期的有效估计，而且根据百度指数的实时性特点，可以构建消除时间滞后性的网络公众学习信息获取指数，以利于提升研究的精准性。

基于百度指数，本书提出了公众学习信息获取指数（public information access index，PIAI）的概念，以公众对网络信息的获取行为作为研究的切入点，将公众感兴趣的并且能够与宏观经济因素紧密联系的关键词的百度指数以某种规则筛选和合成，最终形成一种新的指数，用以实现对公众学习网络信息获取的量化描述，作为对公众通胀预期的有效估计。与前文提到的几种公众通胀预期量化方法相比较，PIAI指数是一种全新的基于互联网实时大数据分析的公众通胀预期量化方法。

公众的通胀预期形成一般需要经历需求产生、信息获取、信息学习和预期形成四个阶段。在需求产生阶段，外部宏观经济层面的变化会以网络信息推送和公众主观感知的形式共同刺激公众对未来预期的心理渴望，互联网和移动互联网的覆盖可以让公众通过有针对性的信息搜索迅速满足这种心理渴望。获得充分信息后，公众需要对信息进行处理，排除信息中的噪声并提取信息中的有用信号，并让这些信号在学习规则的允许下完全被公众所理解和掌握。在这个过程中，公众仍然需要开展广泛的信息搜索，以帮助自己巩固认知、确立自信（确定信息对自己是有用的）。例如，公众需要进一步知道国家政策层面和宏观经济层面的走向，其就会增加对该范畴的有关信息的关注程度，反映到互联网上的表现形式就是该种信息范畴下若干关联关键词搜索量的增加。在预期形成时，公众会对已掌握和认知的信息进行归纳并形成方向和程度上的判断，为了迅速形成判断，公众通过网络搜索寻求共鸣和有效数据支持，如果搜索信息反馈与自我判断相背离，会造成公众预期的不确定性增加，此时公众的信息需求又会被重新激发继而开始新一轮的预期形成过程。公众对特定经济信息展开的网络搜索，本质上看就是公众适应性学习的体现，同时也是公众通胀预期在互联网上的映射。因此，可以用反映宏观经济波动的关键性指标作为中介，研究网络搜索行为与公众通胀预期两者之间的关系。

从货币当局的政策引导来看，货币当局判断和预期的信息均通过以互联网络为核心的媒体中介传递给公众，如果货币当局声誉良好，公众会自行评估货币政策对于自身利益的影响，并据此调整自身的经济决策和行为。根据图4-4所体现出的信息搜索对公众行为的影响，整个社会的消费、储蓄、生产以及投资会出现连锁反应，最终通过价格机制体现出货币当局的政策引导效果。然而，由于公众处理信息并产生通胀预期的过程形似"黑箱"，基于此产生的决策和行动也存在不确定性和差异性，通胀预期的引导也不一定会经由"理想之花"获得"理想之果"。本书尝试通过公众学习信息获取指数的构建，在公众通胀预期与货币政策的互动关系研究方向上作出补充和新的探索。

二、网络搜索数据的筛选、处理和优化

搜索引擎中所记录的数据包含了数以亿万计的信息，其中必然包含着无数有效信息和冗余信息。例如，对于关键词"汽车"而言，百度指数反映的搜索数据里面既包含了公众对于购买汽车所需要的信息搜索，也包含了通过汽车等关键工业品产量判断宏观经济形势等的信息搜索。为此需要进行有效的数据处理和挖掘。

（一）现有网络搜索数据的主要处理方法

根据前文，搜索关键词能够真实地反映公众的信息需求，然而单个关键词容易出现多个理解角度，因此需要扩充关键词的样本数量，找到

关键词之间的关联性以形成关键词群，关键词群的形成可以帮助强化关键词的共性特征、弱化关键词语义歧义带来的噪声，最后需要通过合适的数学统计方法提取关键词群的共性特征，并将关键词群的搜索指数合成新的 PIAI 指数。综合现有文献，关键词搜索指数的合成大致有以下三类。

第一类是直接合成，即将关键词的搜索量直接进行汇总，进而根据一定的时间频率形成搜索指数。直接合成法适合对某个特定兴趣点或者某一方面的趋势性研究。

第二类是根据相关性合成，即通过数据统计方法［如皮尔逊（Pearson）相关性、Kendall 秩相关性、Spearmanz 秩相关性等］，获得关键词彼此之间的相关系数，然后将相关系数较高的关键词搜索数据进行合成，得到拟合度较高的合成指数。在这个过程中，相关性的确立是关键，以皮尔逊相关性为例：

$$r_{xy} = \frac{\sum xy - \frac{1}{n}(\sum x)(\sum y)}{(n-1)s_x s_y}, s_x = \sqrt{\frac{\sum x^2 - \frac{(\sum x)^2}{n}}{n-1}},$$

$$s_y = \sqrt{\frac{\sum y^2 - \frac{(\sum y)^2}{n}}{n-1}} \tag{4-3}$$

其中，x 与 y 为两个关键词的搜索指数，n 是样本容量，s_x 与 s_y 是样本标准差，r_{xy} 是皮尔逊相关性系数。相关性合成法比较适合于搜索量较大、时间跨度较长、搜索关键词较多的场合，能够更好地消除共线性，合理确定各指标权重，最终实现数据降维。

第三类是根据时差相关合成，即考虑到关键词是事后搜索，为了判断关键词合成指数是否具有向前预测性，需要在关键词相关性系数的基础上分析关键词相关系数的时间间隔差，相关性系数最大的时间间隔差就是关键词之间的时间领先期数，故此，该相关性系数也体现了时差的特征。

$$r_l = \frac{\sum_{t=1}^{m}(x_{t+l} - \overline{x})(y_t - \overline{y})}{\sqrt{\sum_{t=1}^{m}(x_{t+l} - \overline{x})^2 \sum_{t=1}^{m}(y_t - \overline{y})^2}}, l = 0, \pm 1, \pm 2, \cdots, \pm L$$

$$(4-4)$$

其中，x 与 y 为两个关键词的搜索指数，m 是时间间隔，l 是关键词 x 对关键词 y 的搜索在时间上的领先期数，$\overline{x}$ 与 $\overline{y}$ 是搜索量均值。从式（4-4）可以看出，时差相关合成法更适合针对某一特定领域内某些特定指标的预测分析。

（二）网络搜索数据的预处理

打开网页浏览器，进入百度指数的主页面（http：//index. baidu. com），登录百度账号后就可以使用关键词的查询功能。本书以关键词"GDP"的查询为例，登录百度指数查询页面后需要在页面左上方的"探索"栏输入关键词"GDP"，然后需要对关键词的搜索进行进一步的限定，包括对搜索覆盖日期的设定，如设定为"2016 年 6 月 1 日至 2016 年 9 月 30 日"；对搜索端的设定，如设定为"PC + 手机"；以及对搜索地区的限定，如设定为"全国"。完成关键词的查询条件设定后，页面会给出关键词"GDP"在 2016 年 6 月至 9 月共 122 天的百度指数，如图 4-5 所示。

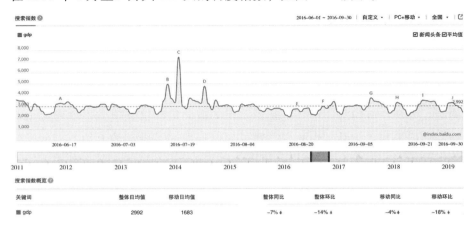

图 4-5　2016 年 6 月至 9 月网络搜索关键词"GDP"的数据显示

在图 4 - 5 下部分的"搜索指数概览"给出了关键词"GDP"所选时间段的总体搜索指数表现。其中"整体日均值"给出了一段时间内包括个人计算机（PC）和手机在内的所有客户端发生的搜索指数日均值；"移动日均值"则给出了一段时间内发生在移动客户端的搜索指数日均值。"整体同比"和"移动同比"反映了关键词"GDP"的整体及移动客户端发生的搜索量与去年同期的同比变化率；"整体环比"和"移动环比"则反映了关键词"GDP"的整体及移动客户端搜索量与上一个相邻时间段的环比变化率。图 4 - 5 中出现的大写英文字母标识代表了一段时期以内关键词的百度指数峰值，例如，图中的 C 点位置最高，对应的数值是 7366，对应的时间横坐标是 2016 年 7 月 15 日，因此 C 点的含义为关键词"GDP"在 2016 年 6 ~ 9 月期间，从所有客户端发生的搜索峰值出现在 7 月 15 日，并且在当日关键词"GDP"被全国的网民通过百度搜索引擎搜索了总计 7366 次。

为了研究公众利用百度搜索引擎搜索关键词获取与宏观经济层面有关信息的情况，本书选取了 2011 年 1 月 1 日至 2019 年 9 月 30 日的网络关键词百度搜索指数日数据进行分析，时间跨度为 3195 天。为了精确获得百度指数的日数据，需要用爬虫软件进行后台采集，根据需求可将日数据转变为其他频率的数据，此外还需要对数据进行 3 期移动平均处理使之变得平滑。

（三）关键词的初始选择和最终确定

网络搜索关键词的筛选是构建 PIAI 指数的关键。关键词的筛选有四个基本原则。第一，选取的关键词必须指向能够帮助公众形成未来通胀预期的宏、微观经济信息。第二，既要体现关键词最广信息覆盖，也要避免关键词的信息覆盖重叠，为此，需要首先保证根词关键词的入选。例如，关键词"通货膨胀"就是一个根词，因为伴随该关键词出现的信息基本可以覆盖所有与通货膨胀相关的内容，而"通货膨胀率""通货膨胀波动"等就不能算作根词，因为它们的伴生信息只反映了通货膨胀的某些方面。在关键词的选择中，不能将"通货膨胀""通货膨胀率""通货膨胀波动"

等全部选中，这样会造成关键词覆盖的信息重叠。第三，关键词的选择需要符合公众的网络搜索习惯。例如，"GDP"和"国民生产总值"都是根词，其经济学含义也一致，但"GDP"因其输入简单便捷更符合公众的网络搜索习惯，也会更多地被公众所使用，因此本书只选择"GDP"成为关键词。第四，关键词的数量并非越多越好。根据金斯伯格等（Ginsberg et al.，2009）、普里斯等（Preis et al.，2013）和孙毅等（2014）等的研究，利用关键词合成目标指数时，一旦关键词的数量突破了一定门限，关键词数量再增加对合成指数影响的显著性会迅速降低。因此，在能够帮助公众有效形成通胀预期的关键词选择上，不需要盲目追求关键词的数量，而是要尽可能地涵盖能够真实反映我国宏观经济运行状态的关键词。

1. 关键词的选取

根据关键词的筛选原则，首先确定关键词的来源。本书认为能够影响公众通胀预期形成的网络关键词主要来源于三个方面：一是国务院、国家统计局、中国人民银行等权威机构发布的宏观经济运行数据、公告以及主流媒体上报道的网络财经新闻等，体现公众对宏观经济基本面信息的认知；二是中国人民银行、银保监会等机构官方网站上定期公布的各种《货币政策执行报告》以及其他与货币政策制定及实施有关的纲领性、操作性文件，体现货币政策对公众的影响；三是与公众日常生活相关度较高，其关注度变化在一定程度上反映了公众的决策倾向，来源主要为公众常识、公众人物、媒体新闻、社交网络等。具体操作为：第一步，对上述三个来源的代表性网页内容进行人工阅读，挑选出最能覆盖与经济数据相关的核心词；第二步，对核心词按照一定的内在联系进行分类并组成核心词群，并且归纳概括该核心词群的类别；第三步，获取各个类别核心词群的百度指数，观察百度指数的发展趋势，将搜索量过低或缺乏持续搜索性的核心词剔除。

2. 关键词的增补

在初步确定核心关键词群后，为了避免关键词选取的遗漏，本书参考关键词百度指数页面中的"需求图谱"功能对关键词群进行增补。

仍以关键词"GDP"为例，点击"GDP"百度指数页面内的"需求图谱"功能，结果如图 4 - 6 和图 4 - 7 所示。其中"来源关键词"和"去向关键词"分别给出了公众在搜索"GDP"这个关键词之前和之后还会开展哪些词汇的搜索，然后根据这些词汇相关性高低列出了排在前 10 位的词汇。剔除一些没有明确意义的词汇，可以发现在"去向关键词"出现了"美国"这个词汇，这表示公众认为网上来自"美国"有关的信息会与"GDP"有显著关联，这给我们关键词群的增补提示了新的方向，因此结合经济学常识，本书将"美股"与"美元"作为美国经济元素的代表补充到关键词群中。除了百度指数的"需求图谱"之外，本书还通过 SEO 站长工具中的"长尾关键词搜索"及主观经验判断等方法对关键词群进行增补。

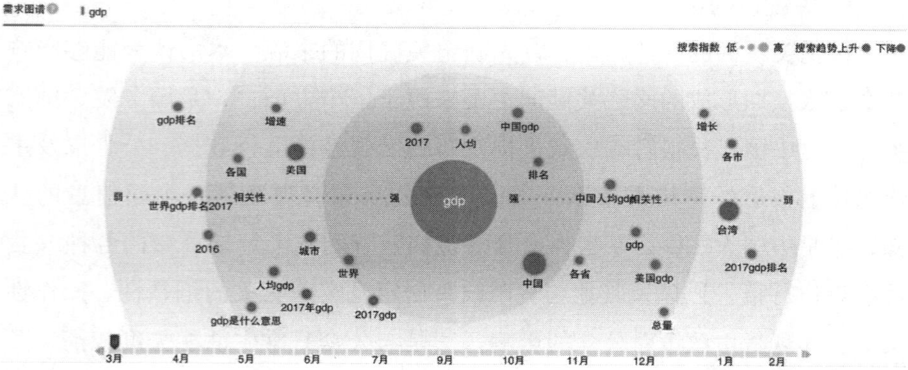

图 4 - 6　关键词"GDP"的需求图谱

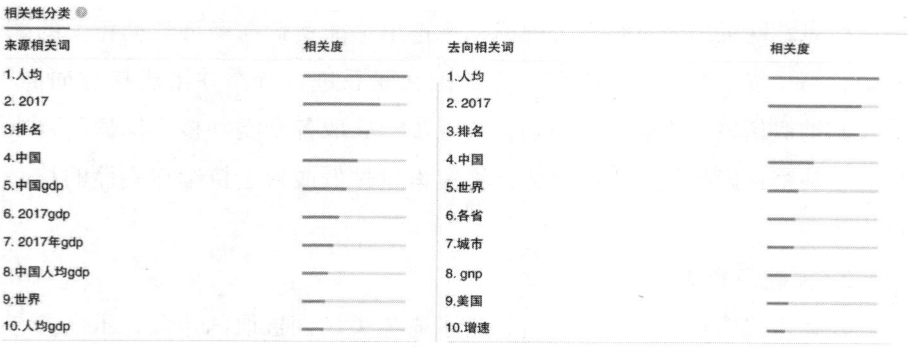

相关性分类

来源相关词	相关度	去向相关词	相关度
1.人均		1.人均	
2. 2017		2. 2017	
3.排名		3.排名	
4.中国		4.中国	
5.中国gdp		5.世界	
6.2017gdp		6.各省	
7.2017年gdp		7.城市	
8.中国人均gdp		8.gnp	
9.世界		9.美国	
10.人均gdp		10.增速	

图 4 - 7　关键词"GDP"的来源、去向相关词

综合前文方法，本书初步确定了 3 个类别共 97 个关键词的初始范畴，如表 4 - 6 所示。

表 4 - 6 关键词表 (初选与筛查)

来源	关键词
来源 1	GDP、CPI、PPI、PMI、宏观调控、农产品、房地产、中国经济、国际油价、大宗商品、进出口、煤炭、钢铁、税收、国际收支、储蓄、财政收入、利率、消费、汽车销量、第三产业增加值、固定资产投资、城镇化率、失业率、居民消费价格、工业增加值、人均可支配收入、财政赤字、交通运输、发电量
来源 2	M0、M1、M2、PSL (抵押补充贷款)、SLF (常备借贷便利)、MLF (中期借贷便利)、SLO (短期流动性借贷便利)、LIBOR、SHIBOR、IMF、公开市场业务、存款准备金、降准、基准利率、加息、降息、中国人民银行、货币政策、汇率、信贷、同业拆借、量化宽松、银根、再贴现率、通货膨胀、美联储、回购、社会融资规模、贷款、存款
来源 3	投资、银行、理财、基金、保险、房贷、车贷、股市、贷款利率、公积金、国债、债券、信托、期货、外汇、人民币、美元、房价、证监会、美股、马云、比特币、黄金价格、余额宝、收益、第一财经、华尔街、贸易顺差、金融危机、互联网金融、财政政策、金融监管、周小川、银监会、保监会、挤兑、统计局

注：划线词为 97 个初选关键词筛查后最终留下的 65 个关键词。

3. 关键词的筛查

本书运用相关性合成法对关键词进行筛查，剔除相关性低的关键词。根据式 (4 - 3)，关键词群的皮尔逊相关系数计算方法为：

$$r = \frac{\sum_{i=1}^{n}(x_{i1} \times x_{i2} \times \cdots \times x_{im}) - \frac{1}{n}(\sum_{i=1}^{n}x_{i1}) \times (\sum_{i=1}^{n}x_{i2}) \times \cdots \times (\sum_{i=1}^{n}x_{im})}{(n-1)s_1 \times s_2 \times \cdots \times s_m}$$

$$s_j = \sqrt{\frac{\sum_{i=1}^{n}x_{ij}^2 - \frac{(\sum_{i=1}^{n}x_{ij})^2}{n}}{n-1}}, j = 1, 2, \cdots, m \qquad (4-5)$$

其中，r 是关键词群的相关系数，n 是百度指数统计天数，x_{ij} 为第 j 个关键词在第 i 天的百度指数，s_j 是第 j 个关键词的样本标准差。本书通过 SPSS23.0 软件进行了关键词群的相关性分析，在 97 个关键词中进一步筛选出相关性高的关键词群，共含有 65 个关键词 (见附录 1)。从附录 1 可以看出，每个关键词的共性方差都在 0.5 以上，且大多数接近或超过 0.7，表明各关键词中所含原始信息50%以上能够被提取的公因子所表示，即提取的公因子对关键词的解释能力较强，该关键词群适合构建公众学习信息获取指数。

图4-8给出了几个典型关键词的百度指数。在样本统计期间，这些关键词的搜索量呈现出显著的波动，结合这一时期我国的宏观经济状况，可以发现这些关键词的百度指数与一些重要通胀指标如同业拆借利率、CPI等的波动态势较为吻合。例如，2014~2015年，受房地产市场过热影响，我国通胀态势加剧，银行间同业拆借和理财产品利率均出现较大幅度波动，CPI也处于较高水平，与之对应的是，同时期内，公众对"宏观调控""货币政策""通货膨胀"的搜索量显著增加。可见，搜索量的波动能较准确地体现公众的信息获取行为，反映公众的关切以及贴近他们的预期水平。

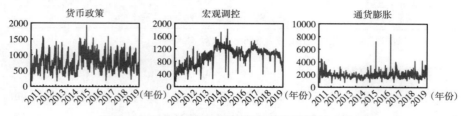

图4-8　几个典型关键词百度搜索指数的波动特征

三、公众学习信息获取指数的合成

（一）主成分分析法

本书提出通过主成分分析（principal components analysis，PCA）法，将关键词群的百度指数合成为PIAI指数。其核心指导思想是在尽量减少数据信息损失的前提下实现数据的降维。具体操作是：假设 $X_1, X_2, \cdots X_p$ 是 p 个关键词的百度指数，记矩阵 $X = (X_1, X_2, \cdots, X_p)^{\mathrm{T}}$，则可将其协方差矩阵表达为：

$$V = (\sigma_{ij})_{p \times p} = E[(X - E(X))(X - E(X))^{\mathrm{T}}]$$

其中，V 是一个 p 阶矩阵，具有非负定的特征。再假设：

$$\begin{cases} Y_1 = l_1^{\mathrm{T}}X = l_{11}X_1 + l_{12}X_2 + \cdots + l_{1p}X_p \\ Y_2 = l_2^{\mathrm{T}}X = l_{21}X_1 + l_{22}X_2 + \cdots + l_{2p}X_p \\ \qquad\qquad\qquad\cdots\cdots \\ Y_p = l_p^{\mathrm{T}}X = l_{p1}X_1 + l_{p2}X_2 + \cdots + l_{pp}X_p \end{cases} \qquad (4-6)$$

则有：

$$\mathrm{Var}(Y_i) = \mathrm{Var}(l_i^{\mathrm{T}}X) = l_i^{\mathrm{T}}Vl_i, i = 1,2,\cdots,p$$

$$\mathrm{Cov}(Y_i, Y_j) = \mathrm{Cov}(l_i^{\mathrm{T}}X, l_j^{\mathrm{T}}X) = l_i^{\mathrm{T}}Vl_j, j = 1,2,\cdots,p \qquad (4-7)$$

在约束条件 $l_i^{\mathrm{T}}l_i = 1$、$\mathrm{Cov}(Y_i, Y_k) = l_i^{\mathrm{T}}Vl_k = 0$ 且 $k = 1,2,\cdots,(i-1)$ 的条件下，将使 $\mathrm{Var}(Y_i)$ 最大化的 l_i 代入 Y_i，满足 $Y_i = l_i^{\mathrm{T}}X$ 条件的 Y_i 被称为 $X_1, X_2, \cdots, X_p$ 的第 i 个主成分。主成分向量可以表示为 $Y = (Y_1, Y_2, \cdots, Y_p)^{\mathrm{T}}$，则 $Y = P^{\mathrm{T}}X$，其中 $P = (e_1, e_2, \cdots, e_p)$，且 $\mathrm{Cov}(Y) = \mathrm{Cov}(P^{\mathrm{T}}X) = P^{\mathrm{T}}VP = \Lambda = \mathrm{Diag}(\lambda_1, \lambda_2, \cdots, \lambda_p)$，因此，可以将主成分的总方差表示为：

$$\sum_{i=1}^{p} \mathrm{Var}(Y_i) = \sum_{i=1}^{p} \lambda_i = tr(P^T VP) = tr(VPP^T) = tr(V) = \sum_{i=1}^{p} \mathrm{Var}(X_i) \qquad (4-8)$$

主成分分析法的本质就是将 p 个百度指数 $X_1, X_2, \cdots, X_p$ 的总方差 $\sum \mathrm{Var}(X_i)$ 分解，使之成为 $Y_1, Y_2, \cdots, Y_p$ 方差之和 $\sum \mathrm{Var}(Y_i)$，$\mathrm{Var}(Y_i) = \lambda_i$ 且 $Y = (Y_1, Y_2, \cdots, Y_p)^{\mathrm{T}}$ 满秩。当矩阵 Y 确定时，还可以计算出第 i 个主成分 Y_i 对全部信息的解释贡献率 $\mathrm{Var}(Y_i) / \sum_{i=1}^{p} \mathrm{Var}(Y_i)$，以及前 m 个主成分对全部信息的累计解释贡献率 $\sum_{j=1}^{m} \mathrm{Var}(Y_j) / \sum_{i=1}^{p} \mathrm{Var}(Y_i)$。

（二）公众学习信息获取指数的计算及解释

利用主成分分析法可以避免网络关键词的信息重叠，消除关键词百度指数序列的多重共线性，并通过数据降维减轻指数合成的计算工作量。本书结合张崇等（2012）、孙毅等（2014）以及刘伟江和李映桥（2017）的研究，利用 EViews10.0 软件实现对网络搜索关键词群百度指数的降维，以主成分累积方差贡献率不低于 70% 的标准及成分碎石图确定因子个数，如图 4 - 9 所示。

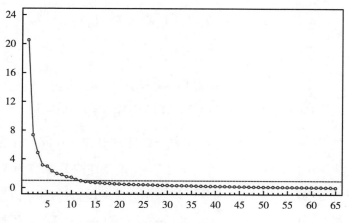

图 4 - 9　各成分的碎石图

最终将这 65 个关键词合成为 9 个主成分，分别记为 F_1、F_2、…、F_9，如表 4 - 7 所示。

表 4 - 7　　　　　　　　　　　因子分析结果

主成分	方差	累积方差	方差差值	解释占比	累积解释占比
F_1	15.91980	15.91980	5.627827	0.370214	0.370214
F_2	10.29197	26.21177	5.919262	0.239339	0.609553
F_3	4.372709	30.58448	1.470109	0.101687	0.711240
F_4	2.902600	33.48708	0.379504	0.067500	0.778740
F_5	2.523096	36.01017	0.385687	0.058674	0.837414
F_6	2.137409	38.14758	0.220652	0.049705	0.887120
F_7	1.916757	40.06434	0.199052	0.044574	0.931694
F_8	1.717705	41.78204	0.498137	0.039945	0.971639
F_9	1.219568	43.00161	—	0.028361	1.000000
总计	43.00161	43.00161	5.627827	1.000000	1.000000

其中，主成分 $F1$ 对关键词群所代表信息的解释的贡献率达到了 37.02%，主成分 $F2$ 至 $F9$ 对信息解释的贡献率范围为 24% ~ 3%。根据主成分分析结果确定的 $PIAI$ 指数的表达式为：

$$PIAI = 0.370214 \times F1 + 0.239339 \times F2 + 0.101687 \times F3 + 0.067500$$
$$\times F4 + 0.058674 \times F5 + 0.049705 \times F6 + 0.044574$$
$$\times F7 + 0.039945 \times F8 + 0.028361 \times F9 \qquad (4-9)$$

对表 4-7 结果采用方差最大化的正交旋转法进行主成分因子旋转（旋转结果见附录 2），发现提取的主成分分别与某一类别关键词有较高共性。其中与主成分 $F1$ 有较高相关系数的网络关键词与外汇有关，如"汇率""美元""人民币"等，可以称之为"外汇因素"；与主成分 $F2$ 有较高相关系数的网络关键词大多数与资本市场有关，如"第一财经""股市""基金""投资"等，可以称之为"资本市场因素"；与主成分 $F3$ 有较高相关系数的网络关键词大多数与消费有关，如"保险""房地产""车贷"等，可称之为"消费因子"；与主成分 $F4$ 有较高相关系数的网络关键词大多数与货币、财政政策有关，如"公开市场业务""财政政策"等，可以称之为"政策因素"；与主成分 $F5$ 有较高相关系数的网络关键词大多数与居民理财有关，最典型的就是"余额宝"，可以称之为"理财因素"；与主成分 $F6$ 有较高相关系数的网络关键词与国内经济状况有关，如"工业增加值""固定资产投资"等，可以称之为"国内经济因素"；与主成分因子 $F7$ 有较高相关系数的网络关键词与世界经济有关，如"金融危机""华尔街"等，可以称之为"世界经济因素"；与主成分 $F8$ 有较高相关系数的关键词与物价有关，如"PPI""CPI"等，可以称之为"价格因素"；与主成分 $F9$ 有较高相关系数的网络关键词与利率有关，如"降息""利率"等，可以称之为"利率因素"。

考虑到大部分宏观经济数据的采集频率是月，本书通过算术平均法将计算得到的 PIAI 指数合成以月为频率的数据。图 4-10 和图 4-11 分别表示了利用主成分分析法合成的 PIAI 月指数及其各因子特征。基于 9 个主成分对应的特征根赋权，主成分 $F1$ 外汇因素和 $F2$ 资本市场因素具有较高权重，表明公众通胀预期形成过程中涉及投资类信息占有主导地位，反映出随着国民财富的积累，公众投资需求不断上升，对影响投资的信息较为敏感。主成分 $F6$ 至 $F9$ 所占权重均低于 5%，本书认为其原因是对物价、世界经济较为关注的群体很可能以专家、学者居多，这部分人群现阶段在公众中所占比例偏低。

图 4-10　2011～2019 年公众学习信息获取指数走势

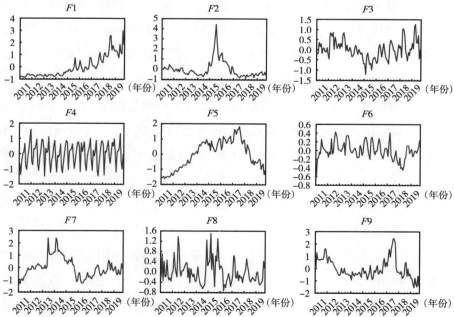

图 4-11　公众学习信息获取指数各因子对照

从各主成分公众学习信息获取指数分别来看，与现实情况吻合较好。主成分 $F1$ 的走势处于稳步上升的态势，既反映出随着国际经济交流的加深公众对汇率关注度逐年上升，同时也与我国汇率形成机制改革加速、汇率波动加大以及 2018 年以来中美贸易摩擦等事件密切相关。主成分 $F2$ 在 2015 年左右大幅攀升又迅速回落，主要是受股市大幅震荡影响。主成分 $F3$、$F4$、$F6$、$F8$ 波形较为稳定，这 4 个因素与国内经济状况、通胀情况、宏观调控情况以及与居民生活息息相关的消费信贷等密切相关，其中 $F4$ 宏观调控政策因素关注度波动最为稳定，显示出我国近 10 年来特别是 2014 年我国作出中国经济进入"新常态"的重要判断、宏观调控思想发生重大变化、更加强调预调微调以熨平经济波动等以来，公众运用网络信息搜索国内总体经济运行情况的行为趋于稳定。$F5$ 于 2013 ~ 2017 年在高位运行，与这一时期互联网金融蓬勃发展、公众理财意识觉醒密切关联，近两年随着互联网理财产品收益下行，公众关注度下降。$F7$ 在 2012 ~ 2014 年居于高位，可能与欧债危机等国际经济金融波动相关。$F9$ 在 2015 年降至低位，又在 2017 年到达峰值，与这一时期的现实情况贴合较好，其中 2015 年我国贷款利率定价市场化改革推进，此后央行不再公布基准利率调整，公众关注度下降，2017 年我国打响"金融风险防控攻坚战"，金融监管不断收紧，企业融资难、融资成本高问题凸显，公众关注度阶段性上升。

四、公众学习信息获取指数对公众通胀预期的刻画衡量

（一）公众学习信息获取指数与现有指数的比较

目前，在我国应用最广泛的公众通胀预期测算指标主要包括：由中国人民银行统计调查司对外发布的基于城市居民储户问卷调查形成的预期指数以及国家统计局下属景气监测中心对外发布的消费者景气预期指数。图 4 - 12 列出了 PIAI 指数与上述两种指数以及 CPI 环比指数的整体对照情况。

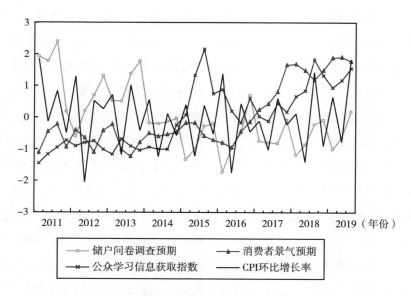

图 4 – 12　PIAI 指数与现有主要公众通胀预期指数对比

注：考虑到基于储户问卷调查的预期指数是季度频率，因此原月度 PIAI 指数和消费者景气预期指数均按照算术平均转化为季度数据；CPI 环比增长率季度指数按照原月度环比指数每季度内相连三个月数据连乘得出。为了消除不同量纲的影响，图中各指数均进行了标准化处理。储户问卷调查预期与消费者景气预期指数系 Wind 中国宏观 EDBC 数据库根据官方调查数据合成得出。

如果以 CPI 环比增长率作为参照，根据绝对误差（*MAE*）、均方误差（*RMSE*）以及泰尔（Theil）不等系数 *U* 的计算公式：

$$MAE = \frac{\sum_{t=1}^{T} |\pi_t - \pi_t^e|}{T} \tag{4-10}$$

$$RMSE = \sqrt{\frac{\sum_{t=1}^{T} (\pi_t - \pi_t^e)^2}{T}} \tag{4-11}$$

$$U = \frac{\sqrt{\dfrac{\sum_{t=1}^{T} (\pi_t - \pi_t^e)^2}{T}}}{\left[\sqrt{\sum_{t=1}^{T} \pi_t^2 / T} + \sqrt{\sum_{t=1}^{T} (\pi_t^e)^2 / T}\right]} \tag{4-12}$$

令 π_t 对应 CPI 环比增长率，令 π_t^e 对应 PIAI 以及其他各指数，可以得到如表 4 – 8 和表 4 – 9 所示的比对结果。

表 4 – 8　　　　　2011 年 3 月至 2015 年 3 月各指标与实际通胀间的误差情况

对 CPI 环比增长率误差	储户问卷调查预期	消费者景气预期	PIAI 指数
绝对误差（MAE）	1.0753	0.9971☆	2.1472
均方误差（RMSE）	1.3090	1.2505	1.0735☆
泰尔不等系数 U	0.6148	0.7416	0.5653☆

注：☆表示该项统计下的最优指标。

表 4 – 9　　　　　2015 年 6 月至 2019 年 9 月各指标与实际通胀间的误差情况

对 CPI 环比增长率误差	储户问卷调查预期	消费者景气预期	PIAI 指数
绝对误差（MAE）	0.9632☆	1.1838	1.7885
均方误差（RMSE）	1.2124	1.4793	1.0087☆
泰尔不等系数 U	0.6777	0.6772	0.5146☆

注：☆表示该项统计下的最优指标。

从误差反映情况来看，从横向上比较，PIAI 指数在均方误差和泰尔不等系数上与实际通胀间的误差要优于储户问卷调查预期以及消费者景气预期；从纵向上比较 PIAI 指数与实际通胀间的各项误差均随时间的推移在逐渐减小，表明了公众通过网络搜索不断获取信息、认知信息进而更新预期并使预期逐渐接近于真实通胀水平，符合本书第二章及第三章提出的网络环境下公众通过适应性学习形成通胀预期的理论假设。

与其他两种指数相比较，基于网络搜索的公众学习信息获取预期（PIAI 预期）的统计频率更高（可以精确到天），统计对象规模更大、覆盖面更广且统计成本接近于 0，在当前公众通胀预期测算方法中具有一定的优势。

（二）公众学习信息获取指数与 CPI 指数波动的动态相关性

动态相关性系数是短期经济分析中的一个重要工具，通过动态相关性系数可以检验不同经济变量在一定时期内是否存在关联，以及存在怎样的关联（Engle，2002；Cappiello et al.，2006）。本书拟以我国公众学习信息获取月度序列 PIAI 与实际通货膨胀的表征 CPI 月度环比增长率序列的一阶差分代表其各自的波动性，对二者开展动态相关性分析。

首先，对数据进行标准化处理消除量纲的影响，然后进行 X – 12 加法季节变换消除季节因素的影响，继而进行数据平稳性检验，检验结果如表 4 – 10 所示。

表 4 – 10 　　　　　　　　　动态相关的平稳性检验结果

变量	检验形式	ADF 值	P 值	平稳性
PIAI_D	（C，0，12）	− 10.0167	0.0000 ***	平稳
CPI_D	（C，0，12）	− 7.5927	0.0000 ***	平稳

注：检验形式（C，0，12）表示带有常数项，不包含趋势项，滞后阶数为12阶；后缀 "_D" 表示一阶差分；*** 表示在1%的显著水平下显著。

其次，进行格兰杰（Granger）因果关系检验，检验结果如表 4 – 11 所示。

表 4 – 11 　　　　　　　动态相关的 Granger 因果关系检验结果

原假设	Chi-sq 统计量	对应 P 值
PIAI_D 不能 Granger 引起 *CPI_D*	6.660307	0.0099 ***
CPI_D 不能 Granger 引起 *PIAI_D*	5.219979	0.0223 **

注：后缀 "_D" 表示一阶差分；*** 、 ** 分别表示在1%、5%的显著水平下显著。

最后，为了检验 *PIAI_D* 与 *CPI_D* 之间的关联程度，本书利用 DCC-GARCH 模型来研究两个变量之间的联动性。两个变量间的动态相关性系数时间分布如图 4 – 13 所示。

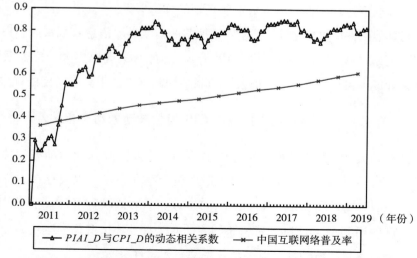

图 4 – 13　*CPI_D* 与 *PIAI_D* 的动态相关系数对比中国互联网络普及率

资料来源：中国互联网普及率数据来源于 CNNIC 第 36 ~ 44 期的《中国互联网络发展状况统计报告》。

从图 4 - 13 可以看到，随着我国互联网络普及率从 2011 年中的 36. 2% 上升到 2009 年中的 61. 2%，*PIAI_D* 与 *CPI_D* 呈现出正向的且逐渐加强的动态相关性，这意味着 PIAI 指数与 CPI 指数的波动状态越来越趋同，表明了公众学习信息获取指数能够较好地刻画社会公众通胀预期的形成，可以成为社会公众通胀预期一个较好的量化替代指标。

（三）公众学习信息获取指数与公众信息搜索行为的相关性

如果将公众每日关键词的搜索次数进行汇总，可以得到公众信息搜索行为指数（public information query index，PIQI），图 4 - 14 显示了 PIAI 与 PIQI 指数的对照情况。

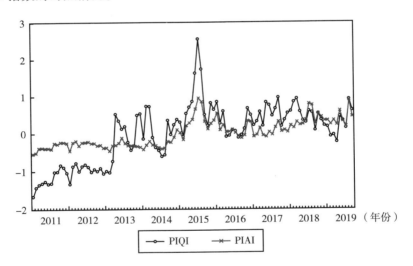

图 4 - 14　公众信息搜索行为指数与公众学习信息获取指数对照

从图 4 - 14 可以看到，公众学习信息获取指数与公众信息搜索指数的波动特征基本一致，进一步分析其线性对应关系如表 4 - 12 所示。

表 4 - 12　　　　　　　　　　　PIAI 与 PIQI 的线性关系

变量	系数	标准差	t - 统计	P 值
PIAI（- 1）	0. 622092	0. 056710	10. 96980	0. 0000
PIQI	0. 163555	0. 025861	6. 324347	0. 0000
C	0. 004929	0. 014953	0. 329605	0. 7424

可见 PIAI 指数与 PIQI 指数具有较为清晰的对应的线性关系，考虑到 PIAI 指数对公众通胀预期的刻画，可以认为公众通胀预期与公众信息搜索行为具有较强烈的正向关联，当公众通胀预期升高时，公众网络信息搜索的行为也会加强，公众对网络信息的获取也就越充分，通过公众通胀预期的适应性学习进程，公众对信息掌握的准确度也就越高。

第三节　货币当局信息披露的量化

来自货币当局的信息披露既是公众学习获取信息形成通胀预期的重要途径，也是货币当局引导公众预期的重要手段。与实施通货膨胀目标制的国家不同，在我国货币政策四大目标（经济增长、物价稳定、充分就业与国际收支平衡）中，促进增长往往成为货币政策的首要目标，这是由我国作为发展中国家且长期处于市场经济改革转轨过程中的现实国情所决定的。正因如此，货币当局鲜有发布明确的物价控制目标，也不披露通胀预期率数值，而是往往综合考虑经济增长、物价水平等开展相机施策。那么怎样才能有效量化货币当局有关通胀的信息披露进而衡量其对公众通胀预期引导的效果呢？本书认为，我国货币当局对于未来物价走势的预测和对公众预期的引导信息主要隐藏在由中国人民银行货币政策司按季对社会发布的《货币政策执行报告》中。①《货币政策执行报告》具有严谨的格式，公众可以从中提取货币当局对近期经济形式的描述和预测，以及下一阶段拟采取的调控措施的有关信息。

中国人民银行从 2001 年第 1 季度起，按季度频率在中国人民银行官方网站上向社会公布《货币政策执行报告》正文部分的电子版。随着互联网

---

①　本书没有像郑贵华等（Zheng Guihua et al.，2017）、邝雄等（2019）一样从网络新闻媒体爬取货币当局的信息披露行为主要有两点考虑：其一，网络新闻媒体的最终信息源仍然是货币当局在其官方网站上发布的《货币政策执行报告》，网络新闻媒体主要起到了转载的作用；其二，网络新闻媒体上通常会对货币当局的信息披露进行解读，相关信息背后反映出的是媒体和部分专家学者的感知，不一定代表了货币当局的真实意图。因此，本书认为以《货币政策执行报告》为对象，直接提取文本信息更能较为客观地反映货币当局信息披露的真实状况。

的普及和搜索引擎的不断升级完善，公众能够十分便捷地从网络上获取
《货币政策执行报告》的全部文本信息，然后通过某些文本信息过滤方法
进一步地从《货币政策执行报告》提取货币当局对当期通胀预期的判断以
及货币政策目标和意向，这些提取信息与公众基于网络搜索获取的其他信
息共同进入公众学习信息处理与更新进程，并最终帮助公众通胀预期形
成。因此，本书采取文本信息筛选法对货币当局的信息披露进行量化，进
而纳入影响公众通胀预期形成与后续引导的因素中开展研究。

一、文本信息提取法

国际上对货币当局信息披露内容量化的研究起步较早。海涅曼和乌尔
里希（Heinemann & Ullrich）早在 2007 年发表的文献《关注央行官员的言
论是否值得？欧洲央行措辞的信息内容》中，通过措辞提取统计了欧洲央
行关于通胀预期引导措辞的频率变化，合成了欧洲央行的信息披露指数。
但在国内，这方面的研究凤毛麟角，仅有肖曼君和周平（2009）、李云峰
（2012）、卞志村（2015）、闫先东和高文博（2017）等做过相应的研究。
究其原因，一方面是因为中文与外文对于措辞的表述存在明显的差异，国
际上的通行方法无法直接借鉴；另一方面是因为中国货币当局货币政策目
标过多，容易稀释政策调控的真实意图。例如，在较为严重的通胀形势
下，货币当局为了避免加重公众的忧虑，往往在描述现状时采取相对保守
的措辞，但在实际操作中，可能会采取强力的收紧措施。再如，在经济下
行期，货币当局为了增强公众信心，对通缩披露较为模糊，但可能执行中
央政府的要求，实行非常宽松的货币政策，以刺激经济增长。因此，本书
对《货币政策执行报告》文本信息的提取，是以统计分析货币当局关于通
胀措辞的频率变化为基础的，同时辅以对货币当局实际操作情况的观察，
合成货币当局的信息披露指数 HI。

本书参考卞志村（2015）的操作方法，并在其基础上进一步细化，列
出了 2007 年第 1 季度至 2019 年第 3 季度总计 51 期《中国货币政策执行报
告》正文部分中国人民银行关于当前通胀形势的判断及透露未来货币政策

走向的两类典型措辞，并统计各措辞的出现频率。① 将 51 个季度的样本统计周期按照货币政策执行性质划分为"扩张性政策"、"紧缩性政策"和"中性政策"三个时期，然后统计每个时期内各项措辞的出现频率，通过方差分析判断典型措辞落在不同货币政策时期频率的差异性，将显著性水平设为 10%，若典型措辞的出现频率是显著，则认为这些措辞是准确反映了货币当局的意图，因此可以用于建立货币当局信息披露指数。

二、货币当局信息披露指数的合成

合成货币当局信息披露指数的具体步骤如下。

第一步，按照时间顺序人工阅读《货币政策执行报告》，标注反映货币当局信息披露的与通胀预期有关的措辞并进行出现次数统计。对 51 期《中国货币政策执行报告》中各种典型措辞分两种共 5 个类型（见表 4 – 13）。第一种是反映货币当局关于通胀判断的措辞，可以纳入 3 个措辞类型。其中，"（引导/控制/抑制/防止）通胀""通货膨胀（预期高趋/风险/压力）""物价（较快/加快/过快）预期高趋/调控""价格上涨（较快/加快/过快/趋势/压力/风险）""价格涨幅（均/持续/明显）高于/扩大""价格（加快/过快）上行（压力/风险）"可以纳入货币当局表明通货膨胀风险的措辞类型；"物价（下行/走低/下跌）压力""通货紧缩"可纳入货币当局表明通货紧缩风险的措辞类型；"物价（稳定/平稳/温和）""价格涨幅（均/持续/明显）低于/回落""势头（减缓/遏制）"可纳入货币当局对物价较为中性的判断的措辞类型。第二种是反映货币当局货币政策的措辞，可以纳入两个措辞类型。第一个措辞类型囊括了"稳健的货币政策""从紧/收紧的货币政策""宽松的货币政策"等措辞，以反映货币政策基调；第二个措辞类型囊

---

① 国内学者在研究中，往往在对货币当局措辞没有进行仔细研读的情况下就直接进行统计，这样的统计结果既容易扩大样本的容量，也容易增加样本的噪声。本书认为，对于中国人民银行《货币政策执行报告》有关通胀预期的措辞提取，不能只看字面意思而需要仔细研读（如每年第 4 季度的措辞统计须要十分谨慎，要将当季与全年的情况区分开），并结合当时中国的实际经济、金融状况，力求最精确地把握货币当局的真实意图。

括了"上调基准利率/存款准备金率""下调基准利率/存款准备金率""维持基准利率/存款准备金率"等措辞，以反映货币政策工具的使用。

表 4 – 13　　　　　　　　　　货币政策执行报告中的常见措辞

措辞	措辞类型	措辞表述
通胀判断	通货膨胀	（引导/控制/抑制/防止）通胀（预期高趋/风险/压力）
		（控制/抑制/防止）通货膨胀（预期高趋/风险/压力）
		物价（较快/加快/过快）预期高趋/调控
		价格上涨（较快/加快/过快/趋势/压力/风险）
		价格涨幅（均/持续/明显）高于/扩大
		价格（加快/过快）上行（压力/风险）
	物价中性	物价（稳定/平稳/温和）
		价格涨幅（均/持续/明显）低于/回落 势头（减缓/遏制）
	通货紧缩	物价（下行/走低/下跌）压力
		通货紧缩
货币政策	货币政策基调	宽松的货币政策
		稳健的货币政策
		从紧/收紧的货币政策
	货币政策工具	上调基准利率/存款准备金
		下调基准利率/存款准备金
		维持基准利率/存款准备金

第二步，使用方差分析（analysis of variance，ANOVA）对措辞进行筛选，保留有区分度的措辞。方差分析主要用于对两个及两个以上样本集合的平均数差异的显著性检验。其基本假设是样本的总差异 SS_T 可以分解为样本组间差异 SS_{TR} 和组内差异 SS_e，即 $SS_T = SS_{TR} + SS_e$。其中，样本的总差异是指全部测量值 X_{ij} 与总平均数 $\overline{X}$ 间的差异；样本的组间差异是指各组的平均数 $\overline{X_i}$ 与总平均数 $\overline{X}$ 间的差异；样本的组内差异是指每组的每个测量值 X_{ij} 与该组平均数 $\overline{X_i}$ 间的差异。组间均方值可由公式 $MS_{TR} = SS_{TR}/(m-1)$ 计算得出，组内均方值可由公式 $MS_e = SS_e/(n-m)$ 计算得出，总均方值可由公式 $MS_T = SS_T/(n-1)$ 计算得出，其中 n 是样本总数，m 是样本组数。那么对于统计值 $F = MS_{TR}/MS_e$ 而言，F 值越小，样本越可能来源于同一个

总体。对于本书的措辞分析而言，若货币政策的时期不同造成了典型措辞在不同的货币政策时期内出现频率的显著不同，即统计值 F 小于10%，则该典型措辞具有显著区分度，应予以保留。

具体操作方法是：首先，通过研究历年来货币当局对准备金率和利率的调控情况确定货币政策时期的划分，如图4－15所示。

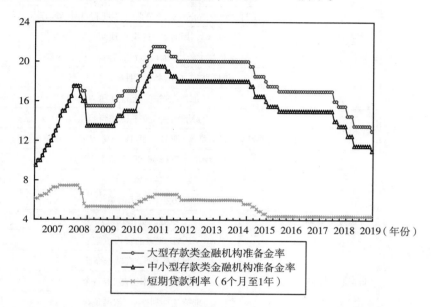

图4－15　2007～2019年货币当局存款准备金率及利率调整情况

根据货币当局对金融机构存款准备金率及利率的调整情况，可以将上调、维持、下调的不同操作时间段划分为3个不同的时期（见表4－14），分别对应货币政策的紧缩时期、中性时期和扩张时期。

表4－14　　　　　　　　　　货币政策时期划分

货币政策紧缩时期	货币政策中性时期	货币政策扩张时期
	2009Q1～2009Q4/2012Q4	
2007Q1～2007Q4	2013Q1～2013Q4	2008Q3～2008Q4/2011Q4
2008Q1～2008Q2	2014Q1～2014Q3	2012Q1～2012Q3/2014Q4
2010Q1～2010Q4	2016Q2～2016Q4	2015Q1～2015Q4/2016Q1
2011Q1～2011Q3	2017Q1～2017Q4	2018Q2～2018Q4/2019Q3
	2018Q1/2019Q1～2019Q2	

注：Q代表季度。

其次，根据前文方差分析的思路，以出现频率为纵轴，以不同时期的典型措辞为横轴绘制图 4 - 16，统计各类型措辞在不同货币政策时期的出现频率，进而判断在不同货币政策时期哪些措辞的区分度明显。

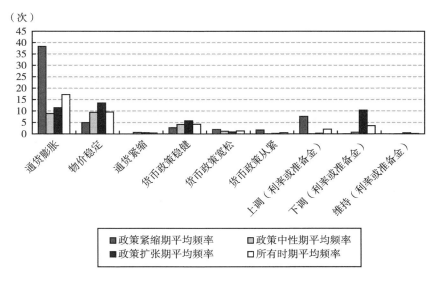

图 4 - 16　不同货币政策执行时期各种措辞的出现频率

最后，根据方差分析的结果（见表 4 - 15），剔除在 10% 的显著性水平下不显著的"通货紧缩""货币政策稳健""货币政策宽松"这 3 种措辞，其他 6 种措辞保留。

表 4 - 15　　　　　　　　各种措辞的 ANOVA 结果

措辞类型	F 统计值	显著度	w^2
通货膨胀	52.7271	0.0000 *	0.6872
物价稳定	7.4062	0.0016 *	0.2358
通货紧缩	1.1214	0.3342	0.0446
货币政策稳健	1.5028	0.2328	0.0589
货币政策从紧	3.5089	0.0378 *	0.1276
货币政策宽松	0.7523	0.4767	0.0304
上调（利率准备金）	72.8651	0.0000 *	0.7522
下调（利率或准备金）	37.9650	0.0000 *	0.6172
维持（利率或准备金）	3.3698	0.0427 *	0.1231

注：* 表示在 10% 显著水平下显著；措辞权重计算公式：$w^2 = \sum MS_{TR}/MS_T$。

第三步，用 A、B、C 分别指代货币政策紧缩时期、货币政策中性时期和货币政策扩张时期，对同一措辞在不同时期出现频率的显著性进行配对比较检验，① 进一步剔除不显著的措辞，如表 4 - 16 所示。通过两两比对，可以看到"货币政策从紧"与"维持（利率和准备金）"两类措辞在不同时期出现的频率不显著，因此不能入选指数构建；对于其他 4 类措辞而言，在不同时期出现的频率显著，不同时期之间的平均差差别显著，可以之为基础构建货币当局信息披露指数。

表 4 - 16 措辞频率两两时期比较

措辞类型	时期（I）	时期（J）	平均差（$I - J$）	显著性水平
通货膨胀	A	B	29. 3986 *	0. 0000
	A	C	26. 8702 *	0. 0000
	B	C	− 2. 5284	0. 5421
物价稳定	A	B	− 4. 4860 *	0. 0470
	A	C	− 8. 5769 *	0. 0003
	B	C	− 4. 0909	0. 1418
货币政策从紧	A	B	1. 6014	0. 2685
	A	C	1. 4423	0. 3439
	B	C	− 0. 1591	0. 6624
上调（利率或准备金）	A	B	7. 5245 *	0. 0000
	A	C	7. 3029 *	0. 0000
	B	C	− 0. 2216	0. 5128
下调（利率或准备金）	A	B	− 0. 6503 *	0. 0484
	A	C	− 10. 2981 *	0. 0000
	B	C	− 9. 6477 *	0. 0001
维持（利率或准备金）	A	B	− 0. 0909	0. 5850
	A	C	− 0. 5000	0. 0972
	B	C	− 0. 4091	0. 2317

注：* 表示在 10% 的显著性水平下显著。

第四步，构建货币当局信息披露指数。本书以 w^2 作为各项措辞的权

---

① 考虑到措辞方差的非齐性，本书采用盖姆斯－霍威尔（Games-Howell）法进行配对比较检验。

重，将各期措辞出现频率进行标准化处理，并对加权、确定正负后的每一期各个措辞次数求和，得出货币当局信息披露指数时间序列。指数的构建如下：

$$HI_t = \sum_{i=1}^{k} \frac{nobs(x_{i,t}) - meanobs(x_i)}{stdv(x_i)} sign(x_i) w^2(x_i) \qquad (4-13)$$

其中，HI 为货币当局信息披露指数，$nobs(x_{i,t})$ 为措辞 i 在 t 期的出现频率。$meanobs(x_i)$ 为措辞 i 在各期出现频率的均值，$stdv(x_i)$ 为措辞 i 在各期出现频率的标准差，$sign(x_i)$ 为措辞的符号，$w^2(x_i)$ 为措辞 i 所占的权重。

关于措辞符号的取值，一般来说，货币当局对当前经济形势和物价水平的判断，对公众通胀预期会形成同向加强效应，即货币当局认为过热，公众会进一步强化通胀预期，货币当局认为过冷，公众会进一步强化通缩预期。这也是前文提到的货币当局有时会措辞较为模糊的原因之一。同时，由于我国调控理念强调预调、微调，在应对经济形势和物价水平波动时，货币政策一般会采取反向调控措施，即经济过热期货币当局执行从紧货币政策，会减缓公众通胀预期，而经济下行期货币当局执行宽松货币政策，会稳定并提升公众对物价水平的预期。因此，措辞为"通货膨胀"时，强化通胀预期，取正值；措辞为"下调（利率或准备金）"时，稳定并提升通胀预期，取正值；措辞为"物价稳定""上调（利率或准备金）"时，缓和公众通胀预期，取负值。这样设置措施符号还可以保持 HI 指数与真实通胀波动在方向上的一致性。式（4-13）的经济学含义为，较高的 HI 指数反应意味着货币当局希望通过信息披露传导给公众的通胀预期也较高。因此，货币当局信息披露的预期水平必然会对公众的通胀预期产生重要影响。图 4-17 显示了合成后的货币当局信息披露指数 HI 的走势。

从图 4-17 可以看到，HI 曲线与我国历年 CPI 数据高度吻合，反映出货币当局对通胀预期的披露程度基本保持稳定。其中，2008～2009 年、2011～2012 年、2015～2016 年以及 2018～2019 年呈现 4 个较为明显的峰值，与货币政策的切换保持同步。2008 年，我国通货膨胀率为 5.9%，创 10 年新高，货币当局对公众通货膨胀预期表现出强烈担心，但在当年 10

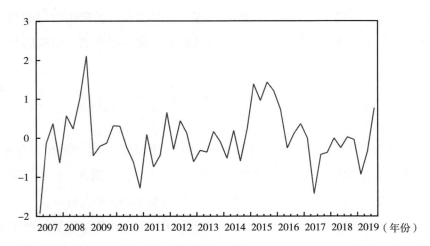

图 4 – 17　2007 ~ 2019 年货币当局信息披露指数 HI 走势

月国际金融危机爆发，我国经济受到较大波及造成 2009 年我国 CPI 增幅迅速转为 –0.7%，货币政策随之由偏紧转为宽松，HI 指数形成尖锐转折点；2011 ~ 2012 年，由于之前几年我国为应对国际金融危机采取过于宽松的货币政策，造成国内流动性泛滥，通胀抬头，2012 年 CPI 增幅再次攀升至 5% 以上，货币政策开始转向。2015 ~ 2016 年，我国经济下行压力加大，货币当局 5 次下调人民币存款准备金率和存贷款基准利率，9 次引导公开市场逆回购操作利率下行。这一时期市场波动剧烈，改革措施频出，政策不确定性增强，货币当局也加大了信息披露与解释沟通。2018 年下半年开始，以"猪瘟"为代表的结构性通胀开始显现，导致我国经济下行压力增加的同时整体通货膨胀水平居高不下，"滞胀"阴霾挥之不去，这一时期的货币当局信息披露也随之不断上升。总体上，从引导、稳定公众通胀预期的角度出发，货币当局的信息披露指数 HI 保持平稳是最佳状态，如果 HI 曲线波动剧烈则反映出货币当局在当时的预期引导上前瞻性不足。

第四节　本章小结

科学量化公众通胀预期是评估预期引导效果的关键，也一直是研究的难点。本书在适应性学习的视角下，通过追踪公众和货币当局在预期形成及预期引导过程中的行为轨迹来量化彼此对于未来经济状况的判定，为通胀预期和预期引导的量化指出了新的方向。

目前主流的中国人民银行统计调查司主导的储户问卷调查和国家统计局下属景气监测中心开展的消费者预期调查存在统计成本较高、发布间隔过长以及数据的客观性、代表性不足等问题。互联网环境下，网络搜索已经成为公众主动获取信息进行学习的关键环节，由于网络搜索的即时性、留痕性和广泛性，通过网络大数据分析方法，可以较为准确地追踪当时公众关注焦点以及对未来的预期。本章依托百度搜索指数，通过关键词的范围提取法、主成分分析法等方法，构建了公众学习信息获取指数（PIAI）。通过横向及纵向对比不同时期 PIAI 指数、储户问卷调查预期以及消费者景气预期与实际通胀间的测算误差表明，PIAI 指数在均方误差和泰尔不等系数两项指标上要优于其他两种预期指数，而且随着互联网的覆盖和普及，其与实际 CPI 的拟合精度不断提升。PIAI 指数适合成为一种全新的、成本更低、精度更高、更加客观、更具代表性的我国公众通胀预期量化指数。货币当局信息披露是货币当局与公众互动学习的关键信息，本章还对中国人民银行《货币政策执行报告》进行文本信息提取，辅以人工判定和货币当局实际操作情况，合成货币当局的信息披露指数（HI），作为货币当局预期引导的量化指数。这两个量化指数为更加精确地实证观测通胀预期特征、评估预期引导和货币政策实施效果提供了核心数据支持。

第五章

我国公众通胀预期影响宏观经济波动的量化分析

　　传统经济理论在分析货币政策问题时，通常将政策作为一种决策者可以任意控制的工具，即作为外生变量来考虑，而忽略了政策制定者（货币当局）与政策调节对象（公众）的决策行为之间的相互依赖和相互影响。实际上，货币政策行为及其效应，是政策制定者与政策调节对象在主客观条件（决策目标和决策信息）的制约下进行理性决策的结果。这种理性决策行为是双方互相依赖、互相影响的一种博弈行为。因而，货币政策行为及其效应就不是完全外生的，主要应当是由经济系统的结构内生决定的。适应性学习理论揭示了公众通胀预期的动态形成机制以及通过持续性学习可收敛于理性预期均衡的特性。公众对于外部信息的获取与利用决定了适应性学习过程中的参数更新效率与通胀预期收敛速度。有别于传统媒体时代，在互联网环境下，公众的信息获取渠道更为宽广与畅通，公众通过网络搜索引擎等技术手段接触到的信息量更呈现几何级数的爆发式增长。因此，有必要对公众的网络信息获取和利用行为以及这些行为决策对通胀预期形成的影响作进一步的分析。从适应性学习的互动视角来看，公众在广泛获取外部信息的同时，货币当局也在经常性地向社会披露己方对宏观经济形势的研判或者对未来货币政策调控目标与实施的倾向性信息，目的在于更好地引导公众通胀预期，使之能够契合货币政策，达到在稳定通胀的同时刺激经济增长的效果。公众与货币当局之间基于信息的合作与博弈影响了公众通胀预期形成与货币当局预期引导，两者的共同作用将影响宏观经济的运行状态，也会施加反作用力，影响货币政策的效果。本章将以基于网络信息搜索的公众通胀预期 PIAI 指数与基于文本信息提取的货币当局信息披露 HI 指数为关键变量，通过不同角度的实证，检验它们与货币政策干预变量和宏观经济变量之间的动态关系，以验证本书有关理论分析结论。

第一节　基于 SVAR 模型的公众通胀预期形成与引导的实证分析

一、SVAR 模型综述

传统的经济计量方法（如联立方程模型等结构性方法）是以经济理论为基础来描述变量关系的模型。但是，经济理论通常并不足以对变量之间的动态关系提供一个严密的解释，而且内生变量既可以出现在方程的左端又可以出现在方程的右端，使得估计和推断变得更加复杂。为了解决这些问题，需要引入一些非结构性的方法来建立各个变量之间关系的模型。

（一）VAR 模型向 SVAR 模型的过渡逻辑

向量自回归（VAR）模型是基于数据的统计性质建立模型，其把系统中每一个内生变量作为系统中所有内生变量滞后值的函数来构造模型，从而将单变量自回归（AR）模型推广到由多元时间序列变量组成的"向量"自回归模型。VAR 模型是处理多个相关经济指标的分析与预测最容易操作的模型之一，并且在一定的条件下，多元 MA 和 ARMA 模型也可以转化成 VAR 模型，20 世纪 80 年代开始，向量自回归模型逐渐取代单变量自回归模型，成为经济系统动态分析的主要模型（Sims，1980）。一个典型的 k 元 p 阶 $VAR(p)$ 模型的结构为：

$$
\begin{bmatrix} y_{1t} \\ y_{2t} \\ \vdots \\ y_{kt} \end{bmatrix} = A_1 \begin{bmatrix} y_{1t-1} \\ y_{2t-1} \\ \vdots \\ y_{kt-1} \end{bmatrix} + \cdots + A_p \begin{bmatrix} y_{1t-p} \\ y_{2t-p} \\ \vdots \\ y_{kt-p} \end{bmatrix} + C \begin{bmatrix} x_{1t} \\ x_{2t} \\ \vdots \\ x_{dt} \end{bmatrix} + \begin{bmatrix} \varepsilon_{1t} \\ \varepsilon_{2t} \\ \vdots \\ \varepsilon_{kt} \end{bmatrix}, t = 1, 2, \cdots, T
$$

$$(5-1)$$

其中，内生变量 $Y_t = [y_{1t}, y_{2t}, \cdots, y_{kt}]'$ 和扰动噪声 $E_t = [\varepsilon_{1t}, \varepsilon_{2t}, \cdots, \varepsilon_{kt}]'$ 均是 k 阶列向量；外生变量 $X_t = [x_{1t}, x_{2t}, \cdots, x_{dt}]'$ 是 d 阶列向量；矩阵 $A_1, A_2, \cdots,$ A_p 和 C 分别是 $k \times k$ 和 $k \times d$ 阶系数估计矩阵，p 是滞后阶数。VAR 模型的优点在于通过系统中所有内生变量 Y_t 的滞后变量 $Y_{t-1}, Y_{t-2}, \cdots, Y_{t-p}$ 将单变量自回归扩展到多元的向量自回归形式，从而实现了对多个关联的经济指标的动态分析与预测。

观察式（5-1），可以发现等式右边没有出现内生变量 Y_t 的当期值，这就造成了内生变量 Y_t 内部各变量间的当期相关关系被人为隐藏到扰动噪声 E_t 的方差—协方差矩阵中，而且扰动噪声 E_t 是无法被观测的，所以这些当期关系也无法通过模型得以解释。为了解决 VAR 模型会忽略内生变量间当期关系这一缺陷，经济学家们开始将一定的基于经济、金融理论的变量之间的结构性关系引入 VAR 模型，以捕捉模型系统内各个变量之间即时的结构关系。20 世纪 90 年代末，结构向量自回归（structural VAR，SVAR）模型开始成为经济系统动态相关性分析的主流（Amisano & Giannini，1997）。一个典型的 k 元 p 阶 SVAR(p) 模型的结构为：

$$
\begin{bmatrix} 1 & b_{12} & \cdots & b_{1k} \\ b_{21} & 1 & \cdots & b_{2k} \\ \vdots & \vdots & \ddots & \vdots \\ b_{k1} & b_{k2} & \cdots & 1 \end{bmatrix} \begin{bmatrix} y_{1t} \\ y_{2t} \\ \vdots \\ y_{kt} \end{bmatrix} = \begin{bmatrix} a_{11}^{(1)} & a_{12}^{(1)} & \cdots & a_{1k}^{(1)} \\ a_{21}^{(1)} & a_{22}^{(1)} & \cdots & a_{2k}^{(1)} \\ \vdots & \vdots & \ddots & \vdots \\ a_{k1}^{(1)} & a_{k2}^{(1)} & \cdots & a_{kk}^{(1)} \end{bmatrix} \begin{bmatrix} y_{1t-1} \\ y_{2t-1} \\ \vdots \\ y_{kt-1} \end{bmatrix}
$$

$$
+\begin{bmatrix} a_{11}^{(2)} & a_{12}^{(2)} & \cdots & a_{1k}^{(2)} \\ a_{21}^{(2)} & a_{22}^{(2)} & \cdots & a_{2k}^{(2)} \\ \vdots & \vdots & \ddots & \vdots \\ a_{k1}^{(2)} & a_{k2}^{(2)} & \cdots & a_{kk}^{(2)} \end{bmatrix}\begin{bmatrix} y_{1t-2} \\ y_{2t-2} \\ \vdots \\ y_{kt-2} \end{bmatrix}+\cdots+\begin{bmatrix} a_{11}^{(p)} & a_{12}^{(p)} & \cdots & a_{1k}^{(p)} \\ a_{21}^{(p)} & a_{22}^{(p)} & \cdots & a_{2k}^{(p)} \\ \vdots & \vdots & \ddots & \vdots \\ a_{k1}^{(p)} & a_{k2}^{(p)} & \cdots & a_{kk}^{(p)} \end{bmatrix}\begin{bmatrix} y_{1t-p} \\ y_{2t-p} \\ \vdots \\ y_{kt-p} \end{bmatrix}
$$

$$
+\begin{bmatrix} c_{11} & c_{12} & \cdots & c_{1d} \\ c_{21} & c_{22} & \cdots & c_{2d} \\ \vdots & \vdots & \ddots & \vdots \\ c_{k1} & c_{k2} & \cdots & c_{kd} \end{bmatrix}\begin{bmatrix} x_{1t} \\ x_{2t} \\ \vdots \\ x_{dt} \end{bmatrix}+\begin{bmatrix} \varepsilon_{1t} \\ \varepsilon_{2t} \\ \vdots \\ \varepsilon_{kt} \end{bmatrix},t=1,2,\cdots,T \qquad (5-2)
$$

其中，$B=\begin{bmatrix} 1 & b_{12} & \cdots & b_{1k} \\ b_{21} & 1 & \cdots & b_{2k} \\ \vdots & \vdots & \ddots & \vdots \\ b_{k1} & b_{k2} & \cdots & 1 \end{bmatrix}$，$A_i=\begin{bmatrix} a_{11}^{(i)} & a_{12}^{(i)} & \cdots & a_{1k}^{(i)} \\ a_{21}^{(i)} & a_{22}^{(i)} & \cdots & a_{2k}^{(i)} \\ \vdots & \vdots & \ddots & \vdots \\ a_{k1}^{(i)} & a_{k2}^{(i)} & \cdots & a_{kk}^{(i)} \end{bmatrix}$，$i=1,2,\cdots,p$，

以及 $C=\begin{bmatrix} c_{11} & c_{12} & \cdots & c_{1d} \\ c_{21} & c_{22} & \cdots & c_{2d} \\ \vdots & \vdots & \ddots & \vdots \\ c_{k1} & c_{k2} & \cdots & c_{kd} \end{bmatrix}$ 均是系数矩阵，且系数矩阵 B 的主对角线设定

为1，以反映内生变量矩阵内各变量间的同期关系；内生变量 $Y_t=[y_{1t},y_{2t},\cdots,y_{kt}]'$ 和扰动噪声 $E_t=[\varepsilon_{1t},\varepsilon_{2t},\cdots,\varepsilon_{kt}]'$ 均是 k 阶列向量；外生变量 $X_t=[x_{1t},x_{2t},\cdots,x_{dt}]'$ 是 d 阶列向量；p 是滞后阶数。

式（5-2）如果用滞后算子的形式可改写为：

$$
B(L)Y_t=CX_t+E_t
$$

$$
E(\varepsilon_t\cdot\varepsilon_t')=I_k=\begin{pmatrix} 1 & \cdots & 0 \\ \vdots & \ddots & \vdots \\ 0 & \cdots & 1 \end{pmatrix} \qquad (5-3)
$$

其中，$B(L)=B-A_1L-A_2L^2-\cdots-A_pL^p$ 是滞后算子 L 的 $k\times k$ 阶系数矩阵。如果矩阵多项式 $B(L)$ 可逆，则有：

$$Y_t = D(L)E_t + B^{-1}CX_t \qquad\qquad (5-4)$$

其中，$D(L) = B(L)^{-1}$，$D(L) = D_0 + D_1L + D_2L^2 + \cdots + D_pL^p$ 是滞后算子 L 逆矩阵的 $k \times k$ 阶系数矩阵，其中 $D_0 = B^{-1}$。此时，模型内所有内生变量都被表示为外部变量 X_t 和扰动噪声 E_t 的分布滞后形式，因此，在扰动噪声 E_t 的方差—协方差矩阵为单位矩阵的情况下，可以通过对矩阵 D_0 引入约束条件来识别 SVAR 模型。

自西姆斯（Sims，1980）的研究开始，VAR 模型取代了传统的联立方程模型，被证实为实用且有效的统计方法，然而 VAR 模型存在参数过多的问题。例如，对于以式（5-1）为代表的 k 元 p 阶 VAR 模型，利用极大似然法需要估计的参数个数为 $[k^2p + (k + k^2)/2]$，只有所含经济变量较少的 VAR 模型才可以通过 OLS 和极大似然估计得到满意的结果。为了解决参数过多的问题，需要对参数空间施加约束条件从而减少所估计的参数，SVAR 模型就是这些方法中较为成功且适用的一种。对于以式（5-2）为代表的 k 元 p 阶 SVAR 模型，需要估计的参数个数为 $(k^2p + k^2)$，要想得到结构式模型唯一的估计参数，要求识别的阶条件和秩条件，即简化式的未知参数，不比结构式的未知参数多。因此，如果不对结构式参数加以限制，将出现模型不可识别的问题。对于 k 元 p 阶 SVAR 模型，需要对结构式施加限制条件的个数为 SVAR 结构式所估参数个数与 VAR 结构式所估参数个数的差，即施加 $(k^2 - k)/2$ 个限制条件，才能够估计出式（5-4）中的结构式模型 D_0 的参数，这些约束条件可以是短期（同期）的，也可以是长期的（高铁梅，2009）。

（二）SVAR 模型的约束形式

为了详细说明 SVAR 模型的约束形成，可以令 $\Theta(L)D_0u_t = D(L)u_t$，其中 $\Theta(L)$、$D(L)$ 分别是 k 元 p 阶 VAR 模型和 SVAR 模型相应的滞后算子，这就隐含着 $\Theta_iD_0 = D_i$，$i = 0, 1, 2, \cdots$。因此，只需要对 D_0 进行约束，就可以识别整个结构系统。由式（5-4）可知 $D_0 = B^{-1}$，因此如果 B 或 D_0 是已知的，就可以非常容易地得到滞后多项式的结构系数和结构新息 u_t。

在有关 SVAR 模型的文献中，这些约束通常来自经济理论，并且约束会分为短期约束和长期约束两种类型，用以表示经济变量和结构冲击之间有意义的短期和长期关系。

1. SVAR 模型的短期可识别约束

短期约束通常直接施加在矩阵 D_0 上，表示经济变量对结构冲击的同期响应，常见的可识别约束是简单的 0 约束排除法。具体的思路有以下两个方向。

一是通过乔里斯基（Cholesky，1910）分解建立递归形式的短期约束。西姆斯（1980）提出了使矩阵 D_0 的上三角为 0 的约束方法，这是一个简单的对协方差矩阵 Σ 的乔里斯基分解。对于任意实对称正定矩阵 Σ，存在唯一的主对角线元素为 1 的下三角形矩阵 G 和唯一的主对角线元素为正的对角矩阵 Q，使得 $\Sigma = GQG'$，利用矩阵 G 可以构造一个 k 维向量 u，u 满足 $u_t = G^{-1}\varepsilon_t$。

令 $\Sigma = E(\varepsilon_t\varepsilon_t')$，$t = 1,2,\cdots,T$，则有：

$$E(u_t u_t') = [G^{-1}]E(\varepsilon_t\varepsilon_t')[G^{-1}]' = [G^{-1}]\Sigma[G^{-1}]' = [G^{-1}]GQG'[G']^{-1} = Q$$

由于 Q 是对角矩阵，可得 u_t 的元素互不相关，则有：

$$\Sigma = GQ^{\frac{1}{2}}Q^{\frac{1}{2}}G' = PP' \qquad\qquad (5-5)$$

式（5-5）也被称为乔里斯基分解方程式，其中，$P = GQ^{1/2}$ 被称为乔里斯基因子，它是一个下三角矩阵。由于 Σ 是正定矩阵，所以可以得到 $\Sigma = PP'$，而且，当给定矩阵 Σ 时，乔里斯基因子是唯一确定的。对于 VAR 普通模型 $\Phi(L)y_t = \varepsilon_t$，等式两边都乘以 P^{-1}，根据式（5-3）得到 $P^{-1}\Phi(L)y_t = B(L)y_t = u_t$，其中 $u_t = P^{-1}\varepsilon_t$。由于

$$E(u_t u_t') = E[P^{-1}\varepsilon_t(P^{-1}\varepsilon_t)'] = E[P^{-1}\varepsilon_t\varepsilon_t'(P^{-1})'] = P^{-1}(P')^{-1}\Sigma = I_k$$

所以 u_t 是协方差为单位矩阵的白噪声向量。在向量 ε_t 中的各元素可能是当期相关的，而向量 u_t 中的各个元素不存在当期相关关系，即这些随机扰动是相互独立的，这些相互独立的随机扰动可以被看作导致内生变量向量 y_t 变动的最终因素。由前文 $B(L) = B - A_1L - A_2L^2 - \cdots - A_pL^p$ 可得 $B = P^{-1}$，

$A_i = P^{-1}\Phi_i(i=1,2,\cdots,p)$，$\Sigma = PP'$。很明显，$B$ 是下三角矩阵，这意味着变量间的当期关系可以用递归的形式表示出来，即

$$y_t = \Theta(L)Pu_t = \sum_{i=0}^{\infty}\Theta_i Pu_{t-i} = \sum_{i=0}^{\infty}D_i u_{t-i}$$

其中，$D_i = \Theta_i P(i=1,2,\cdots)$，$D_0 = P$。正是因为 $D_0 = P$，所以冲击 u_t 对 y_t 中元素的当期冲击效应是由乔里斯基因子 P 决定的。并且，由于 P 是下三角矩阵，这要求向量 y_t 中的 $y_{2t},\cdots,y_{kt}$ 的当期值对第一个分量 y_{1t} 没有影响，因此乔里斯基因子 P 的决定和 VAR 模型中变量的排列次序有关，而且在给定变量次序的模型中，乔里斯基因子 P 是唯一的。综上所述，只要式（5-2）中的 B 是主对角线为 1 的下三角矩阵，则 SVAR 模型是一种递归模型，并且是恰好识别的。

二是依据经济理论假设建立短期约束。在实证中，一般短期约束的施加不一定满足下三角的形式，只要满足 $\Sigma = D_0 D_0'$，约束可以施加给 D_0 的任何元素。同时，由 $y_t = D(L)u_t$ 可知，SVAR 模型中的同期表示矩阵 B 是 D_0 的逆，即 $B = D_0^{-1}$，因此也可以对矩阵 B 施加限制条件来实现短期约束。

2. SVAR 模型的长期可识别约束

SVAR 模型长期约束识别的概念最早由布兰查德和奎阿（Blanchard & Quah，1989）提出，是为了识别模型供给冲击对产出的长期影响。施加在 SVAR 模型的系数矩阵 $D_q(q=1,2,\cdots)$ 上的约束称为长期约束。最常见的长期约束形式是对矩阵 D_q 的第 i 行第 j 列元素施加约束，典型的是 0 约束形式，表示第 j 个变量对第 i 个变量的累积乘数影响为 0。为了体现这种累积乘数的影响，对 SVAR 模型的长期约束一般主要从 SVAR 模型变量间的脉冲响应函数入手进行分析。

延续乔里斯基分解建立递归形式的短期约束的思路，可知正定的协方差矩阵 Σ 可以分解为 $\Sigma = GQG'$，其中 G 是下三角矩阵。利用矩阵 G 可以构造一个 k 维向量 u_t，构造方法为 $u_t = G^{-1}\varepsilon_t$，则 $\varepsilon_t = Gu_t$，因此 SVAR 模型可表示为：

$$y_t = (I + \Theta_1 L + \Theta_2 L^2 + \cdots) G u_t = D(L) u_t$$

则可以进一步导出一个正交的脉冲响应函数：

$$d_{ij}^q = \frac{\partial y_{i,t+q}}{\partial u_{jt}}, q = 0, 1, 2, \cdots \qquad (5-6)$$

式（5-6）表示 SVAR 模型的系数矩阵 D_q 的第 i 行第 j 列元素，它描述了在时期 t，第 j 个变量的扰动项增加一个单位，其他扰动不变，且其他时期的扰动均为常数的情况下，$y_{i,t+q}$ 对 u_{jt} 的一个结构冲击的反应。不失一般性地，对一个 k 元 p 阶的 SVAR(p) 模型，可得其脉冲响应函数为：

$$D_q = \frac{\partial y_{t+q}}{\partial u_t}, q = 0, 1, 2, \cdots$$

以 AB 型 SVAR 模型为例，可以求得滞后算子 $D(L) = \Theta(L) A^{-1} B$，其脉冲响应函数为 $D_q = \Theta_q A^{-1} B (q = 0, 1, 2, \cdots)$。其累计脉冲响应函数矩阵 Ψ 可以表示为：

$$\Psi = \sum_{q=0}^{\infty} D_q = (I + \Theta_1 L + \Theta_2 L^2 + \cdots) A^{-1} B$$

则 Ψ 的第 i 行第 j 列元素表示第 i 个变量对第 j 个变量的结构冲击的累积响应。累计脉冲响应函数矩阵 Ψ 也被称为 SVAR 模型的长期可识别约束矩阵。

　　SVAR 模型的短期约束和长期约束的差别主要体现在脉冲响应函数上，表现为：短期约束意味着脉冲响应函数随着时间的变化将消失，而长期约束则意味着对响应变量未来的值有一个长期的影响。回溯前文，可知典型的 SVAR 模型的长期可识别约束矩阵 Ψ 也应该是 0 约束的形式，其中 $\psi_{ij} = 0$ 的长期约束表示第 i 个变量对第 j 个变量的结构冲击的长期（累积）响应为 0。从脉冲响应函数的角度出发，SVAR 模型的长期约束的经济含义就非常明显了。另外，需要指出的是，为了识别 SVAR 模型，在实际的应用中，短期约束和长期约束可以同时存在。

二、样本选取、数据处理与模型结构

(一) 观测变量样本的选取

根据式 (5-4),内生变量矩阵 Y_t 的第 i 个变量可以表示为:

$$y_{it} = \sum_{j=1}^{k} \left(d_{ij}^{(0)} \varepsilon_{jt} + d_{ij}^{(1)} \varepsilon_{jt-1} + d_{ij}^{(2)} \varepsilon_{jt-2} + \cdots \right)$$
$$+ \sum_{m=1}^{d} \left(\gamma_{im}^{(0)} x_{mt} + \gamma_{im}^{(1)} x_{mt-1} + \gamma_{im}^{(2)} x_{mt-2} + \cdots \right), t = 1, 2, \cdots, T$$

$$(5-7)$$

则可以求出由 Y_j 脉冲引发 Y_i 响应函数的系数 $d_{ij}^{(0)}, d_{ij}^{(1)}, \cdots, d_{ij}^{(T)}$。以时期 T 为横轴,以响应函数系数 $d_{ij}^{(T)}$ 为纵轴,可以绘制出变量 Y_i 对 Y_j 的脉冲响应图谱,进一步分析该图谱可以厘清变量间彼此施加一个正向冲击在不同时期的响应方向和程度,这是构建 SVAR 模型并开展实证分析的目的所在。因此,式 (5-7) 也构成了本书开展公众通胀预期形成与引导的脉冲响应分析的依据。

从本书第二章、第三章有关我国公众通胀预期适应性学习形成机制理论可知,在公众对未来通货膨胀及整体经济运行态势作出自己主观判断的过程中,过往及当期的可获取经济信息集是其主要的参考依据。换言之,我国公众通胀预期与实际经济增速、通货膨胀及货币流动性等宏观经济变量变化情况高度相关,从而明显属于可以被涵括进宏观经济系统的内生性经济变量。由于公众通胀预期和货币当局的预期引导都只能在宏观经济的波动中观测和检验,并且与当时的货币政策调控密不可分,为了实证检验公众通胀预期形成过程中的信息获取、货币当局为引导公众通胀预期形成而进行的信息披露,以及货币政策调控和宏观经济波动之间的同期和跨期相关关系,本书构建了一个含有 6 个内生变量及 1 个外生变量的 SVAR 模型,如表 5-1 所示。其中,分别以本书第四章构建的公众学习信息获取指数 $PIAI$ 和货币当局信息披露指数 HI 作为公众通胀预期指标变量和货币当

局预期引导指标变量；以中国人民银行对外公布的 1 年期贷款基准利率①
LR 作为价格型货币政策调控的指标变量，以广义流通货币总量的当月同比
增长率 *M2* 作为数量型货币政策调控的指标变量。经济增长和物价波动是
宏观经济最重要的研究对象，考虑到数据可获得性和可操作性，本书分别
以国家统计局对外公布的月度工业增加值为基础计算得到的产出缺口
*GAP*② 和消费者物价指数当月同比增长率 *CPI* 作为代表经济增长和物价水
平的宏观经济指标变量。另外，考虑到影响公众通胀预期形成的信息外部
因素，将互联网络普及率作为网络信息充分性外生指标变量。

表 5 - 1　　　　　　　　　　SVAR 模型变量的说明

变量类型	变量名称	变量频度	变量性质
公众 通胀预期指标变量	公众学习信息获取指数（*PIAI*）	月度	内生变量
货币当局 预期引导指标变量	货币当局信息披露指数（*HI*）	季度	内生变量
货币政策 中介目标变量	一年期贷款基准利率（*LR*）	月度	内生变量
	广义流通货币同比增长率（*M2*）	月度	内生变量
宏观经济变量	工业增加值同比增长波动（*GAP*）	月度	内生变量
	消费者价格指数同比增长率（*CPI*）	月度	内生变量
网络信息充分性变量	互联网普及率（*COVER*）	月度	外生变量

注：*HI* 指数与 *PIAI* 指数需保持一致，所有数据的覆盖时期均为 2011 年 1 月至 2019 年 9 月。
考虑到变量并非全部为正，所有变量均需按照 X12 加法原则调整以消除季节性因素。

（二）内、外生指标变量的平稳性和因果关系检验

SVAR 模型成立的前提是，模型内各变量的数据是平稳的，或者所有
变量虽不平稳但存在一致的协整关系。本书通过 EViews10 软件对各内生变

---

①　2015 年 10 月贷款利率市场化改革后，我国央行没有再调整贷款基准利率。2019 年 8 月，
我国央行完善贷款基础利率（LPR）形成机制，以此作为市场贷款定价参考，贷款基准利率基本
淡出。鉴于研究时段，本书仍以贷款基准利率作为当时货币政策工具中介目标代表。
②　虽然 GDP 缺口是一个能够较好衡量增量需求的代理变量，但是我国目前没有 GDP 月度数
据，而工业增加值有月度数据，因此采用工业增加值来替代 GDP。工业增加值缺口 *GAP* =（实际工
业增加值 - 潜在工业增加值）/潜在工业增加值，在实际操作中，可通过 HP 滤波法将工业增加值
同比增长率分解为趋势变量和波动变量，以波动变量表示产出缺口 *GAP*。

量指标开展 ADF 平稳性检验，检验结果见表 5 – 2。

表 5 – 2　　　　　　　　　　SVAR 模型变量的平稳性检验结果

变量	检验形式	ADF 值	P 值	平稳性
PIAI	（C，0，12）	– 2.428974	0.1364	不平稳
HI	（C，0，12）	– 2.516588	0.1156	不平稳
M2	（C，0，12）	– 1.298291	0.6282	不平稳
LR	（C，0，12）	– 0.875473	0.7924	不平稳
CPI	（C，0，12）	– 2.363762	0.1546	不平稳
GAP	（C，0，12）	– 14.42730	0.0001 ***	平稳
COVER	（C，0，12）	– 0.403594	0.9035	不平稳
PIAI_D	（C，0，12）	– 10.01665	0.0000 ***	平稳
HI_D	（C，0，12）	– 4.838222	0.0001 ***	平稳
M2_D	（C，0，12）	– 13.20757	0.0000 ***	平稳
LR_D	（C，0，12）	– 4.640164	0.0002 ***	平稳
CPI_D	（C，0，12）	– 13.09342	0.0000 ***	平稳
COVER_D	（C，0，12）	– 2.961739	0.0420 **	平稳

　　注：检验形式（C，0，12）表示带有常数项，不包含趋势项，滞后阶数为 12 阶；后缀 "_D" 表示一阶差分；*** 、** 分别表示在 1%、5% 显著水平下显著；对于 2011 年 1 月头和 2019 年 9 月尾因差分而损失的数据需要通过各自相邻数据的算术平均值进行平滑补充。

　　内生指标变量序列 *PIAI*、*HI*、*M2*、*LR*、*CPI* 在各自类型检验下获得的 P 值均没有通过数据平稳的原假设，而产出缺口指标变量序列 *GAP* 在三种检验类型下获得的 P 值小于 0.01，为平稳序列，因此内生指标变量间并不存在一致的协整关系，需要对部分数据进行差分处理。对序列 *PIAI*、*HI*、*M2*、*LR*、*CPI* 进行一阶差分处理后的检验获得 P 值均小于 0.05，说明在 95% 的置信水平下拒绝原假设，即不存在单位根，一阶差分后的序列平稳，此时差分序列可以直接用于 SVAR 建模。

　　通过平稳性检验处理后的内生指标变量序列均满足了开展 Granger 因果关系检验的前提条件，开展 Granger 因果关系检验的意义在于进一步判断在包含了所有内生指标变量的过去信息的条件下，SVAR 模型对内生变量 *Y* 的预测是否要优于只单独由 *Y* 的过去信息对 *Y* 进行的预测，即模型内某一内生变量 *X* 有助于解释变量 *Y* 的将来变化。Granger 因果关系检验虽然是一种纯粹的数理关系检验，但这种数理上的强相互关系仍然有助于揭示现实中各内生指标变量间的动态相关性。本书开展 Granger 因果关系检验的结果见表 5-3。

表 5-3　　　　　SVAR 模型变量间的 Granger 因果关系检验结果

原假设	Chi-sq 统计量	对应 P 值
HI_D 不能 Granger 引起 *PIAI_D*	3.841516	0.0501 *
M2_D 不能 Granger 引起 *PIAI_D*	2.767823	0.0973 *
LR_D 不能 Granger 引起 *PIAI_D*	3.923541	0.0482 **
CPI_D 不能 Granger 引起 *PIAI_D*	5.023907	0.0250 **
GAP 不能 Granger 引起 *PIAI_D*	6.268518	0.0123 **
PIAI_D 不能 Granger 引起 *HI_D*	2.886242	0.0920 *
M2_D 不能 Granger 引起 *HI_D*	10.29561	0.0360 **
LR_D 不能 Granger 引起 *HI_D*	6.021736	0.0956 *
CPI_D 不能 Granger 引起 *HI_D*	2.703932	0.1001
GAP 不能 Granger 引起 *HI_D*	0.155648	0.9844
PIAI_D 不能 Granger 引起 *M2_D*	2.135167	0.8301
HI_D 不能 Granger 引起 *M2_D*	5.411277	0.2476
LR_D 不能 Granger 引起 *M2_D*	1.587658	0.2077
CPI_D 不能 Granger 引起 *M2_D*	0.345301	0.5568
GAP 不能 Granger 引起 *M2_D*	0.067023	0.7957
PIAI_D 不能 Granger 引起 *LR_D*	0.006292	0.9368
HI_D 不能 Granger 引起 *LR_D*	14.65159	0.0055 ***
M2_D 不能 Granger 引起 *LR_D*	1.284237	0.2571
CPI_D 不能 Granger 引起 *LR_D*	2.634531	0.1046
GAP 不能 Granger 引起 *LR_D*	5.715203	0.0168 **
PIAI_D 不能 Granger 引起 *CPI_D*	3.818793	0.0507 *
HI_D 不能 Granger 引起 *CPI_D*	7.178243	0.0276 **
M2_D 不能 Granger 引起 *CPI_D*	5.506483	0.0189 **
LR_D 不能 Granger 引起 *CPI_D*	2.979856	0.0879 *
GAP 不能 Granger 引起 *CPI_D*	9.844902	0.0017 ***
PIAI_D 不能 Granger 引起 *GAP*	5.023938	0.0251 **
HI_D 不能 Granger 引起 *GAP*	8.521799	0.0364 **
M2_D 不能 Granger 引起 *GAP*	3.025827	0.0819 *
LR_D 不能 Granger 引起 *GAP*	4.013152	0.0464 **
CPI_D 不能 Granger 引起 *GAP*	0.541703	0.4617

注：后缀"_D"表示一阶差分；***、**、*分别表示在1%、5%、10%显著水平下显著。

从检验结果的 P 值显著性可以看到,各内生指标变量间的 Granger 因果关系均符合基本的经济学理论,因此适合构建 SVAR 模型并进一步开展实证分析。

(三) SVAR 模型的约束条件

考虑到 SVAR 模型内生变量排序对结果的影响,本书按照公众通胀预期指数一阶差分 *PIAI_D*、货币当局信息披露指数一阶差分 *HI_D*、*M2* 同比增长率一阶差分 *M2_D*、1 年期贷款基准利率一阶差分 *LR_D*、*CPI* 同比增长率一阶差分 *CPI_D*、工业增加值同比增长率 HP 滤波波动项 *GAP* 的顺序构建 6 元 SVAR 模型。根据滞后阶数判定准则确定 SVAR 模型滞后阶数为 1 阶,即 SVAR (1) 模型 (见表 5 - 4)。

表 5 - 4　　　　　　　　　SVAR 模型滞后阶数的判定

滞后阶数	LogL	LR	FPE	AIC	SC	HQ
0	- 167. 6249	NA	1. 25e - 06	3. 438117	3. 593470☆	3. 501008
1	- 110. 7213	105. 9195	8. 30e - 07☆	3. 024184☆	4. 111660	3. 464426☆
2	- 78. 74821	55. 71550	9. 06e - 07	3. 103925	5. 123523	3. 921516
3	- 41. 41113	60. 62655	8. 98e - 07	3. 077448	6. 029168	4. 272389

注: ☆表示该标准下的最优阶数选择。

经检验 SVAR (1) 模型系统的特征根全部落于单位圆内,说明模型稳定,滞后阶数选择合理,如图 5 - 1 所示。

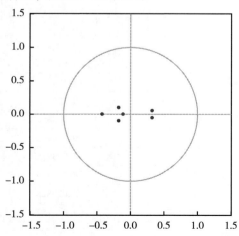

图 5 - 1　SVAR (1) 模型稳定性检验

考虑到本书所选变量之间有较强的相互影响关系，变量间的约束选择短期约束关系。根据本书所选变量的内生性确定对约束矩阵 B 施加 $(6^2-6)/2=15$ 个约束条件。根据式（5-2），有：

$$Y_t=\begin{bmatrix} PIAI\_D \\ HI\_D \\ M2\_D \\ LR\_D \\ CPI\_D \\ GAP \end{bmatrix}, B=\begin{bmatrix} 1 & b_{12} & b_{13} & b_{14} & b_{15} & b_{16} \\ b_{21} & 1 & b_{23} & b_{24} & b_{25} & b_{26} \\ b_{31} & b_{32} & 1 & b_{34} & b_{35} & b_{36} \\ b_{41} & b_{42} & b_{43} & 1 & b_{45} & b_{46} \\ b_{51} & b_{52} & b_{53} & b_{54} & 1 & b_{56} \\ b_{61} & b_{62} & b_{63} & b_{64} & b_{65} & 1 \end{bmatrix}, E_t=\begin{bmatrix} \varepsilon_{1t} \\ \varepsilon_{2t} \\ \varepsilon_{3t} \\ \varepsilon_{4t} \\ \varepsilon_{5t} \\ \varepsilon_{6t} \end{bmatrix}$$

本书基于各内生变量的经济学含义以及我国的实际情况，为模型施加的约束条件如下。

（1）公众获取信息形成通胀预期会通过公众未来的行为作用于货币政策实施以及宏观经济运行，但不会影响当期的政策调控变量和宏观经济变量。因此，$b_{21}=b_{31}=b_{41}=b_{51}=b_{61}=0$。

（2）由于第 1 季度的货币政策执行报告要在当年 5 月才能对外披露，并且货币政策执行报告在发布时间上总有延迟，因此货币当局的信息披露不会影响当期的政策调控变量及宏观经济变量。因此，$b_{32}=b_{42}=b_{52}=b_{62}=0$。

（3）通常意义上当期的货币增长变量 $M2$、利率调控变量 LR 对 CPI 和产出缺口 GAP 的影响不会立即生效，一般存在时滞。因此，$b_{53}=b_{54}=b_{63}=b_{64}=0$。

（4）考虑到货币当局的政策决策过程，当期的 CPI、工业产出缺口 GAP 对当期的货币增长变量 $M2$ 一般不产生影响。因此，$b_{35}=b_{36}=0$。

则短期约束矩阵 B 变为：

$$B=\begin{bmatrix} 1 & b_{12} & b_{13} & b_{14} & b_{15} & b_{16} \\ 0 & 1 & b_{23} & b_{24} & b_{25} & b_{26} \\ 0 & 0 & 1 & b_{34} & 0 & 0 \\ 0 & 0 & b_{43} & 1 & b_{45} & b_{46} \\ 0 & 0 & 0 & 0 & 1 & b_{56} \\ 0 & 0 & 0 & 0 & b_{65} & 1 \end{bmatrix}$$

三、影响公众通胀预期和货币当局信息披露因素的脉冲响应分析

脉冲响应分析是在 VAR 模型的基础上，通过分析某个误差项或者模型受到某种冲击时对系统当前及未来的动态影响来判断系统内变量之间的动态关联性，是对 VAR 类模型进行动态分析的重要工具。本书在 SVAR 模型建立之初就设置了变量进入模型的顺序，因此可以直接采用乔里斯基正交分解脉冲响应函数进行分析。

（一）公众通胀预期与其他各变量间的动态相关性

根据本书第二章、第三章的研究，随着公众对网络信息获取和利用的加强，货币当局更应该有意识地加强信息披露，提升披露信息的精度，并借助网络在社会中迅速传播。在信任和高阶预期的双重作用下，公众高度关注货币当局发布的公开信息，这为货币当局引导公众预期提供了条件。

图 5－2 反映了公众通胀预期分别受到来自自身和货币当局信息披露 1 单位正向脉冲冲击后的响应情况，公众对来自自身的冲击反应较强烈，在第 1 期达到峰值然后迅速衰减，体现了公众能够迅速调整预期的理性特征。公众对来自货币当局信息披露的正向脉冲反应呈正向，并在第 2 期达到峰值，随后经过 6 期左右的时间逐渐衰减，体现了公众在信息获取形成并更

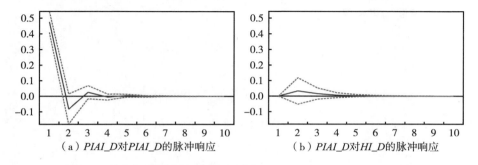

（a）PIAI_D对PIAI_D的脉冲响应　　（b）PIAI_D对HI_D的脉冲响应

图 5－2　公众通胀预期对来自自身和货币当局信息披露的脉冲响应

新预期过程中对来自货币当局披露的公开信息的关注和利用，表明货币当局的信息披露是有效率的，确实能够起到引导公众通胀预期的作用，并且这种引导具有一定的时效特征。

图 5 - 3 反映了公众通胀预期分别受到来自不同货币政策干预变量的 1 单位正向脉冲冲击后的响应情况。从中可以看到，公众通胀预期对于不同类型货币政策冲击的反应并不相同。公众通胀预期在受到来自 M2 的正向冲击之后，响应并没有体现出较为明显的趋势特征，原因可能是广义货币增量数据与公众日常生活直接关联性弱，公众对该类信息的响应不够敏感，也反映出我国数量型货币政策在公众通胀预期引导方面效果不显著。相反地，公众通胀预期在受到来自 LR 的正向冲击后，在第 2 期便会出现负向波动并达到峰值，然后在第 3 期迅速震荡回落，至第 8 期逐渐消退。由此表明以利率为中介目标的价格型货币政策对公众通胀预期有持续性的影响，能够起到较好的引导公众预期的作用，并且从脉冲响应的过程来看，价格型货币政策能够迅速影响公众通胀预期水平，也体现出公众对于货币当局的利率调控具有非常高的敏感性。反过来，由于利率变化对公众通胀预期的影响程度较大，提示货币当局在运用利率调整的货币政策操作中要十分谨慎，以防过度调整带来的副作用。[①]

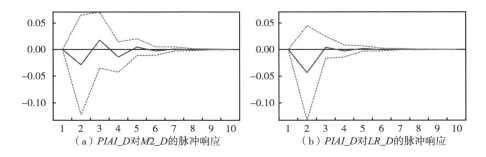

（a）PIAI_D对M2_D的脉冲响应　　　　（b）PIAI_D对LR_D的脉冲响应

图 5 - 3　公众通胀预期对来自货币政策干预变量的脉冲响应

图 5 - 4 反映了公众通胀预期分别受到来自不同宏观经济变量的 1 单位

　　[①]　随着我国利率市场化改革的进程，贷款利率的调整逐渐脱离行政的干预成为由市场主导的行为，但货币当局仍可以通过 MLF、再贷款、再贴现的利率调整及窗口指导间接引导市场贷款利率。

正向脉冲冲击后的响应情况。公众通胀预期在受到来自 *CPI* 和 *GAP* 的正向冲击后，呈现出不一致的响应。来自通胀的冲击会造成公众通胀预期的升高，并在第 2 期达到峰值后迅速下降，一方面体现了公众通胀预期与物价波动的紧密关联，另一方面"锯齿形"的响应路径也反映了公众通胀预期的理性调整特征。公众通胀预期对来自产出缺口的正向冲击的反应表现较为复杂，说明公众对有关产出缺口信息的认知不如对物价波动信息的认知那么清晰。由于产出缺口在不同时期具有不同的指向性（经济上行期产出缺口扩大意味着经济过热、通胀示警，经济下行期产出缺口扩大意味着货币政策传导机制不畅，调控效果减弱（盛松成和翟春，2015），公众通胀预期对 *GAP* 的冲击响应容易震荡反复。

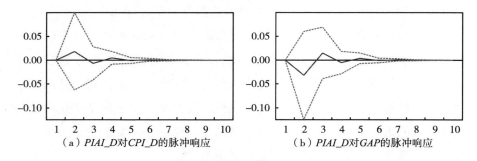

图 5 - 4　公众通胀预期对来自宏观经济变量的脉冲响应

（二）货币当局信息披露与其他各变量间的动态关系

图 5 - 5 至图 5 - 7 分别反映了货币当局信息披露指数在受到来自自身和公众通胀预期、货币政策干预变量以及宏观经济变量波动冲击后的响应情况。从中可以看出，货币当局对来自自身的脉冲冲击正向响应最强，直到第 8 期才逐渐消退。从响应的路径来看，不似公众通胀预期那么尖锐，而是较为平滑的衰减过程，体现了货币当局信息披露的一贯性特征（见图 5 - 5）。我国货币当局开展信息披露的风格一般不会出现节奏和幅度上的突变，给公众通胀预期的形成预留了充分的调整空间。但这种风格是否一直行之有效，还需要经过本书后续实证的进一步检验。

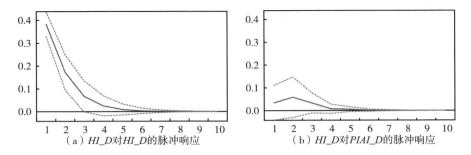

图 5-5　货币当局信息披露对来自自身和公众通胀预期的脉冲响应

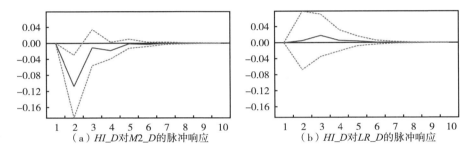

图 5-6　货币当局信息披露对来自货币政策干预变量的脉冲响应

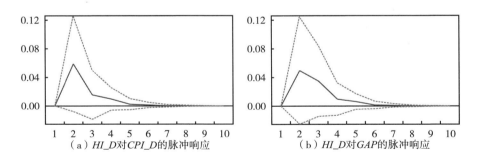

图 5-7　货币当局信息披露对来自宏观经济变量的脉冲响应

图 5-5 反映了货币当局信息披露分别受到来自自身和公众通胀预期 1 单位正向脉冲冲击后的响应情况。公众预期指导公众生产生活行为，并直接映射为宏观经济和金融市场的波动信息，影响着货币当局对未来的判断，也通过货币当局的信息披露表现出来，反映在货币当局决策行为的调整过程中。比较货币当局信息披露与公众通胀预期相互脉冲响应的动态过

程来看，公众通胀预期和货币当局信息披露间存在明显的正相关性，表明在学习互动方式下，公众和货币当局之间存在信息和预期的双向影响，且这种影响均为正向影响。货币当局对信息的获取和分析能力更强，通过学习互动，能够在初期就对公众的信息获取和预期影响进行反应并作出决策，这种影响将持续 8 期左右才逐渐消退。社会公众对货币当局信息披露的学习进而形成预期的能力相对偏弱，体现为对货币当局信息披露影响的反应不会立即形成，而是在第 2 期左右达到峰值。比较各自脉冲响应的不同情况，还可以发现货币当局信息披露对公众通胀预期的响应更加灵敏，程度也更深，表明货币当局更重视来自公众通胀预期的反馈，也能更迅速有效地利用信息。公众通胀预期对货币当局信息披露的反应相对缓慢，可能是因为货币政策报告发表时滞，也可能是因为公众通胀预期的形成越来越具有一定的独立性，货币当局披露的公开信息需要足够的权重才能够进入公众通胀预期的适应性学习进程中。公众通胀预期与货币当局信息披露彼此的脉冲响应特征一定程度上能够验证本书第二章、第三章的理论推导。

图 5-6 反映了货币当局信息披露分别受到来自不同货币政策干预变量的 1 单位正向脉冲冲击后的响应情况。从响应上看，货币当局信息披露对来自 $M2$ 的冲击的响应呈负向，且程度更深，表明货币当局的信息披露对来自广义货币增量引起的通胀的相关信息并不担心，甚至存在刻意规避的意图，可能是因为我国货币政策一直以来以数量型货币政策为主导，促进经济增长的目标权重远高于稳定通胀，货币当局有动机主动淡化来自货币超发带来的通胀预期的影响。货币当局的信息披露对来自利率的正向冲击的响应呈正向，在第 3 期到达峰值并在第 8 期衰退，表明在过去 10 年，利率调整是货币当局抑制通胀的重要手段，货币当局希望通过向社会传递有关利率调整的信息来稳定公众的通胀预期，因此有关通胀的信息披露与利率调整的步调基本一致。

图 5-7 反映了货币当局信息披露分别受到来自不同宏观经济变量的 1 单位正向脉冲冲击后的响应情况。货币当局对来自 CPI 和 GAP 的脉冲响应呈现的方向、程度和步调基本一致，反映出我国货币当局信息披露总体上

对宏观经济运行状态的响应是及时、清晰的。

四、公众通胀预期和货币当局信息披露对宏观经济波动的影响

（一）公众通胀预期对 *CPI* 和 *GAP* 的影响

前文分析指出，公众的通胀预期在一定程度上反映了社会未来生产、消费的行为倾向，这些行为必定作用于宏观经济运行。

从图 5-8 可以看出，消费者价格指数对公众通胀预期变量的正向脉冲冲击呈现出的响应情况较为复杂，公众通胀预期上升会在初期对稳定物价上涨形成压力，但这种压力迅速衰减并在第 3 期转为负向，这是因为伴随着公众通胀预期的上升，公众理性应对通胀的预防性行为也在增加，并会在未来某个时期开始逐渐抵消通胀带来的影响。公众通胀预期的正向冲击会使产出缺口出现波动变化，产出缺口随公众通胀预期的上升在初期呈正向，随后又迅速转为负向。由于产出缺口放大或缩小在经济过热和过冷时具有不同含义，公众通胀预期对产出缺口的冲击也呈现出比较复杂的波动状态，下面将引入新的模型和变量进一步开展研究。

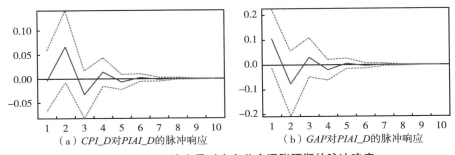

（a）*CPI_D* 对 *PIAI_D* 的脉冲响应　　　　（b）*GAP* 对 *PIAI_D* 的脉冲响应

图 5-8　宏观经济变量对来自公众通胀预期的脉冲响应

（二）货币当局信息披露对 *CPI* 和 *GAP* 的影响

从图 5-9 可以看出，一方面，货币当局信息披露对通胀的抑制作用有限，虽然在初期货币当局的信息披露会对通胀形成向下的压力，但这种影

响持续时间很短，至第2期反而有助推通胀的作用，究其原因可能是货币当局的信息披露并不一定体现了货币当局对通胀形势的真实判断；另一方面，货币当局对公众通胀预期的影响有边界，毕竟公众整体行为决定了未来通胀的走向，公众通胀预期才是影响未来通胀的关键因素。货币当局信息披露对产出缺口的影响总体呈负向，显示在经济偏热阶段，产出缺口本身为正，货币当局的信息披露和调控举措能够抑制这种过热，减小产出缺口；在经济偏冷阶段，产出缺口为负，货币当局的信息披露和调控举措没能有效刺激经济增长。

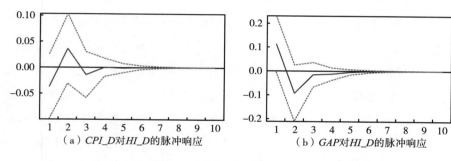

（a）CPI_D对HI_D的脉冲响应　　　　（b）GAP对HI_D的脉冲响应

图5-9　宏观经济变量对来自货币当局信息披露的脉冲响应

总体来看，公众通胀预期与货币当局信息披露对宏观经济关键变量的影响较为复杂，不是单纯的线性关系，可能在某一段时期总体影响是积极的，但在某些时期又会出现消极的影响。本书将在后续章节对预期引导中的这种非线性的动态相关性开展进一步的研究。

五、基于SVAR模型的货币政策效果评价

本书选取的一年期贷款基准利率LR和广义货币供应量M2通常被视为价格型货币政策工具和数量型货币政策中介目标的代表。在脉冲函数中，来自利率的正向冲击意味着紧缩的货币政策操作，来自货币供应量的正向冲击意味着宽松的货币政策操作。图5-10反映了宏观经济变量对来自货币政策控制变量的1单位的正向脉冲冲击的响应情况。

从货币供给的调控效果来看，我国货币供给增长对通胀有一定影响，

CPI 对 $M2$ 的正向脉冲响应表明，$M2$ 的增加并不对通胀造成持续性压力，表明我国货币政策基调总体上是稳健的，构成我国通胀压力的主体可能是成本推动型和输入型通胀，间或受到结构性通胀的影响。[①] GAP 对 $M2$ 的正向脉冲响应表明货币供给的增加起到了一定的稳定产出的作用（尤其在经济下行时期），但对刺激增长的效果有限，持续性也不强，表现为 GAP 的脉冲响应围绕 0 值出现了反复震荡波动的特征。这与样本期内我国的实际经济表现基本吻合。长期以来，出于稳增长的考量，我国货币当局基本保持了适度宽松的货币政策，但经济运行在国际大环境、供需矛盾等因素影响下，仍经常面临周期性、趋势性下行压力，其原因在于，现阶段我国市场经济还不完善，货币政策的传导机制仍然不够健全，货币当局所投放的流动性往往难以全部进入实体经济。

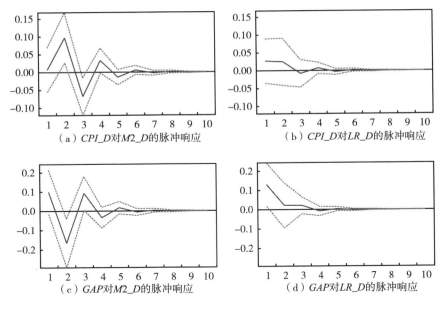

图 5 – 10　宏观经济变量对来自货币政策控制变量的脉冲响应

从利率调控的政策效果来看，提高利率的紧缩性货币政策对价格水平

的影响存在时滞，*CPI* 对 *LR* 的正向脉冲在开始阶段就延续了 2 期正向响应，表明收紧流动性初期并不能与市场形成良好沟通，到第 3 期才有所改善，说明价格型货币政策对物价水平的传导相对需花费更多时间。*GAP* 对 *LR* 的正向脉冲响应持续呈正向，表明通过提高利率的方式抑制流动性过剩从而稳定经济的做法效果不佳。在审慎监管、信用收缩的条件下，银行的惜贷行为更为明显，资金过多流入资本市场、房地产市场和大企业，甚至引发市场局部流动性过剩。这一方面容易给货币当局造成整体流动性过剩的错觉；另一方面小微企业和实体经济得不到资金的有力支持，产出缺口持续扩大，从而对经济运行产生负面影响。

由于脉冲响应分析默认的是给定正向冲击，本书只分析了利率价格上调（从紧的价格型货币政策）和货币供应量增加（宽松的数量型货币政策）这两类情况对物价和产出的影响。事实上还存在利率价格下调（宽松的价格型货币政策）和货币供应量收紧（从紧的数量型货币政策）这两类情况。一般认为，从紧的数量型货币政策作为总量调控型政策，对抑制通胀、抑制经济过热更有效，而宽松的数量型货币政策因为难以控制资金的流动方向，对走出通缩的效果不够显著；宽松的价格型货币政策对全社会降低成本、鼓励消费和投资有更加直接的刺激作用，因而在促进经济增长方面更有效，而收紧的价格型货币政策因传导时间较长，在迅速抑制经济过热时效果不够显著。上述分析正好是效果不够显著的两种货币政策操作，其结论仅作为参考，有待进一步研究。

第二节　基于 FAVAR 模型的货币政策效果测度

前文基于 SVAR 模型脉冲响应分析了公众通胀预期、货币当局信息披露与货币政策变量、宏观经济变量之间的动态关系，揭示了我国公众通胀预期和货币当局预期引导的一些特征，一定程度上验证了公众与货币当局围绕信息的互动关系。从脉冲响应的情况来看，公众通胀预期对通胀和产出缺口的冲击影响呈现出较为复杂的波动状态，不利于得出清晰的结论。

考虑到 SVAR 模型的一个明显局限是模型低维，即模型变量个数一般都需要控制 12 个以下（Gupta et al.，2009），否则容易出现过度参数化的现象，影响模型的稳定，① 在自由度上的匮乏（数据的不充分）可能是导致脉冲响应分析无法获得明确结论的主要原因。现实中影响宏观经济系统运行的因素很多，彼此之间的关联也很紧密，一方面货币当局在制定货币政策时会兼顾众多经济变量的动态变化，另一方面公众通胀预期也会动态作用于众多宏观经济变量。为了进一步分析公众通胀预期对宏观经济，特别是对通胀和产出的影响情况，一个可行的思路是对原 SVAR 模型进行自由度扩充，即加入更多的时间序列变量以模拟真实宏观经济环境，然后提取这些时间序列的有限共同特征与原 SVAR 模型内研究变量相组合，继而以某种货币政策变量为冲击考察通胀和产出变量的动态响应，如果能够证实公众通胀预期与通胀和产出响应特征间存在稳定的数理关系，就能克服 SVAR 模型的低维局限，并有助于进一步明确公众通胀预期对于宏观经济波动的影响。

本节先对货币政策效果的测度进行实证。在基于 SVAR 模型自由度扩展方法应用上比较有代表性的是斯托克和沃特森（2002）以及伯南克等（Bernanke et al.，2005）西方经济学家，他们在分析货币政策效应时，尝试将大量时间序列引入 SVAR 模型中以提取共同因子，并与研究目标变量组合在一起构建了因子扩展的向量自回归（factor augmented VAR，FAVAR）模型，研究结果显示 FAVAR 方法适用于提取大量宏观经济变量对某种货币政策冲击的共同响应特征。此后，国内一些学者如许冰等（2009）、彭方平等（2012）延续了这种研究思路，通过建立 FAVAR 模型来研究我国货币政策的产出效应和通胀效应以及产出和通胀水平的波动性。

一、FAVAR 模型综述

一个 FAVAR 模型的标准结构如下：

---

①　VAR 模型的建模特征使得每增加一个变量需要估计的模型参数数量就会呈指数性增长，模型内生变量过多会引致需要估计的参数更多并最终导致模型的参数估计越来越不稳定，这就是 VAR 模型的过度参数化现象。

$$\begin{bmatrix} F_t \\ Y_t \end{bmatrix} = A(L) \begin{bmatrix} F_{t-1} \\ Y_{t-1} \end{bmatrix} + v_t \qquad (5-8)$$

其中，$A(L) = a_1 + a_2 L + a_3 L^2 + \cdots + a_d L^{d-1}$ 是 d 阶滞后多项式，滞后阶数 d 通过 AIC、SC 等准则进行判定；v_t 是均值为 0、协方差矩阵为 Q_t 的随机误差；$Y_t = [y_{1t}, y_{2t}, \cdots, y_{mt}]'$ 是 $m \times 1$ 维可观测变量，一般用于描述研究对象经济变量；$F_t = [f_{1t}, f_{2t}, \cdots, f_{kt}]'$ 是 $k \times 1$ 维不可观测的因子向量，一般用于提取引入的 n 个时间序列变量集合 $X_t = \{x_{1t}, x_{2t}, \cdots, x_{nt}\}$ 的因子特征，如果 $k = 0$，则 FAVAR 模型会退化为以 Y_t 为内生变量的 VAR/SVAR 模型的形式。F_t、Y_t 与 X_t 之间的关系可以通过式（5-9）表示：

$$X_t = \Lambda^f F_t + \Lambda^y Y_t + e_t \qquad (5-9)$$

其中，Λ^f 和 Λ^y 分别是 $n \times k$ 阶和 $n \times m$ 阶因子载荷矩阵，并且满足 $\Lambda^{f'} \Lambda^f / N = I$；$e_t$ 是均值为 0 的误差项，e_t 之间允许存在弱相关性。

二、FAVAR 模型的参数估计方法

FAVAR 模型的参数估计方法主要有两种：一种是基于吉布斯（Gibbs）采样的贝叶斯（Bayesian）最大似然估计的一步法，即将式（5-8）与式（5-9）先统一转化为状态空间模型，然后通过吉布斯采样获得模型贝叶斯估计参数；另一种是基于主成分分析的 OLS 估计的两步法，即先通过主成分分析法获得式（5-9）中 F_t 的估计 $\hat{F}_t$，然后回代 $\hat{F}_t$ 至式（5-8）获得模型 OLS 估计参数。伯南克等（2005）的研究显示，无论是一步法还是两步法，其脉冲响应结果十分接近，并没有明显的优劣之分。考虑到两步法对模型参数的约束较少、计算负担相对较低，在引入时间序列变量较多的情况下更具有可操作性，本书选择两步法对 FAVAR 模型的参数进行估计。具体操作为：第一步，对时间序列集合 X_t 进行主成分分析，提取解释能力较强的前 $(k+m)$ 个主成分形成对组合 $C_t = [F_t', Y_t']'$ 的整体估计 $\hat{C}_t$，然后通过 $\hat{C}_t$，在剔除 Y_t 的影响后得到对因子特征 F_t 的估计 $\hat{F}_t$；第二步，用 $\hat{F}_t$ 替代式（5-9）中的 F_t，获得模型 OLS 估计参数，最后在此基

础上构造脉冲响应函数。

在实际运用两步法实现对 FAVAR 模型参数估计的过程中，通常会根据经济理论结合实际经验将 X_t 集合中的时间序列按照其对货币政策冲击的响应速度分为"快速变化"和"慢速变化"两种类别，以方便更好地获得因子特征 F_t 的估计 $\hat{F}_t$。例如，固定资产投资、工业产出、居民消费价格指数等序列应被归入"慢速变化"的类别，因为这些变量不会受到当期货币政策冲击的影响；与此同时，存贷款利率、准备金率以及货币政策变量自身等序列应被归入"快速变化"的类别。通过对 X_t 集合实行变量划分，在两步法的基础上可以对"慢速变化"变量组合提取主成分 $\widehat{C}_t^S(F_t)$，然后根据式（5 – 9）建立回归方程式（5 – 10），获得 OLS 估计参数：

$$\hat{C}_t(F_t, Y_t) = b^F\, \widehat{C}_t^S(F_t) + b^Y Y_t + \varepsilon_t \qquad (5 - 10)$$

最后，通过下式获得因子特征估计 $\hat{F}_t$：

$$\hat{F}_t = \hat{C}_t(F_t, Y_t) - \hat{b}^Y Y_t \qquad (5 - 11)$$

三、变量、数据和模型结构

本书借鉴了伯南克等（2005）、博伊文等（Boivin et al.，2007）、古普塔等（Gupta et al.，2009），以及费尔纳尔德等（Fernald et al.，2014）学者的研究成果，选取了能够体现我国宏观经济运行特征的 54 种代表性月度经济变量进入 X_t 组合。将这些经济变量按其公布口径划分为 10 个组别，用以对应宏观经济运行中的实际产出、价格指数、贸易以及金融市场等 10 个方面，具体见附录 3。鉴于 FAVAR 模型对数据平稳性的要求与 SVAR 模型一致，本书对 54 种月度经济变量的处理方法遵循了前文 SVAR 模型的要求，具体步骤为：第一，对 X_t 序列进行数据标准化，以消除数据量纲的影响；第二，对包含季节变动的数据进行 $X - 12$ 加法性季节调整，以消除季节因素的影响；第三，对原始非平稳序列采用一阶差分的方法转化为平稳序列。

考虑到长期以来我国货币当局运用数量型货币政策调控工具居多的事实，本书将广义货币乘数 $M2$ 视为货币政策变量的代表并视其为可观测，即 $Y_t = [M2]$；此外，本书参考袁铭（2017）的研究，将银行间同业拆借加权利率作为"快速变化"变量而将其他变量作为"慢速变化"变量，结合式（5-8）至式（5-11），可确定拥有 K 个主成分的因子向量 $F_t = [F_{1t}, K, F_{Kt}]'$；为与我国货币政策最终目标中经济增长和价格稳定的目标相衔接，以 GDP 和 CPI 为目标变量获取其对来自 $M2$ 冲击的脉冲响应进而判断货币政策的效果。X_t 与 Y_t 所含数据的时间范围为 2006 年 1 月至 2019 年 9 月，共计 165 个月，数据主要来源于万得（Wind）中国宏观 EDBC 数据库，对于缺失数据一律通过三次样条插值进行补充。

对于 FAVAR 模型 X_t 集合主成分数量 k，本书参考了伯南克等（2005）的研究，设定 $k=2$；根据 AIC 及 SC 准则确定滞后阶数 $d=3$。为了便于进一步研究公众通胀预期对通胀和产出的影响，本书借鉴了郭文伟等（2011）的研究，采用等窗宽滑窗估计方法，具体步骤为：（1）选择 2006 年 1 月至 2010 年 12 月的数据作为初始样本构建 FAVAR 模型并进行 CPI 和 GDP 的脉冲响应分析，获得直到 2010 年第 4 季度货币的政策效果测度；（2）以 3 个月即 1 个季度为步长向后滑窗形成第二样本区间（2006 年 4 月至 2011 年 3 月），以期间数据构建 FAVAR 模型并获得包括测度目标 2011 年第 1 季度在内的第二样本区间内的 CPI 与 GDP 的脉冲响应情况；（3）持续向后等步长滑窗形成新的样本区间，以新区间内数据构造 FAVAR 模型并获得每个新样本期内 CPI 与 GDP 的脉冲响应情况，直到最后一个样本区间（2015 年 1 月至 2019 年 9 月）为止（见图 5-11）。

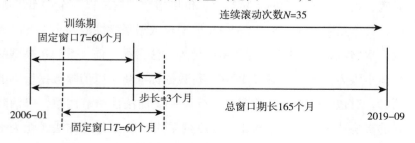

图 5-11　滚动窗口分布

四、货币政策刺激下通胀和产出的动态特征

图 5-12 显示了 FAVAR 模型 2 个主成分因子 $F1$ 与 $F2$ 随时间推移的走势。比较 X_t 组合内变量与 $F1$ 及 $F2$ 的相关性可以发现，与 $F1$ 因子相关性较高的变量普遍集中在"工业产出""国家财政""投资"等偏宏观经济的组别，因此 $F1$ 因子可被视为反映我国宏观经济运行态势的特征因子，也称"经济因子"；与 $F2$ 因子相关性比较高的变量则普遍集中在"金融市场""利率与货币供给""汇率"等偏金融运行的组别，因此 $F2$ 因子可被视为反映我国金融运行态势的特征因子，也称为"金融因子"。基于主成分分析法获得的 $F1$ 与 $F2$ 比较客观地描述了我国 2006~2019 年的国民经济运行情况。

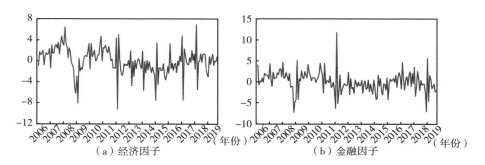

图 5-12　提取特征因子走势

$F1$ 与 $F2$ 因子携其所承载的宏观经济波动信息进入 FAVAR 模型，有助于获得在货币政策刺激下通胀与产出的准确动态特征。图 5-13 显示了

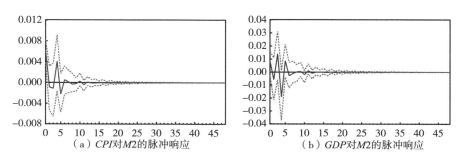

图 5-13　通胀和产出对货币政策冲击的脉冲响应

FAVAR 模型中通胀和产出面对货币政策 1 单位正向冲击下的总体脉冲响应情况。借助于等窗宽滑窗技术，可以对图 5 – 13 所示的总体脉冲响应进行分解，从而获得每个样本期内通胀与产出对货币政策冲击的脉冲响应。

具体的做法是：（1）将各样本期内 *CPI* 与 *GDP* 对 *M2* 单位正向冲击产生的持续脉冲响应的正向峰值作为货币政策效应的测度，并绘制时序图如图 5 – 14 所示；（2）将各样本期内 *GDP* 和 *CPI* 对 *M2* 单位正向冲击的持续脉冲响应函数标准差作为产出和通胀波动的测度，并绘制时序图如图 5 – 15 所示。

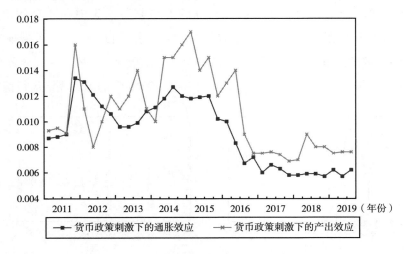

图 5 – 14　货币政策刺激下的产出和通胀效应

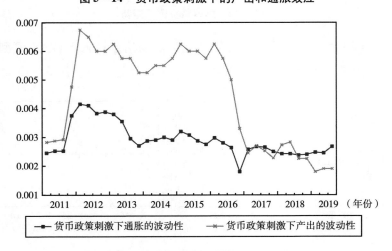

图 5 – 15　产出和通胀的波动特征

从图 5 - 14 可以看出，货币政策对产出的刺激从 2011 年第 3 季度开始显著上升并在 1 个季度后迅速达到峰值，但效果持续时间较短，在 2012 年前两个季度就快速衰退。从 2012 年第 3 季度起，刺激效果进入一个比较清晰的上升通道，并在 2014 年第 4 季度达到峰值，在稳定一段时间之后，从 2016 年第 1 季度进入持续下降通道；通胀效应的变化规律与之有所不同，呈现比较明显的"M"型变化特征，在 2011 年第 4 季度迅速达到高点随后持续回落，在 2013 年第 3 季度重新上升并一直持续到 2015 年末，随后进入下降通道。就产出目标而言，在 2011 ～ 2019 年期间，我国货币政策效果存在不尽如人意的时期，并以 2015 年第 1 季度为分界，2015 年第 1 季度之后货币政策对产出的刺激效应持续衰减；就通胀目标而言，以 2015 年第 3 季度为分界，之前货币政策刺激下的通胀效应较高，之后货币政策刺激下的通胀效应持续减弱并从 2017 年第 1 季度起进入相对稳定的时期。

从图 5 - 15 可以看出，货币政策刺激下的产出和通胀的波动性也存在不一样的特征。就产出目标而言，从 2011 年第 3 季度开始直到 2016 年第 3 季度，货币政策刺激下的产出波动一直在相对高位运行，2016 年第 3 季度后迅速下降，从 2017 年第 2 季度进入小幅震荡走低的态势；就通胀目标而言，货币政策刺激下的通胀波动呈现较为明显的倒"V"型走势，从 2011 年第 3 季度开始快速达到阶段峰值后，在 2012 年第 2 季度起进入一个缓慢的持续下降通道中。总体而言，2011 ～ 2019 年，货币政策刺激引起的产出和通胀波动幅度要低于产出和通胀自身的变动。

实证结果显示，自 2015 年起我国货币政策的效果在弱化。一个可能的原因是近几年来我国货币政策开始转型，货币当局强调不再采取"大水漫灌"方式，减少刺激作用较强的数量型货币政策的使用，更多使用公开市场操作并创新了一系列货币政策工具，加大推动利率市场化，但市场化利率机制尚不健全，价格型货币政策传导机制部分"失灵"。与此同时，市场上各类表外业务层出不穷的金融创新导致数量型货币政策传导机制部分"失灵"。两方面的共同作用使得一段时间内我国货币政策的有效性下降。

第三节 公众通胀预期对货币政策下产出和通胀的影响

从 FAVAR 脉冲响应分析结果来看，就"稳定增长"这个核心目标而言，我国货币政策的效果从 2015 年开始就持续下降。虽然影响货币政策效果的因素有很多，考虑到公众通胀预期既在形成过程中受货币政策实施的牵引，也会不断通过指引公众行为作用到货币政策目标上，来自公众通胀预期的影响逻辑上可以成为货币政策效果下降的解释。前文已经通过 SVAR 模型证实了公众通胀预期与货币政策效果之间的相关性，接下来将基于 FAVAR 模型所获得的产出、通胀效应指数和波动指数，进一步研究公众通胀预期变化对货币政策调控下产出和通胀的影响。

一、有关公众通胀预期对货币当局政策效果影响的 3 个命题

根据第三章动态博弈模型的推导结论以及第四章公众信息获取行为与公众通胀预期相关性的实证结果，本书提出了公众通胀预期对货币政策效果影响的 3 个命题。

命题 1：由于 $\partial c_2 / \partial \sigma_\gamma^2 > 0$，说明公众通胀预期越高（公众通过网络渠道搜寻信息以解读货币当局政策的行为越强），货币政策对产出的刺激越小。

命题 2：由于 $\partial c_1 / \partial \sigma_\gamma^2 > 0$，说明公众通胀预期越高（公众通过网络渠道搜寻信息以解读货币当局政策的行为越强），由货币扩张引起的通胀水平就越低。

命题 3：由于 $\partial c_2 / \partial \sigma_\gamma^2 > 0$，并且 $\alpha > 0$，说明公众通胀预期越高（公众通过网络渠道搜寻信息以解读货币当局政策的行为越强），货币扩张引起通胀的波动程度就越低。

二、公众通胀预期对货币政策下产出及通胀影响的验证

在前文通过百度指数将多个关键词搜索量合成公众通胀预期指数 PIAI，并且基于 FAVAR 模型测度了货币政策效果的基础上，本节建立了线性回归模型对公众通胀预期对货币当局政策效果影响的 3 个命题进行实证检验。

本书用产出和通胀的连续脉冲响应序列作为货币政策刺激下的产出效应和通胀效应的指标变量并分别用"GDP"与"CPI"表示，用产出和通胀连续脉冲响应标准差序列作为货币政策刺激下产出和通胀波动的指标变量并分别用"GDP_V"和"CPI_V"表示，在线性回归模型中将这 4 个变量设置为因变量。同时，将公众通胀预期指数 PIAI 的 p 阶滞后序列作为这 4 个变量的自变量并表示为"$PIAI_{t-p}$"。考虑到通胀、产出及其波动与公众通胀预期的滞后阶数不确定对模型参数估计的影响，本书借鉴了张玉鹏和王茜（2014）的方法，将模型自变量"$PIAI_{t-p}$"逐一设置为不同滞后阶数（p 取不同正整数值），根据模型的拟合指标 R^2 的大小确定滞后阶数。最终得到的线性回归模型参数估计如表 5 - 5 所示。

表 5 - 5 公众通胀预期对货币政策下通胀和产出的影响结果估计

回归模型	因变量	自变量	回归系数	P 值	R^2
1	GDP	$PIAI_{t-7}$	- 0.000993	0.0909 *	0.633453
2	CPI	$PIAI_{t-4}$	- 0.000606	0.0013 **	0.949265
3	GDP_V	$PIAI_{t-5}$	- 0.000120	0.0143 **	0.631011
4	CPI_V	$PIAI_{t-3}$	- 0.000159	0.0298 **	0.699561

注：*、** 分别表示在 10%、5% 的显著性水平下显著。

从模型的回归结果来看，在产出方面，模型 1 和模型 3 中回归系数显著为负，表明公众通胀预期上升不仅导致了货币政策对产出的刺激效果降低，也导致了产出波动性的减小，即本书提出的命题 1 成立。

在通胀方面，模型 2 和模型 4 中回归系数也显著为负，表明公众通胀预期上升不仅降低了货币扩张引起的通胀水平，也降低了通胀的波动性，因此，本书提出的命题 2 和命题 3 均成立。从公众通胀预期序列的滞后结

构看，模型 2 和模型 4 中，PIAI 序列滞后阶数分别为 4 和 3，而在模型 1 与模型 3 中 PIAI 序列的滞后阶数分别为 7 和 5，表明货币扩张引起的通胀波动对公众通胀预期变动的反应最迅速，货币政策刺激下的产出对公众通胀预期变动的反应相对迟缓。从模型拟合指标来看，模型 2 和模型 4 的 R^2 分别高于模型 1 和模型 3，表明相对于货币政策刺激下的产出，网络信息获取更有助于公众形成通胀预期进而影响实际的通胀水平与通胀波动性。

综上所述，尽管 4 种线性回归模型的结构和拟合效果存在差异，但均证实了自 2011 年以来，公众通胀预期上升会对我国货币政策效果有负向影响，也即公众通胀预期的上升会负向影响我国货币政策下的产出和通胀及其波动性，强刺激、数量型货币政策的有效性会降低。结合我国的实际情况分析其原因，除了一段时期内实体经济与金融脱节，数量型货币政策增加的流动性没有有效注入实体经济的结构性原因以外，公众网络学习能力迅速提升，使得公众对单一的数量型货币政策较容易形成一致性预期，并出于自身利益提前采取预防性措施，抵消了货币政策的作用。这一研究结论为我国货币政策的选择带来的启示是，货币政策的选择必须高度重视公众通胀预期对宏观经济和货币政策效果的影响力，未来更多通过多元化、结构性价格型货币政策进行预期引导，既有利于宏观经济的稳定，又能够更高效地实现货币政策调控意图。

第四节　本章小结

为了在宏观经济波动中观测我国公众通胀预期与货币当局预期引导的互动关系，本章以前文构建的基于网络信息搜索的公众通胀预期指数 PIAI 和基于文本信息提取的货币当局信息披露指数 HI 为关键变量，运用 SVAR、FAVAR 模型脉冲响应、等窗宽滑窗等方法，对近 10 年来我国公众通胀预期、货币当局信息披露和宏观经济关键变量以及货币政策干预变量之间的相互关系进行了实证检验。

通过 SVAR 模型脉冲响应的实证分析可知，公众通胀预期和货币当局信息披露行为间存在明显的正相关性，验证了在互联网环境下学习互动的普遍存在性。公众信息获取越充分、信息了解的程度越深，经济波动越小，说明我国公众深度学习后形成的预期贴近理性预期，[①] 对保持经济健康、稳定增长形成正面影响。实证检验还显示，过去 10 年，我国采取的数量型货币政策引导公众预期的作用不如价格型货币政策显著，以基准利率为代表的价格型货币政策信息对公众信息获取行为有持续性、方向一致性的影响。为实现对宏观经济环境更有效的模拟，更深入分析公众通胀预期对货币政策下产出及通胀的影响，本章运用 FAVAR 模型对 54 个与宏观经济形势和货币政策相关的月度经济变量进行分析，发现我国数量型货币政策刺激对产出和通胀以及波动性的影响在方向和程度上均有差异，且以 2015 年为分界，存在货币政策效果持续下降的情况。进一步地，通过等窗宽滑窗方法获得货币政策刺激下产出与通胀的持续脉冲响应序列，实证结果显示公众通胀预期的上升会负向影响我国货币政策下的产出与通胀及其波动性，并且对通胀及其波动的影响要快于产出及其波动。

实证结果支持本书关于互联网环境下我国公众通胀预期的适应性学习特性，学习能力的提升和信息披露精度的提升有助于向理性预期均衡贴近，理性的公众通胀预期会一定程度上抵消货币政策对产出和通胀的调控效果，减小宏观经济波动。启示货币当局在实现与公众良性互动的前提下，可以适当减少直接货币政策操作对宏观经济的扰动，多使用成本更小、效果更直接的预期引导来实现调控意图。考虑到公众通胀预期对宏观经济的波动也呈现出较为复杂的、非线性的影响，有必要就公众通胀预期及货币当局的预期引导对货币政策效果的影响作进一步的研究，以为货币当局政策制定提供更明确的参考。

---

① 由于理性预期程度非本书研究重点，本书实证检验结论为我国公众在互联网环境下适应性学习形成的通胀预期有贴近理性预期均衡的趋势，不意味着我国公众通胀预期是完全理性的。

第六章

我国公众通胀预期引导过程
中的非线性效应检验

　　第五章的脉冲响应分析显示，我国公众通胀预期本身具有一定的理性预期特性，但与货币当局信息披露共同作用于宏观经济关键变量时，又显示出较为复杂的非线性影响。第三章的理论分析显示，这种复杂的影响可能是由货币政策不确定性引致。换言之，传统认知和国际经验一般认为，货币当局出于调控经济需要实施货币政策，同时加强信息披露、开展预期引导，能够有效助推货币政策取得效果、宏观经济回归稳定，但显然这是一种理想状态，现实中的情况更加复杂。为此，本章重点实证研究在引入货币政策不确定性因素后，公众通胀预期、货币当局信息披露以及宏观经济变量之间相互关系的变化，以进一步观测新时期我国公众通胀预期的特性，更客观、更全面地评价货币当局预期引导的效果，为有针对性地改进预期引导提供参考。

第一节　货币政策不确定性在模型中的引入

　　根据第三章的理论分析，货币政策的不确定性可以视为一种巨大的噪声信息，会直接影响到公众通胀预期的形成，因此在实证研究中不能忽视其作用。已有关于货币政策不确定性的实证研究大多与货币政策的有效性直接关联，一般将货币政策不确定视为外生变量，分析不同货币政策不确定程度下货币政策本身及其传导渠道（主要是利率传导和信贷传导渠道）的变化，研究集中于对货币政策效果的评价（王书朦，2015；Danis，2017；邝雄等，2019；王少林和丁杰，2019）。本书的研究视角与此不同。根据第三章的理论分析，货币政策的不确定性是通过影响公众通胀预期形成和货币当局预期引导过程中公众与货币当局之间的信息互动，进而影响了货币政策效果和宏观经济运行。这一实证研究视角较少的原因，一方面是公众通胀预期难以精确观测，其"独立性"缺乏验证方式；另一方面是对预期引导效果的评价也难以与货币政策的效果区分开来。第四章、第五章通过构建基于网络信息搜索的公众通胀预期量化指数和基于文本信息提取的货币当局信息披露量化指数，并将这两个变量与货币政策干预变量、宏观经济变量联系起来，在宏观经济系统的变动中进行相关性的实证研究，较好地模拟和刻画了预期和预期引导的互动关系以及对经济系统的影响。延续这一思路，把货币政策不确定性视为内生变量，将公众通胀预期、货币当局信息披露、货币政策不确定性以及重要宏观经济变量系统联系起来，置于一个动态系统中进行观测，更加符合复杂的宏观经济环境，进而可以开展区别性的、定量的研究。

同时，结合我国实际，并为了更好地模拟公众认知，拟在实证中引入单一的货币政策不确定性指标，不区分经济周期和货币政策取向和类型。2015 年以来，随着我国供给侧结构性改革的推进，利率市场化不断加速，如图 4-15 所示，我国货币当局自 2015 年 8 月 26 日后没有再调整贷款基准利率，还创设了央行逆回购（SLO）、常备借贷便利（SLF）、中期借贷便利（MLF）和抵押补充贷款（PSL）等一系列新型货币政策工具，在调整准备金率以外，频繁运用多种货币政策工具组合，通过公开市场业务和政策性利率的调整以及窗口指导、监管要求等货币政策的组合对市场进行引导。考虑到我国货币政策承载的目标如此多元化，甚至包括"推进结构性改革"等目标，当前的货币政策无法用数量型或价格型、宽松或紧缩来界定。从公众的角度看，除了专业人士，对货币政策的认知也不太可能进行清晰的划分。因此，本书直接引入国际研究机构编制的经济政策不确定性指数作为货币政策不确定性的替代指标。

经济政策不确定性指数（MPU）是美国西北大学凯洛格管理学院教授贝克（Baker）、斯坦福大学经济系教授布鲁姆（Bloom）以及芝加哥大学布斯商学院教授戴维斯（Davis）等学者主导下制定的反映世界上主要国家经济政策不确定性的指数（Baker et al.，2013，2016；Davis et al.，2017）。该指数通过网站 http：//www. policyuncertainty. com 每月定期发布，具有一定的权威性。[①]

中国 MPU 指数根据香港《南华早报》英文版[②]制定，其编制方法与美国和其他国家基于新闻报道的经济政策不确定性指标相同。MPU 中国指数的编制按以下步骤进行：第一，用 4 个术语集（Country、Economics、Policy、Uncertainty）标记样本期内《南华早报》登载的报道（文章），要求标记的报道（文章）满足文本覆盖了 4 个术语集中的至少一个并将该报道（文章）统计至基数中，表 6 – 1 使用英文和相应的中文翻译罗列了每组术语；第二，通过表 6 – 1 中 4 个术语集的子集对基数报道（文章）进行进一步的筛选，对文本没有覆盖术语子集的报道（文章）进行剔除，并修正基数；第三，将前两个步骤应用于自动网络搜索引擎，搜索《南华早报》自 1995 年以来发表的每一篇文章。这个自动搜索统计汇总了每月《南华早报》中关于经济政策不确定性的文章的频率计数；第四，将每月频率计数除以当月所有《南华早报》报道（文章）的数量，然后通过乘法因子将所得序列标准化为中国 MPU 指数，指数生成公式为：

---

①　尽管经济政策不确定性不等同于货币政策不确定性，但研究者们一般认为中国的货币政策与经济政策具有较强的对应关系，因此本书用经济政策不确定性指数（MPU）作为中国货币政策不确定性指数的替代合乎情理。国内学者金雪军等（2014）、邝雄等（2019）、王少林和丁杰（2019）等均采用了这种方式。

②　《南华早报》始于 1903 年，是一份香港英文报纸，其报道具权威性，且独立中肯，在业内久负盛名，因此选取《南华早报》的词语语义为研究对象，能够为东西方学术界共同认可。

$$\bar{X} = \frac{\sum_{t=1}^{T} SCMP_t}{T}, X = \frac{100}{\bar{X}}, MPU_t = SCMP_t \times X$$

其中，$SCMP_t$ 代表时期 t 内与政策不确定性有关的报道（文章）的总基数值；T 代表样本内的总期数；X 表示将平均数进行标准化；MPU_t 代表了每期政策不确定性对应的标准化后的取值。

表 6 - 1　　　　政策不确定性报道（文章）筛选术语集

范畴	英文术语	中文表示
国家 （Country）	China/Chinese	中国/中国的/中国人的
经济学 （Economics）	economy/business	经济/商业
政策 （Policy）	Fiscal/monetary/China Securities Regulatory Commission/China Banking Regulatory Commission/Ministry of Finance/The People's Bank of China/National Development and Reform Commission/Opening-up/Reform/Ministry of Commerce/legislation/tax/national bonds/government debt/central bank/tariff/governmental deficit	财政/货币/证监会/银监会/财政部/中国人民银行/国家发展和改革委员会/开放/改革/商务部/法律法规/税收/国债/政府债务/央行/关税/政府赤字
不确定性 （Uncertainty）	uncertain/uncertainty/not certain/unsure/no sure/hard to tell/unpredictable/unknow	不确定/不确定性/不明朗/未明/难料/难说/难以预计/难以估计/难以预测/难以预料/未知

第二节　公众通胀预期引导过程中非线性效应的实证检验

现阶段适用于时间序列非线性结构性变化特征的模型主要包括在向量自回归（VAR）模型中采用 Chow 断点检验法、门限自回归（threshold auto-regressive，TAR）模型、平滑转换自回归（smooth transition auto-regressive，STAR）模型以及马尔科夫区制转换自回归（Markov-switching vector auto-regressive，MS-VAR）模型。综合比较这些模型，Chow 断点检验对经济时期的划分容易出现过于主观和随意的问题（Chow，1972）；门限自回归模型和平滑转换模型都属于门限类模型，二者之间的区别在于门限自回归模型采用的是按段线性逼近非线性的方式，而平滑转换自回归模型是通过平滑函数的方式拟合非线性，因此门限类模型更适合于时间序列的非线性突变特征（Tong，1977；Granger & Teräsvirta，1993）。马尔科夫区制转换模型与传统的向量自回归模型相比，首先认可了时间序列内生存在的结构非线性变化的可能性，假设了在不同的经济形势下内生性变量之间的冲击关系存在的差异，因此可以客观地根据时间序列本身的波动特征自动进行时期的划分，这就赋予了脉冲响应函数时变的特征（Krolzig，1997）。综合上述考虑，本书选择马尔科夫区制转移模型开展货币政策不确定性的非线性效应的实证检验，目的在于将不同时期内具有相似波动特征的时间序列归入统一的区制内，从而更为精准地捕捉到时间序列的动态变化过程，找到非线性效应下彼此之间脉冲响应的差异，对本书所提出的我国公众通胀预期、货币当局信息披露与不同时期货币政策不确定性之间的非线性关系进行量化研究。

一、马尔科夫区制转移模型变量的选择与数据处理说明

MS-VAR 模型中的时间序列将与前文 SVAR 模型保持一致，包括以基于百度搜索指数合成的我国公众学习信息获取指数（PIAI）作为公众通胀预期的代理变量；以基于中国人民银行货币政策执行报告文本信息合成的货币当局信息披露指数（HI）作为货币当局的信息披露代理变量；以消费者价格指数同比增长率（CPI）和工业增加值同比增长率（GDP）作为货币政策调控最终目标代理变量；以中国经济政策不确定性指数（MPU）作为货币当局货币政策不确定性代理变量。

在时间序列数据选取方面，本书根据时间序列本身的频度，分别构建基于月度和季度的 MS-VAR 模型，模型样本区间为 2011 年 1 月至 2019 年 9 月。全部数据来源于 Wind 中国宏观 EDBC 数据库、中国人民银行及国家统计局网站，详细说明见表 6-2。

表 6 - 2　　　　　　　　　　　MS-VAR 模型变量的说明

变量类型	变量名称	变量频度	变量性质
公众 通胀预期形成指标变量	公众学习信息获取指数（PIAI）	月度 季度	内生变量
货币当局 信息披露指标变量	货币当局信息披露指数（HI）	季度	内生变量
货币政策 调控目标变量	工业增加值同比增长率（GDP）	月度 季度	内生变量
	消费者价格指数同比增长率（CPI）	月度 季度	内生变量
货币政策 不确定性指标变量	中国经济政策不确定性指数（MPU）	月度 季度	内生变量

注：所有变量均经过标准化处理以消除量纲的影响；考虑到变量并非全部为正值，所有变量均按照 X12 加法原则调整以消除季节性因素的影响。

考虑到 MS-VAR 模型在数据适用性上的要求与 VAR 模型一致，需要首先对表 6 - 2 所列变量时间序列进行 ADF 平稳性检验[①]，结果见表 6 - 3。ADF 平稳性检验结果表明一阶差分之后的 $PIAI$、CPI、GDP、MPU 以及 HI 序列均在 1% 显著水平下平稳，因此这些序列本身具有稳定的一阶单整关系，在数据平稳性上满足 MS-VAR 模型的要求。

表 6 - 3　　　　　　　　　MS-VAR 模型变量的平稳性检验结果

变量	检验形式	ADF 值	P 值	平稳性
PIAI	（C，0，8）	- 1.522290	0.5104	不平稳
CPI	（C，0，8）	- 2.292347	0.1801	不平稳
GDP	（C，0，8）	- 2.343538	0.1649	不平稳
MPU	（C，0，8）	- 0.106585	0.9408	不平稳
HI	（C，0，8）	- 2.694563	0.1346	不平稳

---

① 考虑到货币当局信息披露指数（HI）的频率是季度，而 HI 指数又是重点观测变量，为了实证分析的严密和科学性，在包含 HI 指数的 MS-VAR 模型中本书将之前章节选取的月度 PIAI 指数、CPI 指数、GDP 指数以及新纳入的 MPU 指数按照季度平均的原则降频为季度指数；而在不包含 HI 指数的 MS-VAR 模型中，仍维持上述指数的原始频率，这样可以避免在向量自回归过程中出现的数据不同频问题（黄宪等，2014）。由于时间序列频率的改变，仍需要对新产生的季度序列的平稳性进行检验，而原月度时间序列的平稳性检验与第五章一致，因此不再一一列出。

续表

变量	检验形式	ADF 值	P 值	平稳性
PIAI_D	（C, 0, 8）	−6.136560	0.0000***	平稳
CPI_D	（C, 0, 8）	−5.384467	0.0001***	平稳
GDP_D	（C, 0, 8）	−5.191087	0.0002***	平稳
MPU_D	（C, 0, 8）	−5.541421	0.0001***	平稳
HI_D	（C, 0, 8）	−7.226259	0.0000***	平稳

注：检验形式（C, 0, 8）表示带有常数项，不包含趋势项，滞后阶数为8阶；后缀"_D"表示一阶差分；***表示在1%的显著性水平下显著。

通过表6-3数据平稳性检验后，还需要进一步验证各变量之间的相互引导关系。由于上述变量自身的不平稳，失去了进行 Granger 因果关系检验的数理基础，为此根据高铁梅等（2009）学者的观点，通过 Johansen 协整检验来判定变量之间是否具有长期稳定的协整关系。对上述变量构造组合并进行协整关系检验，检验结果如表6-4所示。

表6-4　　　　　MS-VAR 模型变量之间的 Johansen 协整关系检验结果

原假设	特征根	迹统计量	λ-max 统计量	P 值
0 个协整向量	0.832975	112.1046	69.81889	0.0000*
至少1 个协整向量	0.665324	56.62662	47.85613	0.0061*
至少2 个协整向量	0.372685	22.69422	29.79707	0.2614
至少3 个协整向量	0.192357	8.238698	15.49471	0.4402
至少4 个协整向量	0.050794	1.616009	3.841466	0.2036

注：*代表在5%的显著性水平下拒绝原假设。

Johansen 协整关系检验表明表6-2所选取的5个变量之间存在稳定的协整关系，迹检验和最大特征根检验都表明存在两个协整向量，结果显示表6-2所选取的5个变量之间具有长期的均衡关系，符合基本经济学理论，因此适合构建马尔科夫区制转移向量自回归模型。

二、马尔科夫区制转移模型结构的确认

克罗里茨（Krolzig，1997）认为 MS-VAR 模型可视为有限滞后阶

VAR 模型的推广形式，并为此构造了一个 k 维 p 阶的时间序列向量集 $Z_t = [z_{1t}, \cdots, z_{kt}]'$，$t = 1, \cdots, T$，于是有：

$$z_t = \upsilon + A_1 z_{t-1} + \cdots + A_p z_{t-p} + u_t, t = 1, \cdots, T \qquad (6-1)$$

其中，υ 是截距项；$A(L) = I_K - A_1 \cdot L^1 - \cdots - A_p \cdot L^p$，是一个 $K \times K$ 维的多项式，其中 $L^1, \cdots, L^p$ 是 1 至 p 阶的滞后算子，假设对于 $|x| \leqslant 1$，单位圆 $|A(x)| \neq 0$ 上或内部没有单位根，那么就存在 $z_{t-j} = L^j z_t$；u_t 是随机扰动项。式（6-1）也被称为稳定高斯 p 阶滞后 VAR 模型的截距形式。对式（6-1）作适当调整，可以重新参数化为具有均值修正特征的 VAR 模型形式：

$$z_t - \kappa = A_1 (z_{t-1} - \kappa) + \cdots + A_p (z_{t-p} - \kappa) + u_t \qquad (6-2)$$

其中，$\kappa = (I_K - \sum_{j=1}^{p} A_j)^{-1} \cdot \upsilon$ 是自变量 z_t 的 $K \times 1$ 维均值。含有截距项或均值修正的以及组合形式的 VAR 模型基本概括了目前主流的 VAR 框架。

如果时间序列 z_t 的波动状态背后受制于不可直接观测到的区制的变化，那么具有时不变参数的稳定 VAR 模型形式式（6-1）和式（6-2）就不再适合于描述 z_t，因为稳态参数无法一一对应 z_t 的时变特征。相应地，MS-VAR 模型是一个通用的区制切换框架，这类模型背后的总体思想是：可观测时间序列向量 z_t 的潜在数据生成过程的参数依赖于不可观测的区制状态变量 s_t，该变量代表了呈现出不同状态的概率。克罗里茨（Krolzig，1997）认为需要为区制生成过程建立一个模型，然后允许从数据中推断区制的演变，这样可以降低以往对区制划分的主观臆断而产生的系统误差。MS-VAR 模型的特点恰好是假设不可观测的区制状态变量 $s_t \in \{1, \cdots, M\}$ 被一个离散时间、离散状态马尔可夫随机过程控制，该变量只能由区制转移概率定义：

$$p_{ij} = P_r(s_{t+1} = j | s_t = i), \sum_{j=1}^{M} p_{ij} = 1, \forall i, j \in \{1, \cdots, M\} \qquad (6-3)$$

其中，函数 $P_r(\cdot)$ 是离散概率分布函数，$p(\cdot)$ 是概率密度函数。进一步地，假设 s_t 遍历具有 M 种状态的马尔科夫过程，并遵循一个不可约的概率转移矩阵①，则有：

$$
P = \begin{bmatrix} p_{11} & p_{12} & \cdots & p_{1M} \\ p_{21} & p_{22} & \cdots & p_{2M} \\ \vdots & \vdots & \ddots & \vdots \\ p_{M1} & p_{M2} & \cdots & p_{MM} \end{bmatrix} \tag{6-4}
$$

其中，$p_{iM} = 1 - p_{i1} - \cdots - p_{i(M-1)}$，$i = 1, \cdots, M$。于是，式（6-2）具有均值调整特征的时不变参数 p 阶滞后 VAR 模型，在遍历 M 种区制以及马尔科夫向量自回归不可约滞后算子矩阵调整之后，可被改写为 MS-VAR 模型的均值修正形式：

$$
z_t - \kappa(s_t) = A_1(s_t)[z_{t-1} - \kappa(s_{t-1})] + \cdots + A_p(s_t)[z_{t-p} - \kappa(s_{t-p})] + u_t \tag{6-5}
$$

其中，u_t 为随机扰动项，$\kappa(s_t)$ 及 $A_1(s_t), \cdots, A_p(s_t)$ 均为描述 MS-VAR 参数依赖性的参数移位函数，参数 κ 及 $A_1, \cdots, A_p$ 的实现有赖于区制状态变量 s_t，有：

$$
\kappa(s_t) = \begin{cases} \kappa_1, & \text{如果 } s_t = 1 \\ \vdots & \\ \kappa_M, & \text{如果 } s_t = M \end{cases} \tag{6-6}
$$

式（6-5）中，在区制状态变量 s_t 发生变化后，该过程的平均值会立即产生一次显著的阶跃；有时，假设平均值在从一种状态过渡到另一种状态后平滑地接近一个新水平可能符合现实中经济时序的波动特点。在这种情况下，可以考虑在原 VAR 模型中加入具有区制依赖性质的截距项 $\upsilon(s_t)$，于是式（6-1）所代表的含有截距项的稳态时不变 p 阶滞后 VAR 模型可被改写为 MS-VAR 模型的截距修正形式：

$$
z_t = \upsilon(s_t) + A_1(s_t)z_{t-1} + \cdots + A_p(s_t)z_{t-p} + u_t \tag{6-7}
$$

---

① 汉密尔顿（Hamilton，1994）全面讨论了马尔科夫链理论及其在马尔科夫交换模型中的应用，认为遍历性和不可约性的假设是 MS-VAR 模型理论性质的基础。

与线性 VAR 模型相比，均值调整形式式（6 - 5）和包含截距项形式式（6 - 7）的 MS(M)MS - VAR(p)模型并不等价。克罗齐格（Krolzig，1997）的研究表明，这些形式的不同意味着可观测变量 z_t 在区制 s_t 改变后会发生不同的动态调整。当均值 $m(s_t)$ 中的永久性区制移动导致 z_t 立即跃迁到新的水平时，截距项 $v(s_t)$ 中对区制 s_t 切换的动态响应将一次性地等效于白噪声序列 u_t 中的冲击。对于实证应用中的模型结构而言，往往只有部分参数受马尔科夫链状态的制约，而其他参数独立于区制的变化，当自回归参数（均值或截距）与区制相关，且误差项为异方差或同方差时，就可以引入特定形式的 MS - VAR 模型。

为了给每个 MS - VAR 模型建立一个唯一的标识，本书采用通用的 MS(M)形式术语，配合区别区制依赖性参数。括号中的各大写英文字母 M、I、A 以及 H 将分别标识 MS - VAR 模型中的均值、截距项、自回归参数以及随机误差的差异方差性质。当参数中的一个或多个随区制状态变量 s_t 变化而变化时，MS - VAR 模型可以被进一步标识为表 6 - 5 所列的各种类型。

表 6 - 5　　　　　　　　　　MS - VAR 模型的标识

自回归参数	方差性质	均值调整形式		包含截距项形式	
		均值可变	均值不变	截距可变	截距不变
不变	同	MSM - VAR	线性 MVAR	MSI - VAR	线性 VAR
	异	MSMH - VAR	MSH - MVAR	MSIH - VAR	MSH - VAR
可变	同	MSMA - VAR	MSA - MVAR	MSIA - VAR	MSA - VAR
	异	MSMAH - VAR	MSAH - MVAR	MSIAH - VAR	MSAH - VAR

考虑到 MSIAH、MSIA、MSMA 及 MSMAH 等模型不适合开展脉冲响应分析（Krolzig & Toro，1998），将从 MSI、MSIH、MSM 及 MSMH 模型中挑选合适的模型。

在区制划分方面，根据货币当局信息披露指数（HI）以及货币政策不确定性指数（MPU）的波动特征，本书认为 2 区制划分较为合适；[1] 在滞

---

[1]　国内的一些学者包括王立勇等（2010）、张小宇和刘金全（2012）、黄宪和王书朦等（2014）以及卞志村（2015）等均认为 2 区制的划分比较吻合我国宏观经济的真实波动状态。

后阶数选择方面，MS-VAR 模型的滞后阶数一般不高于同观测变量的 VAR 模型，结合表 6-6 的同变量 VAR 模型的滞后阶数判定结果可知 MS-VAR 模型的滞后阶数 p 将在 1 阶或者 2 阶中确立。

表 6-6   **VAR 模型滞后阶数的判定**

模型 A
（内生变量：$PIAI$、GDP、CPI、HI）

滞后阶数	LogL	LR	FPE	AIC	SC	HQ
0	-96.6878	NA	0.00778	6.49598	6.68102	6.55630
1	-42.7686	90.4452	0.00068	4.04959	4.97474☆	4.35116
2	-26.3796	28.5599☆	0.00047☆	4.02449	5.68977	4.25419☆
3	-1.78632	23.2618	0.00070	3.47009	5.87548	4.56733
4	17.5810	17.4931	0.00052	3.25284☆	6.39836	4.27819

模型 B
（内生变量：HI、GDP、CPI、MPU）

滞后阶数	LogL	LR	FPE	AIC	SC	HQ
0	-88.9429	NA	1.00825	5.68393	5.77554	5.71430
1	-58.5240	55.1343☆	0.19361☆	4.03275☆	4.30758☆	4.12385☆
2	-58.3384	0.31327	0.24674	4.27115	4.72920	4.42298
3	-57.80430	0.83456	0.30925	4.48777	5.12903	4.70033

模型 C
（内生变量：MPU、GDP、CPI、$PIAI$）

滞后阶数	LogL	LR	FPE	AIC	SC	HQ
0	-508.911	NA	0.30275	10.1567	10.2602	10.1986
1	-250.339	491.542	0.00248	5.35326	5.87111☆	5.56290☆
2	-234.017	29.7613☆	0.00243☆	5.32551☆	6.27899	5.72422
3	-216.938	29.7360	0.00247	5.34687	6.67191	5.87057
4	-210.415	10.8505	0.00295	5.51317	7.27384	6.22594

注："☆"表示该项准则下的最优滞后阶数。

综上所述，本书 MS(M)-VAR(p) 形式的马尔科夫区制转移自回归模型的 LR、AIC、SC 及 HQ 检验结果如表 6-7 所示。与 VAR 型模型类似，按照 AIC、HQ、SC 估计值越小越理想和最大似然估计值越大越理想的判定原则，同时结合各模型非线性的显著性，可知对于内生变量分别为 *PIAI*、*HI*、*CPI* 和 *GDP*、*HI* 和 *MPU* 以及 *PIAI*、*MPU*、*CPI* 和 *GDP* 的三个马尔科夫区制转移自回归模型而言，最佳的模型形式均为含有截距项的 2 区制 1 阶滞后异方差形式，其标识为 MSIH（2）-VAR（1）型。

表 6 - 7　　　　　　　　　　　**MS（M）-VAR（p）模型参数的判定**

模型 A
（内生变量：*PIAI*、*GDP*、*CPI*、*HI*）

MS（M）-VAR（p）	Log*L*	AIC	HQ	SC	LR
MSI（2）-VAR（1）	− 50. 5057	5. 0886	5. 6397	6. 7047 ☆	14. 0152 *
MSI（2）-VAR（2）	− 26. 3276	4. 7471	5. 5406	7. 1053	33. 1020 **
MSIH（2）-VAR（1）	− 10. 4940	4. 3936 ☆	5. 3396 ☆	7. 1535	64. 7693 **
MSIH（2）-VAR（2）	− 40. 5036	5. 0884	5. 7927	7. 2052	34. 0195 **
MSM（2）-VAR（1）	− 57. 8650	5. 5215	6. 0726	7. 1376	− 0. 7035
MSM（2）-VAR（2）	− 34. 4280	5. 2381	6. 0315	7. 5962	16. 9013 *
MSMH（2）-VAR（1）	− 43. 7535	5. 2797	5. 9840	7. 3448	27. 5156 **
MSMH（2）-VAR（2）	− 23. 1264	5. 1592	6. 1052	7. 9708	39. 5044 **

模型 B
（内生变量：*HI*、*GDP*、*CPI*、*MPU*）

MS（M）-VAR（p）	Log*L*	AIC	HQ	SC	LR
MSI（2）-VAR（1）	− 56. 2970	6. 3704	7. 1665	8. 7048	12. 5235 *
MSIH（2）-VAR（1）	− 24. 3208	5. 3718 ☆	6. 3976 ☆	8. 3796 ☆	76. 4760 **
MSM（2）-VAR（1）	− 56. 1300	6. 3606	7. 1567	8. 6950	12. 8575 *
MSMH（2）-VAR（1）	− 28. 6766	5. 6280	6. 6538	8. 6359	67. 7642 **

模型 C
（内生变量：*MPU*、*GDP*、*CPI*、*PIAI*）

MS（M）-VAR（p）	Log*L*	AIC	HQ	SC	LR
MSI（2）-VAR（1）	− 249. 0921	5. 4825	5. 8534	6. 3979	12. 1219 *
MSI（2）-VAR（2）	− 230. 5344	5. 4861	6. 0249	6. 8164	12. 1021 *
MSIH（2）-VAR（1）	− 224. 8844	5. 2093	5. 6832 ☆	6. 3789 ☆	63. 0425 **
MSIH（2）-VAR（2）	− 205. 0642	5. 1857 ☆	5. 8281	6. 7717	60. 5372 **
MSM（2）-VAR（1）	− 248. 4559	5. 4703	5. 8411	6. 3857	13. 3942 *

续表

| | 模型 C | | | | |
MS（M）-VAR（p）	LogL	AIC	HQ	SC	LR
MSM（2）-VAR（2）	-242.1772	5.7122	6.2509	7.0423	-11.1835
MSMH（2）-VAR（1）	-228.9461	5.2874	5.7613	6.4571	52.4138 **
MSMH（2）-VAR（2）	-279.8378	6.6376	7.2800	8.2236	-86.5046

内生变量：*MPU*、*GDP*、*CPI*、*PIAI*

注：（1）模型 A 中观测变量包括公众通胀预期指数 *PIAI*、*GDP* 与 *CPI* 同比指数以及货币当局信息披露指数 *HI*，其中 *PIAI* 指数与 *HI* 指数是重点观测变量，以 *HI* 指数的波动特征为区制转移概率估计，重点考察不同区制下公众通胀预期与货币当局信息披露之间的非线性动态关系；模型 B 中观测变量包括货币当局信息披露指数 *HI*、*GDP* 与 *CPI* 同比指数以及货币当局政策不确定指数 *MPU*，其中 *MPU* 指数与 *HI* 指数是重点观测变量，以 *HI* 指数的波动特征为区制转移概率估计，重点考察不同区制下货币当局信息披露与货币政策不确定之间的非线性动态关系；模型 C 中观测变量包括货币当局政策不确定指数 *MPU*、*GDP* 与 *CPI* 同比指数以及公众通胀预期指数 *PIAI*，其中 *MPU* 指数与 *PIAI* 指数是重点观测变量，以 *MPU* 指数的波动特征为区制转移概率估计，重点考察不同区制下货币当局政策不确定与公众通胀预期之间的非线性动态关系。模型 A 和模型 B 的观测变量统计频率为季度；模型 C 的观测变量统计频率为月度。

（2）☆表示该项准则下的最优形式；**、* 分别表示在 5%、10% 显著性水平下显著，即拒绝模型为线性的原假设。

三、马尔科夫区制转移模型的参数估计

（一）MS-VAR 模型区制划分的估计原则

对任意 MS-VAR 模型的两个组成部分（高斯 VAR 模型作为条件数据生成过程；马尔可夫链作为状态生成过程），其区制划分通过基于似然的统计方法包括最大似然估计（maximum likelihood，ML）和期望最大化算法（expectation maximum algorithm，EM）进行估计。

对于一个给定的区制 ξ_t 和滞后内生变量集合：

$$Z_{t-1} = [z'_{t-1}, z'_{t-2}, \cdots, z'_1, z'_0, \cdots, z'_{1-p}]'$$

变量 z_t 的条件概率函数为 $p(z_t | s_t, Z_{t-1})$，假设其随机扰动误差服从正态分布，那么有：

$$p(x_t | s_t = m, Z_{t-1}) = \ln(2\pi)^{-1/2} \ln |\Sigma|^{-1/2} \exp\{(z_t - \bar{z}_{mt})' \Sigma_m^{-1} (z_t - \bar{z}_{mt})\}$$

$$(6-8)$$

其中，$\bar{z}_{mt} = E[z_t \mid s_t, Z_{t-1}]$ 为 z_t 在第 m 区制下的条件期望，此时，z_t 的条件密度函数服从均值为 $\bar{z}_{mt}$ 的正态分布，可表示为：

$$z_t \mid s_t = m, Z_{t-1} \sim NID(\bar{z}_{mt}, \Sigma_m) \qquad (6-9)$$

假设在时期 $t-1$ 时，可用的信息集 I 仅由可观测样本 z_t 和在 Z_{t-1} 中的预先采样值以及延续到 s_{t-1} 状态的马尔可夫链组成，则 z_t 的条件密度函数将演绎为联合正态分布函数：

$$
\begin{aligned}
& p(z_t \mid s_{t-1} = i, Z_{t-1}) \\
& = \sum_{m=1}^{M} p(z_t \mid s_{t-1}, Z_{t-1}) P_r(s_t = m \mid s_{t-1} = i) \\
& = \sum_{m=1}^{M} \sum_{m=1}^{M} p_{im}[\ln(2\pi)^{-1/2} \ln |\Sigma|^{-1/2} \exp\{(z_t - \bar{z}_{mt})' \Sigma_m^{-1} (z_t - \bar{z}_{mt})\}]
\end{aligned}
$$

$$(6-10)$$

设定一个特别的向量 ξ_t 用以收集有关马尔科夫链实现的全部信息，则有：

$$
\xi_t = \begin{bmatrix} I(s_t = 1) \\ \vdots \\ I(s_t = M) \end{bmatrix}, \text{其中 } I(s_t = m) = \begin{cases} 1, \text{如果 } s_t = m \\ 0, \text{如果 } s_t \neq m \end{cases}
$$

于是，MS-VAR 模型的均值 $\kappa(s_t) = \sum_{m=1}^{M} \kappa_m I(s_t = m) = M\xi_t$，其中 $M = [\kappa_1, \cdots, \kappa_M]$，因此向量 ξ_t 可以指代系统未被观测到的状态。类似地，z_t 条件密度函数和滞后内生变量集合 Z_{t-1} 也可以被纳入信息收集向量 η_t 中，有：

$$
\eta_t = \begin{bmatrix} p(z_t \mid \xi_t = 1, Z_{t-1}) \\ \vdots \\ p(z_t \mid \xi_t = M, Z_{t-1}) \end{bmatrix}
$$

继而式（6-10）可被改写为：

$$p(z_t \mid \xi_{t-1}, Z_{t-1}) = \eta_t' P' \xi_{t-1} \qquad (6-11)$$

进一步地，对任意时期 τ，存在恒等式：

$$\hat{\xi}_t\mid_\tau == \begin{bmatrix} P_r(s_t=1\mid Z_\tau) \\ \vdots \\ P_r(s_t=M\mid Z_\tau) \end{bmatrix} \qquad (6-12)$$

根据信息收集向量 ξ_t 的二元性，可得到其期望 $E[\xi_{mt}]=P_r(\xi_{mt}=1)=P_r(s_t=m)$，因此，基于 Z_{t-1} 的 z_t 的条件概率密度函数为：

$$\begin{aligned} p(z_t\mid Z_{t-1}) &= \int p(z_t,\xi_{t-1}\mid Z_{t-1})\,\mathrm{d}\xi_{t-1} \\ &= \int p(z_t,\xi_{t-1}\mid Z_{t-1})P_r(\xi_{t-1}\mid Z_{t-1})\,\mathrm{d}\xi_{t-1} \\ &= \eta_t'P'\hat{\xi}_{t-1}\mid_{t-1} \qquad (6-13) \end{aligned}$$

进一步地，对于给定的预采样样本集合 Z_0，总样本集合 Z 在区制状态信息向量 ξ 条件下的概率密度函数可表示为：

$$p(Z\mid\xi) = \prod_{t=1}^{T} p(z_t\mid\xi_t,Z_{t-1}) \qquad (6-14)$$

因此，总样本观测值和区制状态的联合概率分布可以计算为：

$$\begin{aligned} p(Z,\xi) &= p(Z\mid\xi)P_r(\xi) \\ &= \prod_{t=1}^{T} p(z_t\mid\xi_t,Z_{t-1})\prod_{t=2}^{T} P_r(\xi_t\mid\xi_{t-1})P_r(\xi_1) \end{aligned}$$

$$\qquad (6-15)$$

最后，Z 的无条件密度函数由边缘密度函数给出：

$$p(Z) = \int p(Z,\xi)\,\mathrm{d}\xi \qquad (6-16)$$

式（6-14）、式（6-15）和式（6-16）共同构成了 MS-VAR 模型在不同区制状态下的条件概率、联合概率和转移概率的估计运算法则。

表 6-8 列出了包含不同内生变量的各 MSIH(2)-VAR(1) 模型中对应的截距项及各变量波动标准差估计结果。对比不同区制状态下的截距项水平，可以发现公众通胀预期指数 *PIAI*、*CPI* 同比增长率、*GDP* 同比增长率、

货币当局信息披露指数 *HI* 以及货币政策不确定性指数 *MPU* 在两个区制中均存在明显差异。各模型估计结果显示，重点观测变量 *PIAI* 指数、*HI* 指数以及 *MPU* 指数在区制 1 和区制 2 下的截距项水平呈现出统一的区制 1 区间较低、区制 2 区间较高的特点；对比各模型各观测变量的波动标准差，重点观测变量 *PIAI* 指数、*HI* 指数以及 *MPU* 指数在区制 1 区间波动较窄、区制 2 区间波动较大的特点呈现出较高的一致性。故此，可以推断区制 1 代表的是我国货币政策不确定性程度较低、公众通胀预期水平和货币当局信息披露水平也较低的时期，在这一时期 *CPI* 同比增长率的波动程度较低而 *GDP* 同比增长率波动程度稍高；区制 2 描述的是我国货币政策不确定程度较高、公众通胀预期和货币当局信息披露水平也较高的时期，这一时期 *GDP* 同比增长波动较低而通货膨胀的波动程度较高且公众通胀预期的波动程度更高，其标准差最高达到了区制 1 时期 3 倍左右的水平。据此可以大致判断出，我国宏观经济在区制 1 对应时期的运行状况要优于在区制 2 对应的时期。

表 6 – 8　　　　　　　　　MSIH（2）–VAR（1）模型的估计结果

模型 A
（内生变量：*PIAI*、*GDP*、*CPI*、*HI*）

项目	*HI*	*GDP*	*CPI*	*PIAI*
C（区制 1）	− 0.531112	0.035059	− 0.173385	− 0.276348
C（区制 2）	0.379827	− 0.140795	− 0.002513	0.296541
GDP（−1）	− 0.388860	0.682966	0.916125	− 0.101940
CPI（−1）	0.108842	0.148256	0.340008	− 0.124772
PIAI（−1）	0.010370	− 0.071878	0.347984	0.738424
HI（−1）	0.186345	0.074402	− 0.097894	− 0.197203
SE（区制 1）	0.744003	0.188511	0.155211	0.186304
SE（区制 2）	0.838502	0.142480	0.483052	0.483091

模型 B
（内生变量：*HI*、*GDP*、*CPI*、*MPU*）

项目	*HI*	*GDP*	*CPI*	*MPU*
C（区制 1）	− 0.286697	− 0.035821	− 0.220728	0.076134

续表

模型 B
（内生变量：HI、GDP、CPI、MPU）

项目	HI	GDP	CPI	MPU
C（区制2）	0.247105	− 0.108243	0.080372	0.136277
GDP（− 1）	− 0.165467	0.650147	0.633564	− 0.700022
CPI（− 1）	0.211067	0.147883	0.517998	0.556559
MPU（− 1）	− 0.772640	− 0.001254	− 0.164096	0.709949
HI（− 1）	0.046644	0.049380	− 0.157978	− 0.017803
SE（区制1）	0.598022	0.211779	0.228895	0.238895
SE（区制2）	0.968731	0.127431	0.462439	0.420309

模型 C
（内生变量：MPU、GDP、CPI、PIAI）

项目	MPU	GDP	CPI	PIAI
C（区制1）	0.019530	0.062100	− 0.094018	− 0.302291
C（区制2）	0.055147	− 0.050827	0.015546	0.157623
GDP（− 1）	0.001547	− 0.192686	0.277842	− 0.166004
CPI（− 1）	0.059872	0.591360	0.791611	− 0.087826
PIAI（− 1）	0.229213	− 0.369429	0.090668	0.622391
MPU（− 1）	0.773075	− 0.076153	− 0.019761	− 0.043214
SE（区制1）	0.249500	0.672751	0.265616	0.160623
SE（区制2）	0.525583	0.611885	0.305304	0.538498

注：表中 C 为估计方程常数项，SE 为变量估计标准差。

（二） 各 MSIH（2）–VAR（1）模型的区制转换概率

表6–9列出了各 MSIH（2）–VAR（1）模型区制概率分布矩阵的估计结果。可以看出，各模型的各自区制稳定状态下的条件概率均超过了0.8，这意味着各模型双区制划分的稳定性都较高，但每个区制状态间的转移概率却呈现出一定的差别。一方面，当我国宏观经济运行步入较低或较高货币政策不确定时期后，区制1和区制2在各模型下自身的维持概率分别为

$As_1 = 0.8010$ 和 $As_2 = 0.8219$（$As_1 < As_2$）、$Bs_1 = 0.8309$ 和 $Bs_2 = 0.8564$（$Bs_1 < Bs_2$）、$Cs_1 = 0.9627$ 和 $Cs_2 = 0.9839$（$Cs_1 < Cs_2$），这说明在双区制高稳定性的背后，货币政策不确定性较高趋势的持续性要强于货币政策不确定性较低趋势的持续性；同时期的公众通胀预期与货币当局的信息披露水平也呈现出相同的态势。另一方面，在各模型中宏观经济由区制 1 向区制 2 运行的转移概率分别为 $As_{12} = 0.1990$、$Bs_{12} = 0.1691$ 和 $Cs_{12} = 0.0373$，均超过了宏观经济由区制 2 向区制 1 运行时相应的转移概率 $As_{21} = 0.1781$、$Bs_{21} = 0.1436$ 和 $Cs_{21} = 0.0161$，这说明我国货币政策不确定性趋势更有可能由较低水平区间向较高水平区间方向增强，并且在这个过程中，社会公众的通胀预期与信息获取行为更容易从较低水平向较高水平方向增强，且相对而言较难出现反向调整。

表 6 − 9　　　　　　　　MSIH（2）–VAR（1）模型的区制转换概率

模型 A（内生变量：*PIAI*、*GDP*、*CPI*、*HI*）		
区制划分	区制 1	区制 2
区制 1	0.8010	0.1990
区制 2	0.1781	0.8219

模型 B（内生变量：*HI*、*GDP*、*CPI*、*MPU*）		
区制划分	区制 1	区制 2
区制 1	0.8309	0.1691
区制 2	0.1436	0.8564

模型 C（内生变量：*MPU*、*GDP*、*CPI*、*PIAI*）		
区制划分	区制 1	区制 2
区制 1	0.9627	0.0373
区制 2	0.0161	0.9839

（三）MSIH（2）–VAR（1）模型区制与实际经济时期对应

图 6 − 1 至图 6 − 3 展示了 MSIH（2）–VAR（1）模型估计得到的区制平滑

概率。

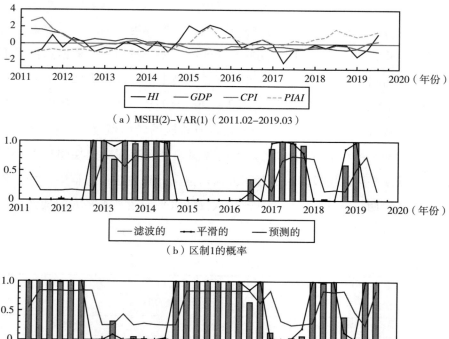

图 6－1　MSIH（2）-VAR（1）模型 A 区制平滑转换概率

根据前文分析，对于全局信息采集向量 ξ，如果条件概率 $p(s_t = i \mid \xi) \geqslant$ 0.5，即表明观测变量波动状态对应于第 i 个区制所代表的区间。根据该原则，区制的划分完全取决于可观测内生变量自身波动的数理特征，尽管如此，还需要进一步检视本书所构建的各 MSIH（2）-VAR（1）模型下我国公众通胀预期、货币当局信息披露，以及货币政策不确定共同作用下的宏观经济运行关键指标 CPI 和 GDP 指数的水平及波动性与区制的相互对应情况，是否符合一直以来我们对国家实际经济运行状况的感知。

通过横向比对，尽管 MSIH（2）-VAR（1）模型 A、模型 B 和模型 C 在区制对应时期的划分上略有出入，但总体而言，在整个观测周期内双区制的对应时期的划分上 3 个模型是基本统一的。[①] 可以看到，以我国货币政策信息披露以及货币政策不确定性和波动性为数理基础开展的对 2011 年第一季度至 2019 年第三季度区制的时期划分同实际经济运行的情况基本吻合。

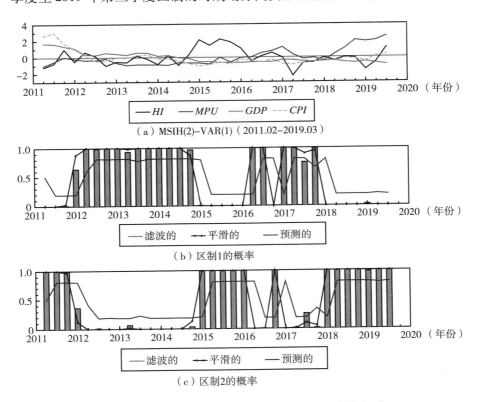

图 6-2　MSIH(2)-VAR(1) 模型 B 区制平滑转换概率

　　综合考虑 3 个模型的区制时期划分情况，并结合我国货币当局当时货币政策的调控取向，区制对应的时间区间具体描述如表 6-10 所示。

----

　　① 造成 3 个模型在区制对应时期的划分上略有出入的原因有两点：一是马尔科夫自回归模型区制转移概率完全基于数据自身波动性的似然估计算法决定的，不同的观测变量组合估计的区制转移概率必然存在区别，因此造成了区制对应时期划分的差别；二是观测变量数据的不同频率造成的，即使是同一种观测变量，在不同的统计频率下其波动性也会有所差别，因此同变量的不同频观测数据组合也可导致模型区制划分时期的差别。但总体而言，本书中的 3 个模型对 2011 年 1 月至 2019 年 9 月的双区制对应时期的划分在大体上是一致的，在后续的分析中，本书将综合考虑 3 个模型的时期划分，并结合货币当局信息披露和货币政策不确定性程度，对区制对应时期进行详细说明。

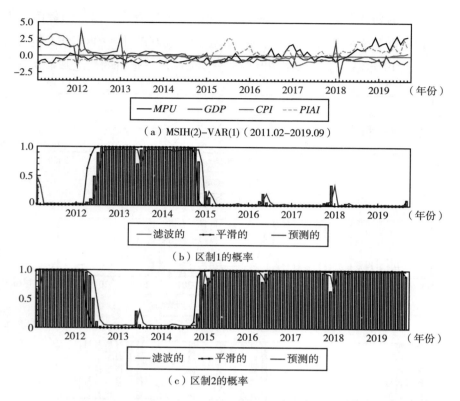

（a）MSIH(2)–VAR(1)（2011.02–2019.09）

（b）区制1的概率

（c）区制2的概率

图 6 – 3　MSIH（2）–VAR（1）模型 C 区制平滑转换概率

表 6 – 10　　　　　　　　　　双区制对应时期的划分

区制划分	样本区间
区制 1	2012.07—2014.12，2017.01—2018.03
区制 2	2011.01—2012.06，2015.01—2016.12，2018.04—2019.09

　　区制 1 状态对应的经济运行特征为，实际通胀率水平及其波动性程度较低，货币政策取向相对明确，货币当局信息披露水平和公众通胀预期均较低。2012 年 7 月至 2014 年 12 月、2017 年 1 月至 2018 年 3 月，区制 1 状态占据主导地位。2012 年，在货币政策收紧近两年后，CPI 回落至正常水平，国内经济趋向平稳，货币当局政策取向突出强调重在保持货币环境的稳定，通过公开市场业务保持市场流动性适度，并积极推进利率市场化改革，为市场经济自身的调整和稳定机制发挥作用创造条件。2013～2015

年，随着"新常态"的提出，我国从政策制定部门到普通公众逐渐适应了经济增速放缓的事实，宏观调控思想也在发生变化，强调不放松也不收紧银根，保持稳健中性，积极根据宏观经济和市场情况进行预调、微调，并通过市场化改革保持经济活力。这一时期，我国 CPI 基本保持稳定，也为货币政策调控方式和工具的创新提供了空间。2013 年初创设公开市场短期流动性调节（short-term liquidity operations，SLO）工具和常设借贷便利（standing lending facility，SLF）工具，在银行体系流动性出现临时性波动时相机运用；2014 年 9 月创设中期借贷便利（medium-term lending facility，MLF）工具，向符合宏观审慎管理要求的商业银行、政策性银行提供中期基础货币。这一时期法定存款准备金率调整和基准利率调整等传统货币政策工具较少使用。2017 年初至 2018 年第 1 季度，中国经济运行好于预期，消费需求对经济增长的拉动作用保持强劲，投资增长稳中略缓、结构优化，进出口扭转了连续两年下降的局面。在此期间，货币当局奉行货币政策和宏观审慎政策双支柱调控框架，通过密切关注流动性形势和市场预期变化，加强预调、微调与市场沟通，综合运用逆回购、中期借贷便利、抵押补充贷款、临时流动性便利等工具灵活提供不同期限流动性，维护银行体系流动性合理稳定，为供给侧结构性改革和高质量发展营造中性适度的货币金融环境。

总体而言，在区制 1 对应期间，我国货币当局存款准备金率、存贷款利率等传统货币政策工具运用较少，通过灵活高频的公开市场业务对市场流动性进行微调、预调，结合供给侧结构性改革要求，创新货币政策工具，引导开展结构性调控，同时陆续放开存款利率下限和贷款利率上限，利率市场化及各类金融市场化改革大幅推进，公共通胀预期保持稳定，宏观经济健康有序运行。这一时期，由于公开市场操作、SLO、SLF、MLF 等工具主要针对金融机构，不像基准利率、法定准备金率等传统政策工具与股市、房贷挂钩明显，公众关注度偏低。

区制 2 对应的时期，我国货币政策不确定性程度较高，通货膨胀率处于较高水平，且波动性较强。这一时期公众通胀预期和货币当局信息披露水平也较高。对应的经济时期，主要包括 2011 年 1 月至 2012 年 6 月、

2015 年 1 月至 2016 年 12 月，以及 2018 年 4 月至 2019 年 9 月。2011 年前 3 个季度，货币政策延续了前一两年稳定物价水平的总体目标，连续采取收紧流动性的举措。特别是，为应对自 2010 年 7 月启动的物价较快上涨趋势（2011 年 7 月 CPI 同比涨幅达到 6.5%，当年全年涨幅为 4.1%，均为近年最高），2011 年先后 6 次上调存款准备金率，累计 3.5 个百分点；3 次上调存贷款基准利率，累计 0.75 个百分点；大型金融机构存款准备金率上调至 21.5%，为近 10 年来最高水平。但在当年第 4 季度，针对欧洲主权债务危机蔓延、国内经济增速放缓、价格涨幅逐步回落等形势变化，货币政策进行了预调、微调，暂停发行三年期央行票据，加大逆回购力度，通过公开市场业务向市场注入流动性，并于 2011 年 11 月下调存款准备金率 0.5 个百分点，而后又在 2012 年上半年先后两次下调存款准备金率、两次下调存贷款基准利率。在这种货币政策转向和频繁调整阶段，公众关注度不断提高，货币当局对政策的解释沟通力度也不断加强，但通货膨胀和宏观经济波动加剧。2015～2016 年，我国经济下行压力加大，期间股市于 2015 年 6 月和 2016 年 1 月两次大幅下挫，同时受外汇改革和国际利差影响，我国外汇储备大幅下降，当年减少 5127 亿美元，创历史最高水平。为维持经济金融稳定，弥补流动性缺口，货币当局重启停顿 3 年左右的存款准备金率调整和利率调整，分别 5 次下调人民币存款准备金率和存贷款基准利率，9 次引导公开市场逆回购操作利率下行，加强再贷款、再贴现及 SLF 等创新政策工具的使用，通过差别准备金动态调整机制和公开市场操作等组合政策强化价格传导。这一时期，货币当局还加快了市场化改革进程，于 2015 年 8 月改革人民币汇率中间价形成机制，10 月放开存款利率上限，2016 年 10 月推动人民币加入特别提款权（special drawing rights，SDR）货币篮子正式生效。这一时期由于市场波动剧烈，改革措施频出，不确定性增强，公众对货币政策关注度显著提高，货币当局也加大了沟通解释和预期引导，信息披露水平创历史最高。2018 年第 2 季度开始，我国宏观经济运行的内、外部环境发生了明显变化，对外面临中美贸易摩擦加剧、世界范围内民粹主义盛行和欧洲主权债务危机的影响，对内受产业结构升级换代、日益严格的环保要求和金融风险攻坚战等政策叠加影响，小微企业、民营企业破产增加、融资难突出，同时叠加 2018 年下半年开始的猪瘟，导致我国经济下行压力增加的同时，通货膨胀水平居高不下，"滞胀"阴霾挥之不去。这一时期，货币当局再次重启法定准备金率工具 5 次下调，并创设定向中期借贷便利（targeted medium-term lending facility，TMLF）、央行票据互换（central bank bills swap，CBS）等工具，综合运用各类创新性、结构性货币政策工具，引导利率下行，定向投放流动性。同期深化金融供给侧结构性改革，提高货币政策传导效率，于 2019 年 8 月推出贷款市场报价利率（loan prime rate，LPR）形成机制，打破贷款利率隐性下限，并进一步增强汇率弹性。

总体而言，区制 2 对应时期，我国宏观经济运行遇到一定障碍与阻力，货币政策操作和改革举措频繁，经济发展和货币政策走向都存在较强的不确定性，通货膨胀与公众通胀预期都处于较高水平。观察这些时期货币当局货币政策的具体实践，可发现货币政策工具运用多元化，赋予货币当局更多调剂空间，因此虽然货币当局信息披露持续性增强，但客观上为公众解读货币政策取向、形成稳定预期增加了困难。

四、不同区制下的脉冲响应分析

（一）其他各变量对来自货币当局信息披露冲击的响应情况

图 6 - 4 至图 6 - 6 分别列出了双区制下货币政策不确定性变量 MPU、公众通胀预期变量 PIAI 以及 CPI 和 GDP 同比指标变量对来自货币当局信息披露变量 HI 的单位正向脉冲冲击的累积脉冲响应情况。

首先，变量 MPU 对来自变量 HI 的单位正向脉冲的累积响应整体呈负向，说明我国货币当局信息披露对降低货币政策的不确定性是切实有效的。从不同区制下的响应情况来看，在区制 1 时期（货币政策信息披露水平、货币不确定性水平以及公众通胀预期水平均较低），货币当局信息披露的增加虽然在初期造成了货币不确定性的小幅上升，但得益于货币政策的一贯性和公众预期对整体宏观经济运行感知的黏性，货币政策不确定性

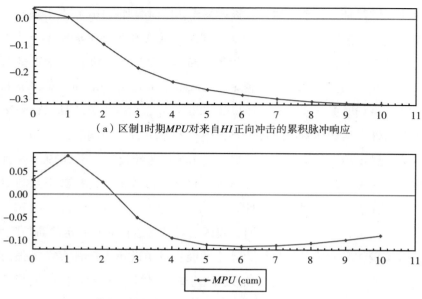

（a）区制1时期MPU对来自HI正向冲击的累积脉冲响应

（b）区制2时期MPU对来自HI正向冲击的累积脉冲响应

图6－4　货币政策不确定性对货币当局信息披露的脉冲响应

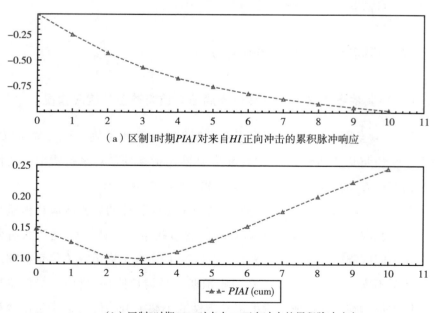

（a）区制1时期PIAI对来自HI正向冲击的累积脉冲响应

（b）区制2时期PIAI对来自HI正向冲击的累积脉冲响应

图6－5　公众通胀预期对货币当局信息披露的脉冲响应

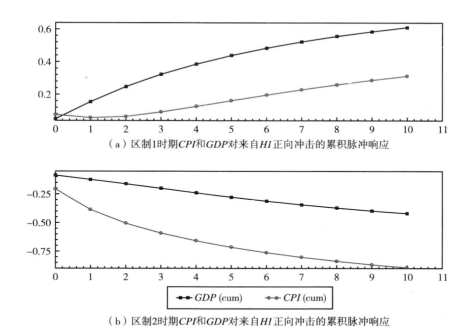

（a）区制1时期*CPI*和*GDP*对来自*HI*正向冲击的累积脉冲响应

（b）区制2时期*CPI*和*GDP*对来自*HI*正向冲击的累积脉冲响应

图6－6 *CPI*和*GDP*对货币当局信息披露的脉冲响应

会因货币当局的信息披露与沟通而迅速降低；在区制2时期（货币政策信息披露水平、货币不确定性水平以及公众通胀预期水平均较高），货币当局的信息披露会在初期造成货币政策不确定性的上升，这种上升的趋势持续2~3期才会减弱，说明在货币政策不确定程度较高时期，货币当局的政策操作前景不明，公众理解货币当局信息披露的意图需要花费比区制1时期更长的时间，并且在整个区制2时期，货币当局信息披露对货币政策不确定性的削弱作用要明显低于区制1时期。

其次，变量*PIAI*对来自变量*HI*的单位正向脉冲的累积响应在不同时期显著不同。在区制1时期，变量*PIAI*的累积脉冲响应整体呈负向，说明这一时期货币当局的信息披露能够很好地抚平公众对未来通胀加剧的担忧，货币当局信息披露的效果良好；在区制2时期，变量*PIAI*的累积脉冲响应呈正向，并且呈现"V"型加速上升的态势。*PIAI*累积响应初值大于零，表明公众第一时间对货币当局有关通胀信息的披露反应较强。*PIAI*累积响应至第3期接近零后从第4期开始又加速上升，说明货币当局信息披露尽管有一定的抚平公众通胀预期的效果，但该效果持续时间短且不充分，货币当局有关通胀的信息披露最终甚至加剧了公众对未来通胀的担忧。

最后，GDP 和 CPI 对来自变量 HI 的单位正向脉冲的累积响应在不同时期也呈现出方向性的差异。在区制 1 时期，GDP 和 CPI 的累积脉冲响应呈正向，表明在货币政策信息的有效沟通下，GDP 和 CPI 均处于温和上升的状态，这一时期的货币政策与沟通对经济增长的刺激是明显的；在区制 2 时期，GDP 和 CPI 的累积脉冲响应呈负向，体现了这一时期货币当局的信息披露"双刃剑"的特点，一方面这一时期的货币政策信息披露能够更有效地抑制通胀，另一方面货币当局信息披露并没有能够及时有效地传导至预期并刺激社会产出，反而可能会加剧社会认知与理解的差异，并最终抵消货币政策的效果。

以上实证分析显示，如果单纯从刺激增长的角度看，在经济形势复杂多变、通胀水平较高时期，货币当局信息披露加强虽然有利于抑制通胀，却不利于刺激产出，从长期来看，对公众通胀预期的引导效果也有限。这一实证为某些特定时刻货币当局的"刻意隐瞒"动机提供了佐证。

（二）其他各变量对来自货币政策不确定性冲击的响应情况

图 6 - 7 至图 6 - 9 分别列出了双区制下货币当局信息披露变量 HI、公众通胀预期变量 PIAI 以及 CPI 和 GDP 同比指标变量对来自货币政策不确定性变量 MPU 的单位正向脉冲冲击的累积脉冲响应情况。

首先，变量 HI 对来自变量 MPU 的单位正向脉冲的累积响应整体呈负向，说明我国货币政策不确定性增加对货币当局的信息披露确实有抑制，也可在一定程度上表明我国货币当局的信息披露滞后于货币政策和环境的变化。从不同区制下的响应情况来看，在区制 1 时期货币政策的不确定性增加对货币当局信息披露的负面影响较轻，持续时间较短，基本在 2 期左右达到均衡；在区制 2 时期，货币政策不确定性增加对货币当局信息披露的负面影响较强，且处于持续加深的状态。

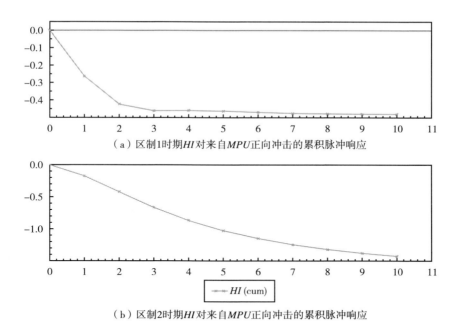

（a）区制1时期*HI*对来自*MPU*正向冲击的累积脉冲响应

（b）区制2时期*HI*对来自*MPU*正向冲击的累积脉冲响应

图 6 - 7　货币当局信息披露对货币政策不确定性的脉冲响应

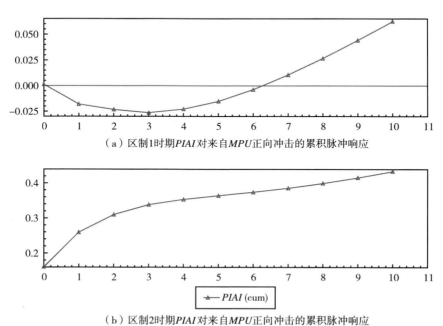

（a）区制1时期*PIAI*对来自*MPU*正向冲击的累积脉冲响应

（b）区制2时期*PIAI*对来自*MPU*正向冲击的累积脉冲响应

图 6 - 8　公众通胀预期对货币政策不确定性的脉冲响应

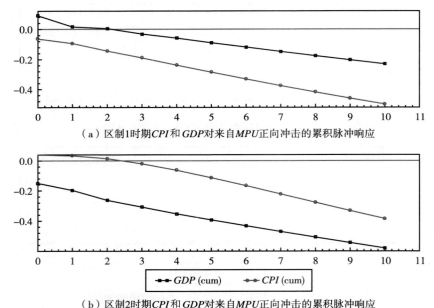

（a）区制1时期*CPI*和*GDP*对来自*MPU*正向冲击的累积脉冲响应

（b）区制2时期*CPI*和*GDP*对来自*MPU*正向冲击的累积脉冲响应

图 6 – 9　CPI 和 GDP 对货币政策不确定性的脉冲响应

　　其次，变量 *PIAI* 对来自变量 *MPU* 的单位正向脉冲的累积响应在不同时期表现不同。在区制 1 时期，面对货币政策不确定性的提高，公众通胀预期累积脉冲出现了方向上的切换，在前 6 期呈现轻微的负向影响，到第 7 期转为正向，这反映了我国公众通胀预期的黏性特征，在货币政策操作和货币当局信息披露水平较稳定时期，公众对货币当局政策操作的走向是清晰的，对货币当局披露信息的认知是充分的，即使货币政策不确定性出现一定程度的上升，也不会大幅影响公众的预期，这个黏性窗口期为货币当局的预期引导预留了充足的空间；在区制 2 时期，公众通胀预期伴随着货币政策不确定性的增强迅速升高，并且对于货币政策的变化比较敏感，容易过度解读货币政策操作和货币当局信息披露的内容，从而加剧对未来通胀的担忧。

　　最后，GDP 和 CPI 对来自变量 *MPU* 的单位正向脉冲的累积响应在不同时期也有一定区别。货币政策不确定性的上升，即货币政策的频繁切换，对通胀有较为有效的抑制，却没能有效地刺激经济的增长。在较为稳

定的区制 1 时期，货币政策不确定性的上升虽然在开始 2 期对经济增长有
一定的刺激作用，但接下来刺激效应迅速归零并转为负向；在区制 2 时期
货币政策不确定性的上升不但持续反作用于经济增长，而且会在初始 2 期
增加通胀的风险，增加滞胀的可能性。

（三）其他各变量对来自公众通胀预期冲击的响应情况

图 6 - 10 至图 6 - 12 分别列出了双区制下货币当局信息披露变量 *HI*、
货币政策不确定性变量 *MPU* 以及 *CPI* 和 *GDP* 同比指标变量对来自公众通
胀预期变量 *PIAI* 的单位正向脉冲冲击的累积脉冲响应情况。

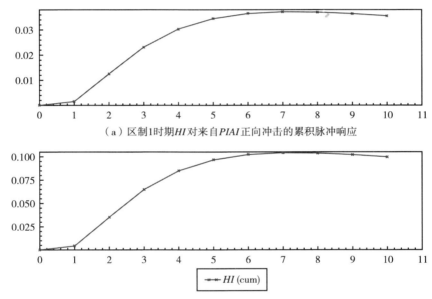

（a）区制1时期*HI*对来自*PIAI*正向冲击的累积脉冲响应

（b）区制2时期*HI*对来自*PIAI*正向冲击的累积脉冲响应

图 6 - 10　货币当局信息披露对公众通胀预期的脉冲响应

首先，变量 *HI* 对来自变量 *PIAI* 的单位正向脉冲的累积响应整体呈正
向。在初期，货币当局的信息披露对公众通胀预期的上升反应有滞后，但
从第 2 期开始，信息披露水平随公众通胀预期的上升迅速增强。在区制 2
时期，货币当局信息披露的累积响应程度达到了区制 1 时期的 3 倍水平，
反映出在货币政策不确定性高的时期，货币当局信息披露引导预期的能力

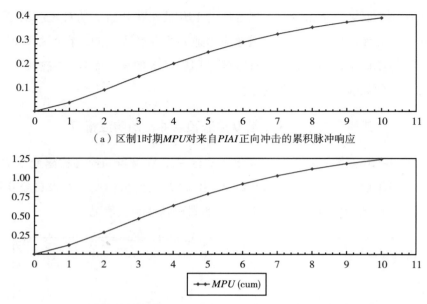

（a）区制1时期*MPU*对来自*PIAI*正向冲击的累积脉冲响应

（b）区制2时期*MPU*对来自*PIAI*正向冲击的累积脉冲响应

图6－11　货币政策不确定性对公众通胀预期的脉冲响应

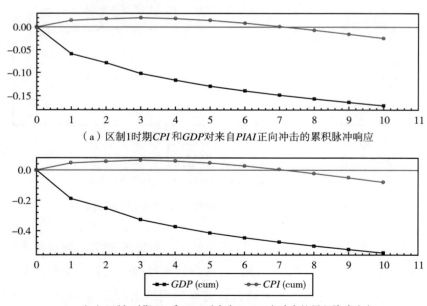

（a）区制1时期*CPI*和*GDP*对来自*PIAI*正向冲击的累积脉冲响应

（b）区制2时期*CPI*和*GDP*对来自*PIAI*正向冲击的累积脉冲响应

图6－12　*CPI*和*GDP*对公众通胀预期的脉冲响应

下降，需要开展更高水平、进行更为频繁的信息披露，才能回应社会公众对货币当局政策操作和未来走向的疑虑，以抵消货币政策不确定造成的一系列负面影响。

其次，变量 *MPU* 对来自变量 *PIAI* 的单位正向脉冲的累积响应整体正向，表明随着公众通胀预期的上升，货币当局相应的政策操作也在持续和加强。但是，可能因为这些政策操作本身缺乏一贯性和明确的方向，又有可能是因为货币当局的信息披露效果欠佳，最终导致货币政策不确定性上升，而在货币政策不确定程度较高的区制 2 时期，公众通胀预期的上升又会导致货币不确定性更大程度的上升，带来一系列叠加的负面影响。

最后，*GDP* 和 *CPI* 对来自变量 *PIAI* 的单位正向脉冲的累积响应表现不同。*GDP* 对公众通胀预期的上升整体反应呈负面，并且区制 2 期间和区制 1 期间相比，货币政策不确定性高显著地提升了这种负向反应的程度，这与本书第五章的实证研究结果一致，即随着公众通胀预期的增强，货币政策对产出的刺激作用是不断弱化的，并且货币调控操作越频繁、不确定性越强，货币政策的效果越不显著。*CPI* 对公众通胀预期上升的反应总体呈现先上升再下降的趋势，并且区制 2 与区制 1 相比，*CPI* 对 *PIAI* 的响应程度明显增强。这是因为，公众通胀预期上升一段时间内会形成"羊群效应"，从而带动整体通胀的上升，随之货币当局通过调控措施和信息披露对公众通胀预期进行适时引导，并且公众自身不断获取、解读新的信息以修正自我预期，最终公众通胀预期会逐渐回落并带动整体通胀的回落。在货币政策不确定性较强的时期，公众通胀预期对 *CPI* 的影响更大，反映出这一时期公众对货币当局信息披露的理解力和信任程度都有所下降，内部预期分化，预期引导效果下降，公众预期"独立性"增强，并反映在实际通胀上。

（四）其他各变量对来自通货膨胀冲击的响应情况

图 6 – 13 至图 6 – 15 分别列出了双区制下货币当局信息披露变量 *HI*、

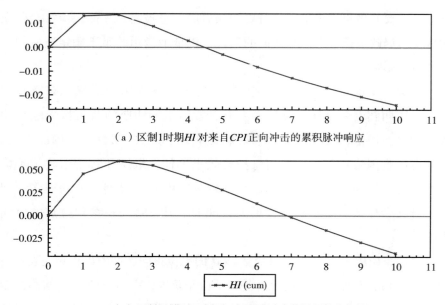

（a）区制1时期*HI*对来自*CPI*正向冲击的累积脉冲响应

（b）区制2时期*HI*对来自*CPI*正向冲击的累积脉冲响应

图6－13　货币当局信息披露对通货膨胀的脉冲响应

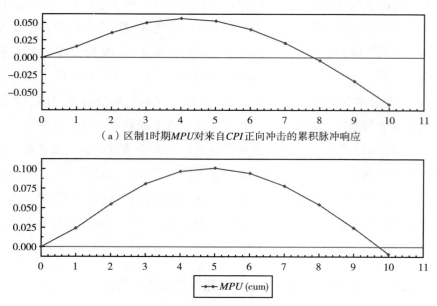

（a）区制1时期*MPU*对来自*CPI*正向冲击的累积脉冲响应

（b）区制2时期*MPU*对来自*CPI*正向冲击的累积脉冲响应

图6－14　货币政策不确定性对通货膨胀的脉冲响应

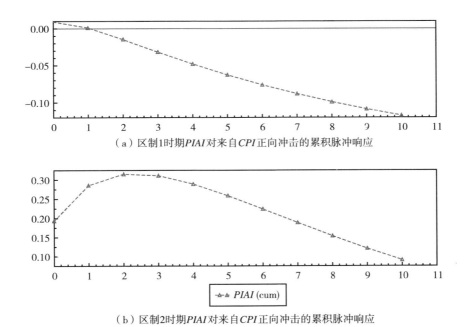

（a）区制1时期 *PIAI* 对来自 *CPI* 正向冲击的累积脉冲响应

（b）区制2时期 *PIAI* 对来自 *CPI* 正向冲击的累积脉冲响应

图 6－15　公众通胀预期对通货膨胀的脉冲响应

货币政策不确定变量 *MPU* 以及公众通胀预期变量 *PIAI* 对来自通货膨胀变量 *CPI* 的单位正向脉冲冲击的累积脉冲响应情况。

首先，变量 *HI* 对来自 *CPI* 的单位正向脉冲的累积响应整体表现出先上升再下降的趋势，并出现了方向上的切换。面对来自通胀的冲击，货币当局有关通胀的信息披露会随之加强，并且在区制 2 时期，货币当局强化通胀有关信息披露的持续时间要长于在区制 1 时期，伴随着时间的推移，货币当局信息披露并引导公众通胀预期的效果逐渐显现，通胀不再是货币当局信息披露盯紧的目标，此时，货币当局有关通胀的信息披露会持续下降。

其次，变量 *MPU* 对来自 *CPI* 的单位正向脉冲的累积响应情况与 *HI* 类似。面对通胀冲击，货币当局应对的货币政策操作也在增加，并且在区制 2 时期货币政策不确定性上升的持续时间要长于在区制 1 时期。与 *HI* 不同的是，在区制 1 时期，货币政策不确定性的增加会在持续 8 期后才衰减并转为负向，但在区制 2 时期，货币政策不确定性将会长时间伴随通胀的上升而上升，基本不会消退。这一反应证明，货币政策操作本身会带来不确定性的上升，原因是我国货币政策承载目标较为复杂，货币政策操作的一贯性和方向并不明确。

最后，变量 *PIAI* 对来自 *CPI* 的单位正向脉冲的累积响应在不同区制时期表现截然不同。在货币政策不确定性较低时期，公众通胀预期只在初期对通胀上升有微弱的正向反应，随着货币当局关于通胀信息的披露，公众预期迅速稳定并持续回落，并将最终带动整体通胀的回落；在货币政策不确定性较高的时期，公众通胀预期会随着通胀的上升持续增强，这个时期虽然货币当局的信息披露也在加强，但信息沟通的效果并不理想。

（五）其他各变量对来自经济增长冲击的响应情况

图 6 – 16 至图 6 – 18 分别列出了双区制下货币当局信息披露变量 *HI*、货币政策不确定性变量 *MPU* 以及公众通胀预期变量 *PIAI* 对来自经济增长变量 *GDP* 的单位正向脉冲冲击的累积脉冲响应情况。

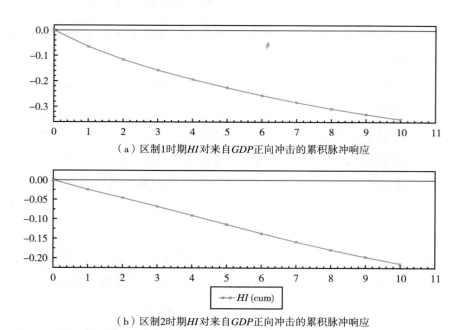

（a）区制1时期*HI*对来自*GDP*正向冲击的累积脉冲响应

（b）区制2时期*HI*对来自*GDP*正向冲击的累积脉冲响应

图 6 – 16　货币当局信息披露对 *GDP* 的脉冲响应

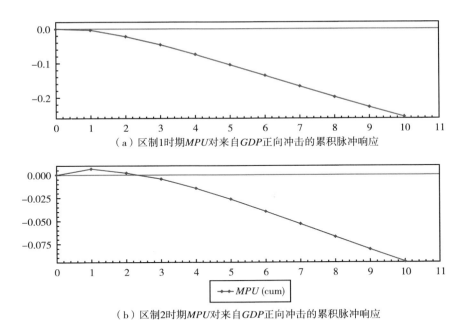

（a）区制1时期*MPU*对来自*GDP*正向冲击的累积脉冲响应

（b）区制2时期*MPU*对来自*GDP*正向冲击的累积脉冲响应

图6-17　货币政策不确定性对 *GDP* 的脉冲响应

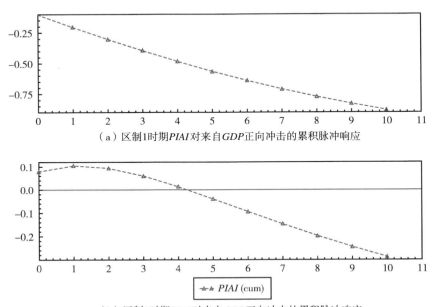

（a）区制1时期*PIAI*对来自*GDP*正向冲击的累积脉冲响应

（b）区制2时期*PIAI*对来自*GDP*正向冲击的累积脉冲响应

图6-18　公众通胀预期对 *GDP* 的脉冲响应

首先，变量 *HI* 对来自 *GDP* 的单位正向脉冲的累积响应在不同区制均呈负向响应，稍有区别的是在区制 1 时期，货币政策信息披露因经济增长而减弱的程度要高于在区制 2 时期，经济增长意味着货币政策的有效性得以实现，因此货币当局有降低货币政策信息披露的意愿。

其次，变量 *MPU* 对来自 *GDP* 的单位正向脉冲的累积响应总体上呈负向，但在不同区制时期表现有所不同。在区制 1 时期，*MPU* 累积响应持续下降，表明该时期的货币政策发挥了积极作用，因此货币当局会秉持现有的货币政策操作，货币政策的一贯性和明确性得到强化，货币政策的不确定性持续下降；在区制 2 时期，*MPU* 累积响应会在初始 2 期上升然后转为负向并持续下降，表明尽管货币政策发挥了一定的效用，但此时的货币政策承载目标较多，操作也更复杂，公众和货币当局都需要时间来确认除经济增长外的其他政策目标效果，因此货币政策不确定性在这一时期的反应出现了时滞。

最后，变量 *PIAI* 对来自 *GDP* 的单位正向脉冲的累积响应在不同区制时期也呈现出较大差异。在区制 1 时期，经济增长的刺激会在初期就对公众通胀预期形成一定的负向影响，并且随着时间的推移，这种负向影响也在持续加深。这与本书第三章的理论分析相符，在区制 1 时期，经济平稳增长，货币政策适度，较为贴近理想状态，此时理性预期的力量显现，使经济增长和通胀水平保持平稳，符合短期菲利普斯曲线描述的状态。在区制 2 时期，经济增长的刺激会在前 4 期造成公众通胀预期的上升，然后转入负向并持续下降。出现这种现象的原因是在区制 2 时期，公众通胀预期水平整体较高，货币当局有关通胀的信息披露水平也较高，由于公众心理的羊群效应会放大获取信息层面的通胀因素，经济增长的刺激会引发公众对经济过热并引发未来通胀的担忧。货币当局需要改进信息披露，加强沟通，打消公众的疑虑，化解公众的心理恐慌，最终在与公众通胀预期自我修正的共同作用下缓和公众通胀预期。

第三节　非线性效应实证结果

综合上述脉冲响应结果分析，路径上各变量之间既存在相互的影响，相互间的某些影响在不同的货币政策时期又存在非线性的关联，如图 6 – 19 所示。货币当局和公众都需要克服线性思维模式，将各自之间的动态关联置于更加立体的维度上进行考量。

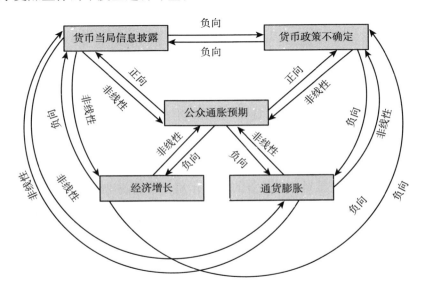

图 6 – 19　预期引导过程中变量间动态关系示意

可见，货币政策不确定性与公众通胀预期和货币当局的预期引导成效有着复杂的相互影响。在我国经济发展较平稳、货币政策不确定性较低的时期，货币当局的信息披露与政策实施得到公众预期和以 *GDP*、*CPI* 为代表的宏观经济的良好回应，货币当局能够有效地引导公众通胀预期。此时，公众通胀预期也呈现出理性预期的特征，能够较好地接收货币当局的信息传递，进行理性抉择，宏观经济保持较为稳定的状态。但在货币政策不确定性较高的时期，公众预期形成与货币当局预期引导间的良性互动被打破，并反过来增加了这种不确定性。货币政策不确定性对货币当局信息披露具有显著的抑制性，货币政策不确定性越高，货币当局通过信息披露进行预期引导的压力和难度就越大，根据第三章的论证，这是因为货币政策的不确定性在公众眼中相当于信息披露的精度下降，因此预期引导的效果也越差。从统计情况看，虽然我国货币当局的信息披露是及时的，在货币政策不确定性较高时期信息披露的强度达到了货币政策不确定性较低时期的 3 倍水平，但高频度、高强度不代表必然有效，在个别通胀高企的时刻，货币当局的信息披露不仅没能抚平公众通胀预期，反而加速了公众通胀预期的上升。近十年来，在宏观经济面临结构性调整或外部冲击时，由于货币政策调控承载目标较多和"相机抉择"的实施策略，操作也更加频繁和复杂，这一时期公众对货币政策的理解容易出现分歧，信任程度有所下降，体现为公众通胀预期对货币当局信息披露的反应放慢或者过度反应，预期引导能力下降，从而降低了货币政策的效果，货币当局不得不进一步加大货币政策操作，推动货币政策不确定性进一步提升。

货币政策不确定性与公众通胀预期、货币当局预期引导间这种复杂的关系，使得货币政策对宏观经济的调控作用也呈现出非线性效应。本书第五章的实证结果显示，公众通胀预期上升对我国货币政策效果有负向影响，数量型货币政策对产出的刺激作用在不断减弱。本章的实证结果进一步显示，公众通胀预期和货币政策不确定性也与经济增长有较明显的负向关系。在过去 10 年中我国经济形势复杂多变、通胀水平较高的一些时期，货币当局信息披露对抑制通胀取得了较好成效，但可能不利于刺激产出，考虑经济增长这一目标在我国货币当局目标权重中的重要性，货币政策切换会更为频繁，导致同期货币政策不确定性进一步上升、预期引导能力进一步下降，货币政策的最终调控作用进一步弱化。

由此带来的启示是，面对互联网环境下公众通胀预期显示出来的一定的"独立性"和预期引导中的这种非线性效应，货币当局必须更加重视和实时监测公众通胀预期，并及时做好信息披露和沟通，始终将公众通胀预期控制在合理的水平范围内。一方面，在货币政策决策方面，要在经济增长和稳定通胀这两大主要货币政策目标之间做好权衡。根据本书第五章以及本章的研究，公众通胀预期上升对通胀本身具有较好的抑制作用，公众通胀预期并不是越低越好，因此，货币当局应当尽量减少总量性货币政策对整个预期和经济系统的冲击，给予市场理性调整的空间。另一方面，要根据不同的时期设定不同的公众通胀预期引导模式。在宏观经济较为稳定的时期，货币当局需要保持一定的货币调控定力，不随意切换货币政策目标以及改变既定货币政策的操作方向，维持稳定的信息披露节奏和强度，对公众通胀预期不做过度的引导。而在宏观经济波动加大的复杂时期，货币当局的信息披露需要更具有针对性和艺术性。为减少货币政策的不确定性，货币当局的信息披露强度不能降低，不仅需要向公众说明做了什么和准备怎么做，更需要加强对政策目标和调控方向的解释，必要时对优先级政策目标予以进一步明确，以降低公众感受到的"不确定性"，稳定公众通胀预期。这正是目前我国货币当局信息披露与公众通胀预期引导层面相对较为缺失的环节。

第四节　本章小结

　　本章运用马尔科夫区制转移向量自回归模型，克服了结构向量自回归模型无法解决的不同时期观测变量可能存在非线性结构变化的问题，引入单一的货币政策不确定性指数，对货币政策不确定性与公众通胀预期、货币当局信息披露、宏观经济波动间的相互关系进行了实证分析。根据观测数据本身的变化客观地将我国经济运行状态划分为 2 个区制，分别是货币政策不确定程度较低的区制 1 和货币政策不确定程度较高的区制 2。通过不同区制下不同变量间的脉冲响应分析，证实了公众通胀预期引导过程中存在明显的非线性影响。在货币政策不确定性较低的时期，公众通胀预期通过适应性学习呈现出一些理性预期的特征，货币当局的预期引导和货币政策效果显现，宏观经济保持稳定。在货币政策不确定性较高时期，货币政策的不确定性与公众通胀预期、货币当局信息披露存在三方负面影响的叠加，公众预期形成与货币当局预期引导间的良性互动被打破，预期引导和货币政策实施效果弱化，并反过来增强了这种不确定性。

这种非线性效应的存在对我国货币当局预期引导的针对性和精细度提出了更高的要求。结合互联网环境下我国公众通胀预期的"独立性"倾向，同时由于经济的波动和货币政策的不确定性始终存在且无法规避，我国货币当局应当进一步加强对公众通胀预期的监测，根据不同情况适时调整预期引导方式模式。

第七章

总结与建议

第一节　主要结论

一、适应性学习理论与新凯恩斯主义动态随机一般均衡模型的融合，较好地阐释了互联网环境下公众通胀预期的形成机制

基于适应性学习视角，公众通胀预期形成的过程是公众利用信息通过递归算法更新预测模型结构参数，即不断从感知运转到实际运转的动态实现过程。公众对通货膨胀未来变化趋势的判断，建立在预测模型结构、参数以及基于自身学习能力所能收集、吸收、消化的信息基础上，同时也会受到货币当局传递出来的信息的影响。本书的实证检验也显示，双方存在着持续性的学习互动。货币当局作为公众信息获取的源头之一，通过不断强化自我的权威性，提升其流向公众信息的影响比重，来引导公众预期的形成；公众预期指导公众生产生活行为和决策，汇聚形成宏观经济和金融市场的波动信息，在前瞻性调控思想的指引下投射到货币当局的学习、决策过程中。在货币当局决策

恰当、调控举措适度的前提下，公众预期和货币当局的预期趋向一致，是公众通胀预期靠近理性预期均衡并实现宏观经济系统稳定的前提条件。互联网环境既为公众提高自身信息获取的充分程度创造了条件，也为货币当局更加迅捷和精度更高的信息披露提供了空间，但同时也会放大公众与货币当局间的互动性，加速误差的累积。良好的学习互动固然将引向理性预期均衡，有问题的学习互动，如信息传递中信息精度不够、不信任和过于信任等，都可能带来预期均衡状态的偏移，影响货币政策的实施效果。

二、围绕信息开展的合作与博弈决定了预期引导的效果

通过改进的 M-S 模型、信息博弈模型和隐函数对公众和货币当局围绕信息开展的合作与博弈过程的分析，发现互联网环境下公众网络信息获取的充分程度和公众对货币当局的信任程度、货币当局信息披露的精度和货币政策的不确定性，是影响预期引导效果的三个重要因素。网络信息获取的便捷性使得公众学习能力增强，私人信息精度大幅提升，公众通胀预期的"独立性"进一步增强，公众对货币当局的高阶信任可能减弱。货币当局必须进一步提升公开信息披露的精度，才能维持公众对其的信任程度，稳定在互动关系中的信息权重，从而在博弈中占据主动。公众对公开信息掌握得越好，货币当局信息披露越充分，实际通胀程度和波动幅度越低，预期引导效果越好，宏观经济越稳定。但是，在货币政策目标多元化、货币政策主动性频繁切换、不确定性增强的情况下，公众的学习能力出现了分化，货币当局的信息披露精度会因此而削弱，预期引导的效果因此呈现出非线性的效应。

三、基于网络信息搜索与文本提取构建的指数能够较好地实现对我国公众通胀预期与货币当局预期引导的量化

依托百度搜索指数，通过关键词的范围提取法、主成分分析法等方

法构建的公众学习信息获取指数 PIAI，经检验，在均方误差和 Theil 不等系数两项指标上要优于官方基于样本统计调查得到的通胀预期量化指标，并且随着互联网的覆盖和普及，其与实际 CPI 的拟合精度不断提升，表明运用大数据方法追踪和量化公众网络搜索行为可以实现对公众通胀预期较好的观测。由于网络搜索的即时性、留痕性和广泛性，PIAI 指数适合成为一种全新的、成本更低、精度更高、更加客观、更具代表性的我国公众通胀预期量化指数。运用 PIAI 指数和基于文本信息提取法，辅以人工对货币当局实际操作情况进行判定而合成的货币当局信息披露指数 HI，分别对我国公众通胀预期和预期引导进行科学量化，为更加精确地观测通胀预期特征、评估预期引导和货币政策实施效果提供了核心数据支持。

四、互联网环境下我国公众通胀预期对货币政策的实施效果有显著影响

实证显示，公众信息获取越充分、信息了解的程度越深，经济波动越小。2011 年以来，伴随着通过网络搜索对宏观经济金融数据和政策动向相关信息获取行为的加强，我国公众学习能力不断提升，货币当局信息披露精度也在不断提升，公众深度学习后形成的预期贴近理性预期，对保持经济健康、稳定增长形成正面影响。与此同时，公众通胀预期也一定程度上降低了货币政策刺激下的产出和通胀及其波动水平，弱化了货币政策的调控效果。其中，公众通胀预期的上升对扩张性数量型货币政策下的产出有更为明显的负向作用。实证结果还显示，受公众认知能力和通胀预期形成的影响，数量型货币政策引导公众预期的作用不如价格型货币政策显著，价格型货币政策信息对公众信息获取和决策行为有持续性的影响。互联网环境下公众通胀预期向理性预期均衡贴近的趋势，启示我国货币当局可适当减少直接货币政策操作，更多使用成本更小、效果更直接的预期引导来实现调控意图。

五、受货币政策不确定性的影响，我国预期引导过程中存在显著的非线性效应

货币政策的不确定性通过影响公众通胀预期形成和货币当局预期引导过程中公众与货币当局之间的信息互动，进而对货币政策效果和宏观经济运行造成了扰动。只有在考虑货币政策不确定性的前提下，才能对预期引导的效果进行客观评价。由于我国货币政策目标多元化且操作较为频繁，货币政策不确定性较为突出。实证显示，在我国货币政策不确定性较低的时期，公众通胀预期通过适应性学习呈现出一定理性预期的特征，货币当局的预期引导和货币政策效果显现，宏观经济保持稳定；在货币政策不确定性较高时期，货币政策的不确定性与公众通胀预期、货币当局信息披露存在三方负向影响的叠加，公众预期形成与货币当局预期引导间的良性互动被打破，预期引导和货币政策实施效果弱化，并反过来增强了这种不确定性。这种非线性效应的存在对我国货币当局的决策和预期引导方式提出了更高的要求，启示我国货币当局应当进一步加强对公众通胀预期的监测，在经济增长和稳定通胀这两大主要货币政策目标之间进行权衡，在不同的时期设定不同的公众通胀预期引导模式，提高信息披露的针对性和精细度。

第二节　政策建议

本书通过理论推导和实证研究，揭示了互联网环境下我国公众对于宏观经济信息和政策变动的关注度不断提高、与货币当局信息的双向传递不断增加的趋势，并且观察到公众通胀预期在不同宏观经济状态、不同货币政策调控下的响应程度不一样，在货币政策不确定性低的时期呈现理性预期倾向，在货币政策不确定性高的时期预期引导效果不好。这一结论清晰地揭示出互联网环境下中国加强预期管理在货币政策实施中的重要性。近

十年来，中国经济已由高速增长阶段进入中低速增长阶段，经济增速放缓已成必然趋势。与此同时，2008～2019 年，广义货币供应量（M2）从 47 万亿元增加到 194 万亿元，2012 年以来 M2 年均增速超过 10%。[①] 相关实证研究显示，2008 年世界金融危机后中国货币政策中介目标 M2 与 GDP 间的关系明显减弱，表明货币政策平抑经济周期性波动的能力有所下降。尽管我国货币当局在市场沟通、政策透明度、调控手段等方面采取了较多举措，但间或仍存在调控效果弱化、货币政策频繁操作造成市场波动等情况。货币当局也在其发布的货币政策报告中多次指出，货币政策存在传导机制不畅的问题，信贷渠道和利率渠道均不能充分发挥作用，对货币政策有效性造成了不利影响。不断加强和优化预期管理是最现实的解决措施之一。结合前文研究结论，借鉴国际货币当局通胀管理的实践经验，从中国实际出发，本书对我国货币当局提升预期引导水平、优化货币政策实施提出以下建议。

一、推进货币政策承载目标进一步清晰

绝大多数国家货币政策的最终目标一般包括充分就业、稳定物价、经济增长和国际收支平衡四项内容。20 世纪 90 年代以来，不少发达国家采用通货膨胀目标制，将通货膨胀作为货币政策的单一目标。通货膨胀目标制的产生并不是因为就业和增长等目标变得不重要，而是经济学家发现长期来看通货膨胀率是货币政策能够影响的唯一宏观经济变量。透明的通货膨胀目标使中央银行对公众高度负责，进而有助于构建公众对中央银行的信任和对货币政策的支持。例如，长期以来，美联储采取"双重目标"策略，优先考虑物价稳定和就业最大化两个目标，通常稳定物价为首要目标；欧洲中央银行采用阶梯目标体系将政策目标分为优先目标和其他目标，物价稳定是唯一的优先目标，只有在实现优先目标的基础上才能追求其他目标。2008 年世界金融危机以后，特别是受新冠疫情冲击以来，为促

[①]　M2 及其增速数据由中国人民银行历年货币政策执行报告公布数据汇总后得出。

进经济复苏，西方国家普遍采取了极为宽松的货币政策和财政政策。2020年8月27日，美联储修改了其货币政策框架文件《长期目标和货币政策策略声明》，考虑实行"平均通胀目标制"，并提升了就业目标的重要性，表明美联储放松了对短期通胀的容忍度，并更加注重推动就业市场的修复。

《中华人民共和国中国人民银行法》第三条规定，货币政策目标是保持货币币值的稳定，并以此促进经济增长。实际中，作为宏观调控的重要手段之一，我国货币政策还被赋予了保障金融稳定、促改革、调结构和惠民生等多重期望。以2016年为例，货币当局货币政策不仅延续了2015年"稳定增长、结构调整、降成本、汇率稳定和金融稳定"五个政策目标，而且纳入了"三去一降一补"①等供给侧结构性改革等核心目标。货币政策承载目标过多的情况下，有可能会使货币政策本身陷入两难困境，公众难以判断货币政策将如何在多个目标间进行取舍，不利于其对未来货币政策走势形成预期。仍然以2016年为例，当年，中国经济下行压力的加大要求货币政策应由稳健转向稳健略偏宽松，但同时房地产泡沫化的风险正在加剧，又要求货币政策应控制信贷过快增长以实现金融稳定。市场普遍认为货币当局会更加注重稳增长，预期2016年下半年或有1~2次降息和降准。事后来看，2016年下半年中国货币当局并未对基准利率和准备金率作出调整，表明金融稳定目标的重要性在当时远比市场所预期的要高。2016年11月，中国人民银行发布的《2016年第三季度货币政策执行报告》中才明确指出要"注重抑制资产泡沫和防范经济金融风险"。由于多重目标下货币政策优先目标并不明确，市场对于货币政策的预期产生了较为明显的偏差，从而影响了货币政策的效率。如果货币政策被赋予的一些目标本身难以量化评估是否能实现，也可能影响公众对货币政策有效性的信任度，从而不利于预期的引导。

---

① "三去一降一补"即"去产能、去库存、去杠杆、降成本、补短板"五大任务，是习近平针对供给侧结构性改革的迫切需求，在2015年12月中央经济工作会议上提出的。供给侧结构性改革主要涉及产能过剩、楼市库存大、债务高企这三个方面，为解决好这一问题，就要推行"三去一降一补"的政策。延续到2021年，《2021年国务院政府工作报告》仍然要求继续完成"三去一降一补"重要任务。

　　由于我国经济尚处在转轨之中，市场化改革不断推进，货币政策仍需要在经济结构调整、推动改革开放、维持金融稳定等方面提供持续性支持，如绿色环保、脱贫攻坚、平抑房价、股市维稳等。公众对货币当局如何在多个目标之间进行取舍难以判断的情况也可能长期存在。为此，建议我国货币当局借鉴一些国家兼顾货币政策灵活性和规则的做法，逐步明确货币政策决策规则，阐明通胀、产出、就业、币值稳定、结构性改革等目标在货币政策决策中的优先序。一旦发生优先序阶段性的调整，要在货币政策决策的同时及时进行信息披露。基于规则的调控方式，让公众有判断货币当局行为的标准，既不被单一目标所"绑架"，又能在政策出台、调控力度、偏好的转变上有一定的灵活性，推动货币当局决策透明度的提升。

　　此外，随着市场经济的发展，价格水平的稳定越来越成为资源有效配置和经济健康运行的重要指征。本书实证研究结果也显示，当前价格型货币政策对公众通胀预期已经具备了更为直接的引导效果。2022 年 9 月，中国人民银行发布文章《深入推进利率市场化改革》，指出我国已形成以公开市场操作利率为短期政策利率和以中期借贷便利利率为中期政策利率、利率走廊机制有效运行的央行政策利率体系。建议进一步明确目标利率水平，向市场和公众发出明确且具有一定灵活性的价格信号，充分发挥利率走廊机制稳定预期的作用。

二、提高信息披露的针对性、艺术性

　　货币当局信息披露一般包括调控目标、决策规则、决策依据、调控举措、前期调控效果评价、调控方向变化原因等。从实际情况看，除了前述决策规则不够透明外，在上述方面我国货币当局信息披露的针对性可进一步提升。

（一）减少含义过于宽泛的措辞

　　货币当局的措辞体现出货币政策的基调，如果货币政策总体基调、货币政策中介目标和货币政策最终目标存在方向上的不完全一致，公众对未来货币政策的预期会出现分化，有可能部分公众的预期与货币当局真实的政策意图产生背离。例如，本书构建货币当局信息披露指数采用的货币政策执行报告中，"稳健的货币政策"出现了 217 次，按照货币当局自身的定义，稳健货币政策的含义"既包括防止通货紧缩，也包括防止通货膨胀"，表示将根据形势发展变化动态优化和逆周期调节，适度熨平经济的周期波动。可见"实施稳健的货币政策"内涵广阔而模糊。从"稳健的货币政策"措辞对应的货币当局实际操作来看，有偏宽松的，有偏紧缩的，也有中性的。这在宏观经济形势发生变化时更易引发预期的混乱。货币当局较公众更早观测到宏观经济形势的变化，稳健货币政策的内涵也随之发生变化时，出于维持预期稳定和市场信心的意图，保持"稳健的货币政策"口径不变，但公众较难从货币当局的信息披露中了解政策的真实意图，有可能造成误读。正是由于这一原因，货币当局这一标志性措辞本应成为货币当局货币政策重要基调的风向标，却因不具有明显的指示意义，没有纳入本书指标合成的筛选范围。

（二）进一步加强决策依据的披露

理论上，各国央行都会利用经济模型和货币政策目标函数构建政策路径，形成决策依据。[①] 货币当局对未来宏观经济形势的预测，也是一项非常重要的决策依据，会影响到市场的整体预期，进而对生产生活产生系统性的影响。准确的预测也将提高公众对货币当局的信任程度，从而更好地促进公众通胀预期向调控目标靠拢。大部分央行会选择不同的沟通方式披露其决策依据，如提供基于利率假设的宏观经济变量预测值，常见的经济指标是 GDP 增速、物价水平、失业率等；或通过会议声明和纪要、书面报告、决策机构成员讲话和向国会作证的方式提供定性指导。例如，美联储在其官网公布了在宏观经济分析和政策分析中所使用的模型，包括 FRB/

---

① 经济模型描述经济运行的过程，详细解释货币政策对经济活动和通货膨胀的影响。目标函数明确政策目标以及政策制定者的偏好，一般情况下会包括产出缺口和通胀缺口两个因素及其各自的权重，采取非线性的表达方式。央行可以通过最小化经济模型约束下的目标函数来构建政策路径。

US 模型和 EDO 模型等。① 美联储联邦公开市场委员会（FOMC）每年定期召开 8 次例会，重点分析货币信贷总量的增长情况，预测实际国民生产总值、通货膨胀、就业率等指标的变化区间。每次 FOMC 会议前两周向社会公布《褐皮书》（Beige Book）②。公众在获得《褐皮书》的信息以后，可以了解美国经济发展的全面情况，进一步增强对 FOMC 作出决策的原因和过程的理解。这个举措旨在促使公众主动增强对货币政策决策相关信息的学习、分析与判断，促使其采取和美联储一致的方式处理各种信息。

挪威央行也坚持向公众直接公布明确的政策制定依据。挪威央行采取灵活的通胀目标制，通胀、产出和失业等指标在决策时均有一定的权重，目标是运用利率政策使 CPI 稳定在一定水平上，在每年开始时预测并公布当年的基准利率水平。挪威央行明确规定了调整利率政策的原则：第一，利率政策要有利于稳定在目标水平，或者在偏离后能够回到目标水平；第二，利率政策需要兼顾通胀目标和有效利用社会资源，换句话说，资产价格、股票价格、汇率等均予以考虑；第三，利率政策的调整应该是小步的，即保持政策的连续性；第四，为了检验央行是否遵循了利率政策制定标准，央行需要对政策制定过程中偏离简单原则的情况作出解释。挪威央行还公布了定量的利率政策的公式——央行的损失函数，利率政策需要满足最小化这一损失函数的要求，包括现在和未来的情况：

$$L_t = (\pi_t - \pi^*)^2 + \lambda (y_t - y^*)^2 + \delta (i_t - i_{t-1})^2 + \kappa (i_t - i_t^{simple})^2$$

上式损失函数右边的每一项与利率政策制定的四个原则一一对应。挪威央行并不排除在必要的时候采取比利率政策确定的更强力度的调控措施。上式中的参数 λ、δ 和 κ 表示产出和利率偏离的权重，根据偏离程度对实现通胀目标的影响程度确定其数值的大小。

在这方面，我国货币当局的信息披露相对较少。首先，公众至今仍无从知晓货币当局在政策分析时所使用或参考的理论模型。其次，与货币政

---

① 参见 https：//www.federalreserve.gov/econresdata/workingpaper.html。

② 《褐皮书》关注各个储备区的区域经济发展状况，包括概述和分行业的分析，既反映地区储备银行行长的观点，也披露所辖区域内商业人士、经济学家、专业投资机构等的观点。

策调控效果密切相关的经济指标仍未全部发布。例如，没有披露产能利用率指标，而该指标相比产出和通胀数据能够更快速、更直接地反映实体经济冷暖状况。最后，我国货币当局并没有较为明确的"名义锚"①，利率走廊及其参考利率水平直到 2022 年底才第一次在货币当局相关文章中被提及，且并非正式的货币政策执行报告。货币当局公开信息的发布与货币政策调控之间如果没有稳定而确切的联系，公众即便得到货币当局发布的信息，也不能准确预测其未来调控的方向，不仅难以形成有效的预期，而且信息传导机制难以保持畅通，公众会形成"理性疏忽"②。

结合我国实际情况，建议货币当局进一步明确相关经济指标在货币政策决策时的权重及权重调整的原则，根据每年经济工作会议精神，及时发布当前最为关注的经济指标监测情况。加强决策依据的披露可以产生以下作用：一是公众有了判断货币当局行为的标准，前瞻性信息能够进入公众预期形成的过程中，为货币当局的行为建立了一个外部约束机制；二是根据调控原则，在政策出台、调控力度、偏好的转变上有一定的灵活性，不被单一目标"绑架"；三是弥补"名义锚"缺失对公众预期的影响，稳定公众长期预期，并且有利于降低货币当局调控不当、市场噪声等在预期形成中的不利影响。

（三）差异化不同时期、不同渠道的信息披露重点

结合本书研究结论，在宏观经济较为稳定的时期，货币当局需要保持一定的货币调控定力，不随意切换货币政策目标以及改变既定货币政策的操作方向，维持稳定的信息披露节奏和强度，对公众通胀预期不作过度的引导。而在宏观经济波动加大、政策方向改变、公众预期高度敏感的复杂时期，货币当局的信息披露需要更具有针对性和艺术性。这种针对性的调

---

① "名义锚"是指一国货币政策盯住的名义经济变量，其作用是锚定公众的预期和约束中央银行的行为。

② 伍德福德（2002）研究认为，如果高阶预期形成费时费力，出于成本因素的考虑，经济主体会有意识地忽略部分信息或放弃收集相关信息的努力，预期调整的速度变慢，从而导致决策的速度随之降低，这就是"理性疏忽"。

整优化主要包括：一是强调沟通时机，明确沟通目标。在经济运行平稳之时，"建设性的模棱两可"的语言风格可能不会对市场预期造成干扰；在发生重大事件、经济发展前景不明朗、公众预期不确定性上升时，应明确地表达货币当局立场，发挥稳定预期的作用。二是说明调控偏差。实行通胀目标制的央行一般都会在网站上公布其预测结果和实际经济指标之间的预测误差。如果货币当局未能实现调控目标，此时加强与公众的沟通就显得尤为重要。否则，公众难以判断目标偏离的原因是货币当局政策不力或者错误，还是由于其他货币当局无法应对的问题所导致。我国货币政策最终目标没有量化指标，结合利率走廊机制实施情况，建议根据经济增长速度和物价变化情况，进一步明确利率波动的适度区间，当物价超出适度波动区间、发出明确的政策调整信号时，货币当局应及时向社会解释造成偏离的原因、准备采取的措施和预期实现的效果。三是采取差异化信息沟通方式。针对消费者、金融机构、媒体、研究机构以及政府部门等不同目标群体采取不同的沟通方式，提供对经济展望的看法并对政策决策作出解释。当目标群体为金融机构和研究机构时，采用专业的沟通方式，披露更多的决策依据和监测数据，推动形成共识；与普通消费者的沟通，则需要简单明了地阐述货币当局的立场，防止模糊理解或者被误读。采用发表文章、参加节目、组织宣传活动、发表演讲、接受采访等不同渠道、不同方式发布有关货币政策信息。对于完整准确、容量大的信息，通过定期发布书面报告的形式进行，如货币政策执行报告、决策会议记录、人民银行月报、研究报告、财经类报刊等。针对面向公众的、对政策的解释宣传，则主要通过召开新闻发布会、接受新闻采访、发表专题演讲、参加电视宣传活动等口头方式进行。通过提供准确、真实、表达清晰、易于理解的信息，降低公众感受到的"不确定性"，减少市场无谓的猜测，增加公众对货币当局的信任度。

（四）提高信息披露的及时性

美联储对货币政策信息的披露较为及时。在公开市场委员会会议结束的当天下午 2 点即会准时发布会议声明，宣布货币政策的调整方案，如是否加息和是否进行资产购买等。在会议结束后的第 3 周会发布更为详细的会议纪要。如果货币当局未能及时地公布货币政策信息，在震荡期会引发不必要的猜测或形成错误预期。例如，我国货币当局于 2014 年 4 月首次推出抵押补充贷款（PSL）工具，但直到 2015 年 6 月才公布具体投放规模和工具职能。期间市场产生了多种不同解读，而且错误判断愈演愈烈。① 建议我国货币当局进一步重视信息披露的及时性，及时公布重要的货币政策操作及相关信息，尤其在重大政策变化之后，及时向社会公众解释政策出台的原因以及调控的目标。发挥货币政策委员会作为决策咨询机构的作用，定期与公众沟通，加强金融消费者教育，向公众解读经济形势与货币政策调控措施出台的背景。

三、加强对公众通胀预期的研判

实证研究的检验结果显示，在信息传导机制中，公众预期是一个核心因素，为了克服高阶信任导致的私人信息缺失和市场信息失真的问题，货币当局需要关注公众预期的变化情况。将公众通胀预期作为观测目标，可以从中观察到公开信息对公众通胀预期的影响，判断货币当局货币政策是否起到了引导和管理预期的作用，进而为货币政策下一步的操作提供参考。因此，第一，货币当局需要加强对公众预期的了解，扩大市场调查的范围，增加具体的量化指标，定期对不同人群进行通胀预期、信心指数等的社会调查，并将这些信息反映在货币政策委员会的讨论中。第二，货币当局需要公布一些前瞻性的信息，提高公众对这部分信息的学习速度。由于前瞻性信息会对公众未来的预期形成影响，因此，提高公众的学习能力，有利于加强公众对货币当局未来政策调控的理解，形成与货币当局一

---

① 2015 年 6 月 1 日，各大媒体发布消息称人民银行近期投放了 1.5 万亿元 PSL，其规模相当于两次降准。这使得市场立即产生了宽松货币政策已经到来的解读，当天股市出现暴涨，上证综指上涨近 5%。但是，从 6 月 2 日人民银行正式发布的 PSL 概述及其历史操作来看，2015 年前 5 个月人民银行仅提供了 2628 亿元 PSL，与市场预期差距较大。而且，PSL 也并未如市场所预期的那样承担了多重功能，其功能主要是"支持国民经济重点领域、薄弱环节和社会事业发展而对金融机构提供的期限较长的大额融资"。

致的预期。第三，货币当局可以把公众通胀预期的情况反映在货币政策执行报告的专栏或者附件中，借助执行报告的影响力，加强公众之间的相互学习，可以更好地观察公众通胀预期形成过程，收集公众通胀预期调整的信息，并有针对性地建设与市场互动的机制。

长期以来，我国货币当局对公众通胀预期仅按季发布储户问卷调查报告及简单的趋势性指标，未公布自身对公众通胀预期的度量估算方法。结合本书的研究结论，在互联网日益普及、大数据和人工智能技术飞速发展的今天，我国货币当局应更加重视互联网环境下公众学习能力迅速提升的情况，高度关注经济波动期公众通胀预期的变化情况。一是应与时俱进改进公众通胀预期的量化方法。预期管理理论认为货币当局比市场能掌握更多的关于经济运行的信息，对未来经济走势有更好的判断力。货币当局的这种优势既来源于其是政府机构的组成部分，具有信息优势，也来源于货币当局具有较强的研究能力和专业水平。货币当局应该着力于改进对公众信息的搜集研究方法，扩大对公众通胀预期调查的样本范围，多采用宽样本与大数据分析相结合的方法，寻找并持续监测能够真实反映公众预期的替代量化指标，如本书合成的公众学习信息获取指数。二是加强地方分支机构的信息获取作用。货币当局分支机构更接近地区实体经济主体，在获取相关信息上比总部有优势。应增加区域性公众通胀预期的研判，扩大信息来源，更深入地掌握经济运行实际情况，并纳入货币政策决策过程中。三是鼓励公众参与。建议货币当局与高校、研究机构联合开展关于公众通胀预期的社会调查，向研究机构开放公众通胀预期数据，以便于更好地观测我国公众通胀预期的特征，为货币政策决策和预期引导提供参考。

第三节　研究局限及展望

本书研究力求严谨审慎，但受知识背景、数据来源等的影响，仍存在一些局限之处，有待进一步完善和后续更深入的研究。主要包括：

（1）关于公众通胀预期指数构建。由于专业人士（学者、金融同业人员、大型企业管理者等）信息获取渠道较多，可能使用百度搜索进行宏观经济金融数据获取相对偏少，致使本书基于百度搜索指数构建的公众通胀预期量化指数对专业人士的预期形成可能覆盖不足。未来的研究可以探讨纳入其他更加专业、符合主动获取和留痕性等特征的网络信息获取渠道，使该指数拥有更广泛的代表性，进一步提高对公众通胀预期刻画的精确度。

（2）关于预期引导指数构建。本书以中国人民银行货币政策执行报告文本信息提取辅以人工判断的方式合成货币当局信息披露指数，作为预期引导量化指数的替代，信息来源较为单一。结合我国实际情况，未来的研究可以考虑将中央经济工作会议、中央政治局常委会等关于宏观调控政策的权威表述及我国货币当局通过权威媒体、新闻发布会等方式发布的关于货币政策的信息纳入，以进一步提升该指数的代表性。

（3）关于预期引导效果的评价。本书主要借助结构向量自回归、因子扩展的向量自回归和马尔科夫区制转换向量自回归模型对公众通胀预期、货币当局信息披露与宏观经济变量之间的变动关系进行实证分析。由于预期引导与货币政策操作本身密不可分，如何更科学、独立地评估预期引导的效果，有待于未来研究中构建新的数理模型来进行实证。

附录 1
百度搜索关键词公因子方差比

关键词	Initial	Extraction
华尔街	1.000	0.507
银根	1.000	0.513
美股	1.000	0.523
通货膨胀	1.000	0.536
储蓄	1.000	0.548
M0	1.000	0.558
中国人民银行	1.000	0.558
存款	1.000	0.566
汽车销量	1.000	0.581
国际油价	1.000	0.597
投资	1.000	0.600
税收	1.000	0.600
回购	1.000	0.604
SHIBOR	1.000	0.609
房价	1.000	0.617
外汇	1.000	0.621
证监会	1.000	0.624
房贷	1.000	0.625
消费	1.000	0.639
CPI	1.000	0.641
降息	1.000	0.645
余额宝	1.000	0.657
失业率	1.000	0.671
公开市场业务	1.000	0.673
金融监管	1.000	0.680
基金	1.000	0.688
金融危机	1.000	0.692
保监会	1.000	0.693
银监会	1.000	0.696
财政政策	1.000	0.700

续表

关键词	Initial	Extraction
PPI	1.000	0.706
再贴现率	1.000	0.710
钢铁	1.000	0.714
人民币	1.000	0.718
统计局	1.000	0.741
期货	1.000	0.744
同业拆借	1.000	0.748
城镇化率	1.000	0.756
宏观调控	1.000	0.760
股市	1.000	0.766
中国经济	1.000	0.769
收益	1.000	0.770
保险	1.000	0.772
煤炭	1.000	0.775
国际收支	1.000	0.776
农产品	1.000	0.777
利率	1.000	0.790
货币政策	1.000	0.792
工业增加值	1.000	0.793
房地产	1.000	0.796
银行	1.000	0.796
大宗商品	1.000	0.805
车贷	1.000	0.805
互联网金融	1.000	0.807
固定资产投资	1.000	0.820
贷款	1.000	0.821
公积金	1.000	0.838
LIBOR	1.000	0.843
贷款利率	1.000	0.845
信贷	1.000	0.867
第一财经	1.000	0.871
债券	1.000	0.875
美元	1.000	0.891
汇率	1.000	0.891
基准利率	1.000	0.893

注：提取方法为主成分分析法。

附录 2
百度搜索指数公因子旋转矩阵

Rotated Component Matrix[a]

	Component								
	1	2	3	4	5	6	7	8	9
CPI	− 0. 033	− 0. 019	− 0. 008	0. 022	− 0. 112	0. 169	0. 121	0. 758	0. 094
PPI	0. 246	0. 098	0. 077	0. 100	0. 184	0. 060	− 0. 075	0. 756	0. 075
通货膨胀	0. 322	0. 021	0. 245	0. 421	− 0. 192	0. 184	0. 284	0. 181	0. 105
投资	− 0. 108	0. 721	0. 011	0. 068	0. 069	0. 036	− 0. 087	− 0. 172	0. 142
宏观调控	0. 369	0. 194	0. 326	0. 283	0. 528	− 0. 183	− 0. 292	− 0. 038	0. 014
农产品	− 0. 058	0. 779	0. 232	0. 128	0. 060	0. 152	0. 036	0. 230	0. 122
公开市场业务	0. 035	0. 043	0. 038	0. 814	0. 019	0. 045	0. 043	− 0. 045	0. 020
基金	− 0. 129	0. 762	0. 026	0. 062	0. 131	0. 192	− 0. 104	0. 018	0. 147
保险	0. 175	0. 212	0. 761	0. 118	− 0. 134	0. 264	0. 069	0. 013	0. 101
基准利率	0. 629	0. 329	0. 284	0. 205	0. 126	0. 162	− 0. 031	0. 081	0. 465
房贷	0. 293	0. 070	0. 219	0. 083	0. 517	0. 010	0. 010	0. 106	0. 448
车贷	0. 157	0. 128	0. 713	− 0. 023	0. 434	− 0. 127	− 0. 220	− 0. 052	0. 019
降息	0. 040	0. 166	− 0. 070	0. 050	0. 012	− 0. 141	− 0. 029	0. 020	0. 767
股市	0. 242	0. 797	− 0. 049	− 0. 007	0. 005	− 0. 065	0. 214	− 0. 129	0. 054
贷款利率	0. 171	0. 469	0. 443	0. 128	0. 101	0. 024	0. 044	0. 161	0. 586
中国人民银行	0. 563	0. 207	0. 312	0. 269	− 0. 008	− 0. 017	0. 043	0. 131	0. 100
公积金	0. 698	0. 163	0. 371	0. 119	0. 175	0. 358	− 0. 040	0. 097	0. 045
房地产	− 0. 210	0. 176	0. 735	0. 106	0. 164	0. 145	0. 314	0. 080	0. 128
货币政策	0. 107	0. 329	0. 126	0. 779	− 0. 048	0. 035	0. 075	0. 039	0. 197
中国经济	0. 212	0. 512	0. 229	0. 191	0. 273	− 0. 421	0. 203	0. 279	0. 038
汇率	0. 923	− 0. 077	0. 031	0. 039	− 0. 101	0. 139	0. 015	− 0. 038	− 0. 011

Rotated Component Matrix[a]

	Component								
	1	2	3	4	5	6	7	8	9
债券	0.568	0.395	0.398	0.379	0.226	0.103	−0.095	0.148	0.041
国际油价	0.087	0.559	0.401	0.137	−0.075	−0.098	0.008	0.251	0.137
大宗商品	0.245	0.502	0.601	0.153	0.003	−0.209	−0.019	0.253	−0.022
信贷	0.218	0.419	0.649	0.189	0.396	0.061	−0.094	0.130	0.038
美元	0.917	−0.079	0.155	0.046	−0.066	0.025	−0.067	−0.078	−0.032
煤炭	−0.148	0.532	0.323	0.147	0.520	−0.062	−0.077	0.248	0.062
期货	0.074	0.698	0.291	0.145	0.045	0.252	0.249	0.126	0.047
外汇	0.283	0.169	0.620	0.059	−0.083	0.255	0.230	0.007	0.026
M0	0.640	0.010	0.013	0.194	0.260	0.107	−0.117	0.127	−0.035
银行	−0.112	0.479	0.190	0.155	0.579	0.272	0.173	0.165	0.168
钢铁	−0.327	0.546	0.309	0.152	0.110	0.072	0.240	0.338	0.038
人民币	0.821	0.041	0.140	0.012	−0.111	−0.074	0.000	−0.067	0.022
税收	0.263	−0.067	0.067	0.454	−0.132	0.510	0.192	0.030	0.008
LIBOR	0.656	0.216	0.265	0.277	0.218	0.387	−0.018	0.144	−0.007
SHIBOR	0.276	0.165	0.170	0.153	0.447	0.486	0.120	−0.010	−0.051
同业拆借	0.355	0.215	0.246	0.523	0.414	0.240	0.079	0.063	−0.055
银根	−0.101	−0.024	0.061	0.298	0.076	0.291	0.553	0.078	0.088
再贴现率	0.220	0.034	0.169	0.753	0.149	0.154	0.085	0.103	0.035
回购	0.357	0.416	0.116	0.183	0.426	0.250	0.108	0.027	−0.014
贷款	0.272	0.420	0.623	0.114	0.287	−0.214	−0.181	0.048	0.078
存款	0.102	−0.019	0.303	0.049	0.169	0.439	−0.049	−0.127	0.471
国际收支	0.034	0.108	−0.019	0.859	0.123	0.076	0.057	−0.001	0.021
储蓄	0.551	−0.214	−0.175	0.351	−0.090	0.173	0.027	−0.052	0.060
利率	−0.211	0.215	0.047	0.075	−0.006	0.132	0.231	0.162	0.771
消费	0.543	0.184	0.160	0.440	0.057	0.168	0.146	0.197	−0.012
汽车销量	0.641	0.057	0.161	0.141	0.170	−0.170	−0.232	0.102	0.008

续表

Rotated Component Matrix^a

	Component								
	1	2	3	4	5	6	7	8	9
固定资产投资	0.470	0.082	0.286	0.298	0.031	0.604	0.096	0.217	−0.001
城镇化率	0.700	−0.021	0.151	0.310	0.193	0.290	−0.122	0.104	−0.017
失业率	0.375	0.135	0.057	0.678	0.091	0.041	0.044	0.189	−0.037
工业增加值	0.173	0.125	0.061	0.166	0.016	0.709	0.214	0.408	0.026
房价	0.083	−0.313	0.420	0.079	0.369	0.060	0.421	−0.101	0.040
证监会	0.275	0.697	0.059	0.053	0.024	−0.043	0.144	−0.177	0.031
美股	0.595	0.077	−0.141	−0.048	−0.073	−0.018	0.364	0.029	0.040
统计局	0.477	0.097	0.098	0.239	0.025	0.527	0.057	0.393	−0.019
余额宝	−0.095	0.018	−0.062	−0.080	0.796	−0.004	−0.029	−0.054	0.024
保监会	0.487	0.162	0.555	0.137	0.033	0.288	−0.138	−0.002	−0.011
收益	0.628	0.272	0.336	0.346	0.174	0.042	−0.178	0.055	−0.039
银监会	0.463	0.180	0.552	0.141	0.184	0.262	−0.146	0.006	0.033
第一财经	0.181	0.825	0.354	0.093	0.062	−0.060	0.035	0.117	0.027
金融监管	0.358	−0.026	0.515	0.501	−0.065	0.089	−0.130	−0.063	−0.043
华尔街	−0.354	0.128	−0.020	0.056	0.024	0.047	0.590	0.106	−0.015
财政政策	0.138	0.103	0.105	0.807	−0.010	0.010	0.028	0.024	0.080
互联网金融	0.361	0.447	0.399	0.098	0.365	−0.245	−0.335	0.011	0.052
金融危机	0.097	0.353	−0.048	0.132	−0.128	−0.016	0.718	−0.032	0.072

注：提取方法为主成分分析法；旋转覆盖12次迭代。

附录 3
FAVAR 模型引入宏观经济变量划分情况一览

月度指标	变量注释（是否经过季节调整）	S/F	转换码
工业产出			
GDP	规模以上工业增加值：当月（2010 年 = 100，SA）	S	2
IPCO	工业产量：当月 原煤（SA）	S	2
IPPE	工业产量：当月 原油（SA）	S	2
IPGA	工业产量：当月 天然气（SA）	S	2
IPST	工业产量：当月 粗钢（SA）	S	2
IPCE	工业产量：当月 水泥（SA）	S	2
IPCA	工业产量：当月 汽车（SA）	S	2
IPPH	工业产量：当月 移动通信手持机（SA）	S	2
IPCL	工业产量：布（SA）	S	2
IPEL	工业产量：发电量（SA）	S	2
价格指数			
CPI	居民消费价格指数（SA）	S	2
CPIF	居民消费价格指数：食品（SA）	S	2
CPIC	居民消费价格指数：衣着（SA）	S	2
CPIT	居民消费价格指数：交通通信（SA）	S	2
CPIE	居民消费价格指数：教育娱乐（SA）	S	2
PPI	工业生产者出厂价格指数（SA）	S	1
PPIP	工业生产者出厂价格指数：生产资料（SA）	S	1
PPIL	工业生产者出厂价格指数：生活资料（SA）	S	2
PPIRM	工业生产者购进价格指数（SA）	S	1
PPIRMF	工业生产者购进价格指数：燃料、动力类（SA）	S	2
RPI	商品零售价格指数（SA）	S	2
RPIF	商品零售价格指数：食品（SA）	S	2
投资			
FAI_f	第一产业固定资产投资（SA）	S	2
FAI_s	第二产业固定资产投资（SA）	S	2

续表

月度指标	变量注释（是否经过季节调整）	S/F	转换码
FAI_t	第三产业固定资产投资（SA）	S	2
FAIN	固定资产投资：新增（SA）	S	2
FAIR	固定资产投资：房地产（SA）	S	2
国家财政			
GR	公共财政收入（SA）	S	2
GE	公共财政支出（SA）	S	2
国内贸易			
RSCG	社会消费品零售（SA）	S	2
国际贸易			
EX	出口（SA）	S	2
EXA	出口：美国（SA）	S	2
EXJ	出口：日本（SA）	S	2
EXE	出口：欧盟（SA）	S	2
IM	进口（SA）	S	2
IMA	进口：美国（SA）	S	2
IMJ	进口：日本（SA）	S	2
IME	进口：欧盟（SA）	S	2
利率与货币			
IRS	银行间同业拆借加权利率：7天（NSA）	F	1
M0	货币供应：现金（SA）	S	2
M1	货币供应：狭义货币M1（SA）	S	2
M2	货币供应：货币和准货币M2（SA）	Y	2
FR	外汇储备（SA）	S	1
FID	金融机构存款（SA）	S	2
金融市场			
SSEC	上海股票交易所综合指数（NSA）	S	1
SZSC	深圳股票交易所综合指数（NSA）	S	2
SSPE	沪市平均市盈率（NSA）	S	2
SZPE	深市平均市盈率（NSA）	S	2
汇率			
FEU	平均汇率：美元兑人民币（NSA）	S	1
FEE	平均汇率：欧元兑人民币（NSA）	S	2

续表

月度指标	变量注释（是否经过季节调整）	S/F	转换码
信心指数与景气指数			
CCI	消费者信心指数（NSA）	S	2
CEI	消费者预期指数（NSA）	S	2
CSI	消费者满意指数（NSA）	S	2
MEI	宏观经济景气指数（NSA）	S	1
PMI	制造业采购经理人指数（NSA）	S	1
REI	国房景气指数（NSA）	S	1

注：我国 GDP 没有官方公布的月度数据，因此用规模以上工业增加值的月度数据进行替代。表中各标识码的含义为：1 代表不需要进行差分处理，2 代表经过一阶差分处理，SA 代表经过 X–12 季节调整，NSA 代表未经过 X–12 季节调整，S 代表设定为慢速变量，F 代表设定为快速变量，Y 代表设定为观测变量。

参 考 文 献

[1] 卞志村、张义：《央行信息披露、实际干预与通胀预期管理》，载于《经济研究》2012 年第 12 期。

[2] 卞志村、高洁超：《基于 NKPC 框架的我国通货膨胀动态机制分析》，载于《国际金融研究》2013 年第 11 期。

[3] 卞志村、高洁超：《适应性学习、宏观经济预期与中国最优货币政策》，载于《经济研究》2014 年第 4 期。

[4] 卞志村、宗旭姣：《公众学习、媒体信息披露与通胀预期形成》，载于《金融评论》2014 年第 1 期。

[5] 卞志村：《公众学习、通胀预期形成与最优货币政策研究》，人民出版社 2015 年版。

[6] 陈文杰：《经济新常态下我国数量型和价格型货币政策工具有效性比较研究》，载于《中共南京市委党校学报》2008 年第 2 期。

[7] 陈学彬：《对我国经济运行中的菲利普斯曲线关系和通胀预期的实证分析》，载于《财经研究》1996 年第 8 期。

[8] 陈学彬：《非对称信息与政策信息披露对我国货币政策效应的影响分析》，载于《经济研究》1997 年第 12 期。

[9] 陈学彬：《博弈论方法与货币政策分析》，载于《科学》1998 年第 50 卷第 1 期。

[10] 陈学彬等：《金融博弈论》，复旦大学出版社 2007 年版。

[11] 陈元富：《全球化条件下货币当局政策博弈与中国的策略选择》，载于《中国城市金融》2014 年第 1 期。

［12］储峥：《基于互动学习的货币政策信息传导机制研究》，复旦大学博士学位论文，2012 年。

［13］范从来、高洁超：《适应性学习与中国通货膨胀非均衡分析》，载于《经济研究》2016 年第 9 期。

［14］方松：《公众预期与货币政策效应》，载于《上海金融》2004 年第 6 期。

［15］付英俊：《我国央行预期管理实践：现状、问题及建议》，载于《武汉金融》2017 年第 9 期。

［16］高铁梅：《计量经济分析方法与建模》，清华大学出版社 2009 年版。

［17］顾巧明：《市场分割下的货币政策博弈——基于通货膨胀预期的视角》，载于《经济与管理研究》2010 年第 6 期。

［18］郭文伟、宋光辉、许林：《风格漂移、现金流波动与基金绩效之关系研究》，载于《管理评论》2011 年第 23 卷第 12 期。

［19］郭豫媚、陈彦斌：《利率市场化大背景下货币政策由数量型向价格型的转变》，载于《人文杂志》2015 年第 2 期。

［20］郭豫媚、陈伟泽、陈彦斌：《中国货币政策有效性下降与预期管理研究》，载于《经济研究》2016 年第 1 期。

［21］郭豫媚、郭俊杰、肖争艳：《利率双轨制下中国最优货币政策研究》，载于《经济学动态》2016 年第 3 期。

［22］郭豫媚、陈彦斌：《预期管理的政策实践与改进措施》，载于《中国人民大学学报》2017 年第 5 期。

［23］郭豫媚：《预期管理评价》，载于《经济研究参考》2018 年第 3 期。

［24］郭豫媚、周璇：《央行沟通、适应性学习和货币政策有效性》，载于《经济研究》2018 年第 4 期。

［25］贺根庆：《通胀预期与货币政策的优化操作》，载于《上海经济研究》2014 年第 5 期。

［26］何楠：《货币政策透明度、政策博弈与预期管理》，载于《当代经济研究》2018 年第 2 期。

[27] 黄宪、王书朦：《通货膨胀预期视角下货币政策的非对称效应研究》，载于《财贸经济》2014 年第 1 期。

[28] 蒋海、储著贞：《总供给效应、适应性学习预期与货币政策有效性》，载于《金融研究》2014 年第 407 卷第 5 期。

[29] 邝雄、胡南贤、徐艳：《货币政策不确定性与银行信贷决策——基于新闻报道文本分析的实证研究》，载于《金融经济学研究》2019 年第 34 卷第 5 期。

[30] 李成、马文涛、王彬：《学习效应、通胀目标变动与通胀预期形成》，载于《经济研究》2011 年第 46 卷第 10 期。

[31] 李方一、肖夕林、刘思佳：《基于网络搜索数据的区域经济预警研究》，载于《华东经济管理》2016 年第 8 期。

[32] 李冠超：《中国通货膨胀的有效驱动因子、非线性特征与调控政策机制化研究》，东北财经大学博士学位论文，2017 年。

[33] 李天宇、张屹山：《适应性学习下货币政策规则的收敛性与收敛速度影响因素分析》，载于《南方经济》2017 年第 7 期。

[34] 李晓炫、吕本富、曾鹏志、刘金烜：《基于网络搜索和 CLSI-EMD-BP 的旅游客流量预测研究》，载于《系统工程理论与实践》2017 年第 37 卷第 1 期。

[35] 李秀婷、刘凡、董纪昌、吕本富：《基于互联网搜索数据的中国流感监测》，载于《系统工程理论与实践》2013 年第 33 卷第 12 期。

[36] 李忆、文瑞、杨立成：《网络搜索指数与汽车销量关系研究——基于文本挖掘的关键词获取》，载于《现代情报》2016 年第 8 期。

[37] 李云峰：《中央银行沟通、实际干预与通货膨胀稳定》，载于《国际金融研究》2012 年第 4 期。

[38] 李云峰、王彦卿：《中央银行沟通在我国货币政策预期管理中的策略研究》，载于《宏观经济研究》2016 年第 10 期。

[39] 刘金全、姜梅华：《我国利率规则与实际产出和通货膨胀率之间的非对称关联机制研究》，载于《上海交通大学学报（哲学社会科学版）》2011 年第 19 卷第 4 期。

［40］刘伟江、李映桥：《基于网络搜索数据的消费者信心指数预测研究——以台湾地区为例》，载于《浙江学刊》2015 年第 2 期。

［41］刘伟江、李映桥、隋建利：《网络消费者信心指数和物价波动的相关性研究》，载于《山东大学学报（哲学社会科学版）》2015 年第 6 期。

［42］刘伟江、李映桥：《网络消费者信心指数和经济增长的动态相关性研究》，载于《财贸研究》2017 年第 28 卷第 5 期。

［43］刘颖、吕本富、彭赓：《互联网搜索数据预处理方法及其在股市分析中的应用》，载于《情报学报》2011 年第 10 期。

［44］马文涛：《中国通胀预期的形成与演变：公众学习的视角》，载于《当代经济科学》2014 年第 36 卷第 5 期。

［45］彭方平、胡新明、展凯：《通胀预期与央行货币政策有效性》，载于《中国管理科学》2012 年第 20 卷第 1 期。

［46］彭赓、李娜、吕本富：《电子商务交易量的预测研究——基于站内搜索数据与商品分类预测模型》，载于《管理现代化》2014 年第 2 期。

［47］盛松成、翟春：《央行与货币供给》，中国金融出版社 2015 年版。

［48］孙毅、戴维、董纪昌、吕本富：《基于主成分分析的网络搜索数据合成方法研究》，载于《数学的实践与认识》2014 年第 21 期。

［49］孙毅、吕本富、陈航、薛添：《大数据视角的通胀预期测度与应用研究》，载于《管理世界》2014 年第 4 期。

［50］孙毅、吕本富、陈航、薛添：《基于网络搜索行为的消费者信心指数构建及应用研究》，载于《管理评论》2014 年第 26 卷第 10 期。

［51］谭旭东：《适应性学习及其在货币政策中的应用》，载于《经济学动态》2012 年第 7 期。

［52］唐吉洪、王雪标：《异质条件下专业机构与公众通胀预期的传导机制研究》，载于《统计与信息论坛》2015 年第 30 卷第 10 期。

［53］唐哲一：《适应性学习与新凯恩斯菲利普斯曲线》，载于《统计与决策》2010 年第 23 期。

［54］王立勇、张代强、刘文革：《开放经济下我国非线性货币政策的非对称效应研究》，载于《经济研究》2010 年第 45 卷第 9 期。

［55］王少林、丁杰：《央行沟通、政策不确定性与通胀预期》，载于《经济经纬》2019 年第 36 卷第 1 期。

［56］王书朦：《通胀预期视角下中国货币政策效应研究》，武汉大学博士学位论文，2015 年。

［57］温博慧、郑福、袁铭：《公众预期对货币政策效果的影响——基于大数据下公众信息获取的实证分析》，载于《广东财经大学学报》2016 年第 5 期。

［58］肖曼君、周平：《央行信息披露对通货膨胀预期及其偏差的影响——基于人民银行的信息披露指数分析》，载于《财经理论与实践》2009 年第 30 卷第 5 期。

［59］肖曼君、夏荣尧：《中国的通货膨胀预测：基于 ARIMA 模型的实证分析》，载于《上海金融》2008 年第 8 期。

［60］许冰、叶娅芬：《基于理性预期模型的最优货币政策的选择及应用》，载于《统计研究》2009 年第 26 卷第 5 期。

［61］徐亚平：《关于公众预期与货币政策的反思》，载于《财经科学》2004 年第 1 期。

［62］徐亚平：《公众学习、预期引导与货币政策的有效性》，载于《金融研究》2009 年第 343 卷第 1 期。

［63］徐亚平：《通货膨胀预期形成的模型刻画及其与货币政策的关联性》，载于《金融研究》2010 年第 363 卷第 9 期。

［64］闫先东、高文博：《中央银行信息披露与通货膨胀预期管理——我国央行信息披露指数的构建与实证检验》，载于《金融研究》2017 年第 446 卷第 8 期。

［65］袁铭：《公众经济信息获取行为测度与货币政策有效性》，载于《管理评论》2017 年第 8 期。

［66］张蓓：《我国居民通货膨胀预期的性质及对通货膨胀的影响》，载于《金融研究》2009 年第 315 卷第 9 期。

［67］张成思：《预期理论的演进逻辑》，载于《经济学动态》2017 年第 7 期。

［68］张成思、芦哲：《媒体舆论、公众预期与通货膨胀》，载于《金融研究》2014 年第 403 卷第 1 期。

［69］张崇、吕本富、彭赓、刘颖：《网络搜索数据与 CPI 的相关性研究》，载于《管理科学学报》2012 年第 15 卷第 7 期。

［70］张华平、贺根庆：《通胀预期、政策博弈与货币政策的优化操作》，载于《现代经济探讨》2014 年第 7 期。

［71］张李义、涂奔：《互联网金融信息优势对同业市场利率影响的实证研究——基于商业银行经营决策分析》，载于《财经论丛》2018 年第 2 期。

［72］张晓林：《央行沟通、通胀预期管理与我国宏观经济波动》，南京财经大学硕士学位论文，2017 年。

［73］张小宇、刘金全：《我国货币政策与通货膨胀的非线性机制识别》，载于《上海财经大学学报》2012 年第 14 卷第 3 期。

［74］张玉鹏、王茜：《基于数据驱动平滑检验的密度预测评估方法——以香港恒生指数、上证综指和台湾加权指数为例》，载于《中国管理科学》2014 年第 22 卷第 3 期。

［75］郑福：《不确定性视角下公众信息获取与货币政策效果》，天津财经大学硕士学位论文，2017 年。

［76］庄子罐、崔小勇、龚六堂、邹恒甫：《预期与经济波动——预期冲击是驱动中国经济波动的主要力量吗》，载于《经济研究》2012 年第 6 期。

［77］宗旭姣：《公众学习视角下我国通胀预期形成机制研究》，南京财经大学硕士学位论文，2014 年。

［78］Adam K, Padula M, "Inflation Dynamics and Subjective Expectations in the United States", *Economic Inquiry*, 2011, 49 (1): 13 – 25.

［79］Akerlof G A, Dickens W T, Perry G L, "Near-rational Wage and Price Setting and the Long-run Philips Curve", *Brookings Papers on Economic Activity*, 2000 (1): 1 – 44.

［80］Amisano G, Giannini C, *Topics in Structural VAR Econometrics* (2nd ed)，Springer-Verlag Berlin Heidelberg Press，1997.

［81］Arifovic J，Bullard J，Kostyshyna O，"Social Learning and Mone-tary Policy Rules"，*Economic Journal*，2013，123（567）：38－76.

［82］Askitas N，Zimmermann Z F，"Google Econometrics and Unemploy-ment Forecasting"，Discussion Papers of DIW Berlin，2009（55）：107－120.

［83］Baker，Scott，Bloom N，Davis S J，"Measuring Economic Policy Uncertainty"，*Quarterly Journal of Economics*，2016，131（4）.

［84］Baker，Scott，Bloom N，Davis S J，Xiaoxi Wang，"Economic Pol-icy Uncertainty in China"，Unpublished Paper，University of Chicago，2013.

［85］Ball L，"Near-rationality and Inflation in Two Monetary Regimes"，NBER Working Paper，2000（w7988）.

［86］Berardi M，Duffy J，"Real-time Adaptive Learning via Parameter-ized Expectations"，*Macroeconomic Dynamics*，2015（19）：245－269.

［87］Berardi M，Galimberti J K，"Empirical Calibration of Adaptive Learning"，KOF Working Papers，2015（392）.

［88］Berardi M，Galimberti J K，"On the Initialization of Adaptive Learn-ing in Macroeconomic Models"，*Journal of Economic Dynamics & Control*，2017（78）：26－53.

［89］Bernanke B S，Boivin J，Eliasz P，"Measuring the Effects of Mone-tary Policy：A Factor-augmented Factor Autoregressive（FAVAR）Approach"，*The Quarterly Journal of Economics*，2005，120（1）：387－422.

［90］Bernanke B S，Woodford M，"Dynamic Effects of Monetary Policy"，*Journal of Money，Credit and Banking*，1997，29（4）：653－684.

［91］Blinder A S，Ehrmann M，Fratzscher M，Haan J D，Jansen D J，"Central Bank Communication and Monetary Policy：A Survey of Theory and Evi-dence"，*Journal of Economic Literature*，2008，46（4）：910－945.

［92］Boivin J，Giannoni M P，Mihov I，"Sticky Prices and Monetary Policy：Evidence from Disaggregated U. S. Data"，*American Economic Review*，2007，99（1）：350－384.

［93］Branch W A，Evans G W，"Intrinsic Heterogeneity in Expectation Formation"，*Journal of Economic Theory*，2006，127（1）：264－295.

［94］Brüggemann R，Riedel J，"Nonlinear Interest Rate Reaction Functions for the UK"，*Economic Modelling*，2011，28（3）：1174－1185.

［95］Bullard J，Mitra K，"Learning about Monetary Policy Rules"，*Journal of Monetary Economics*，2002，49（6）：1105－1129.

［96］Cagan P，"The Monetary Dynamics of Hyperinflation"，in Friedman M（eds.），*Studies in the Quantity Theory of Money*，University of Chicago Press，1957.

［97］Campbell J，"Inspecting the Mechanism：An Analytical Approach to the Stochastic Growth Model"，*Journal of Monetary Economics*，1994（33）：463－560.

［98］Cappiello L，Engle R F，Sheppard K，"Asymmetric Dynamics in the Correlations of Global Equity and Bond Returns"，*Journal of Financial Econometrics*，2006（4）：537－572.

［99］Carceles-Poveda E，Giannitsarou C，"Adaptive Learning in Practice"，*Journal of Economic Dynamics and Control*，2007，31（8）：2659－2697.

［100］Carlson J A，Parkin J M，"Inflation Expectation"，*Economica*，1975，42（166）：123－138.

［101］Carroll C D，"Macroeconomic Expectations of Households and Professional Forecasters"，*The Quarterly Journal of Economics*，2003，118（1）：269－298.

［102］Castelnuovo E，Tran T D，"Google It Up! A Google Trends-based Uncertainty Index for The United States and Australia"，*Economics Letters*，2017（161）：149－153.

［103］Choi H，Varian H，"Predicting the Present with Google Trends"，*Economic Record*，2012（88）：2－9.

［104］Chow G C，"Optimal Control of Linear Econometric Systems with Finite Time Horizon"，*International Economic Review*，1972，1（1）：16－25.

[105] Cover J P, "Asymmetry Effects of Positive and Negative Money-supply Shocks", *The Quarterly Journal of Economics*, 1992, 107 (4): 1261 –1282.

[106] Croushore D, "An Evaluation of Inflation Forecasts From Surveys Using Real-time Data", Federal Reserve Bank of Philadelphia Working Paper, No. 06 – 19, 2006.

[107] Crowe C, Meade E E, "Central Bank Independence and Transparency: Evolution and Effectiveness", *European Journal of Political Economy*, 2008, 24 (4): 763 –777.

[108] Cukierman A, Allan M H, "A Theory of Ambiguity, Credibility, and Inflation under Discretion and Asymmetric Information", *Econometrica*, 1986, 54 (5): 1099 –1128.

[109] Cukierman A, *Central Bank Strategy, Credibility, and Independence: Theory and Evidence*, The MIT Press, 1992.

[110] D'Amuri F, Marcucci J, " 'Google It!' Forecasting the US Unemployment Rate with a Google Job Search Index", Institute for Social and Economic Research Working Papers, 2009 (32).

[111] Danis H, "Nonlinearity and Asymmetry in the Monetary Policy Reaction Function: A Partially Generalized Ordered Probit Approach", *Eurasian Economic Review*, 2017, 7 (2): 161 –178.

[112] Davis S J, Dingqian Liu, Xuguang S Sheng, "Economic Policy Uncertainty in China since 1949: The View from Mainland Newspapers", Economic Policy Uncertainty Working Paper, 2017.

[113] Dincer N N, Eichengreen B, "Central Bank Transparency: Where, Why, and with What Effects?", NBER Working Paper, 2007 (w13003).

[114] Dincer N N, Eichengreen B, "Central Bank Transparency: Causes, Consequences and Updates", *Theoretical Inquiries in Law*, 2010, 11 (1): 75 –123.

[115] Dincer N N, Eichengreen B, "Central Bank Transparency and Independence: Updates and New Measures", *International Journal of Central*

Banking，2014，10（1）：189 – 253.

［116］ Drobyshevsky S，Trunin P，Bozhechkova A，Gorunov E，Petrova D，"Analysis of the Bank of Russia Information Policy"，*Voprosy Ekonomiki*，2017（10）：88 – 110.

［117］ Engle R，"Dynamic Conditional Correlation：A Simple Class of Multivariate GARCH Models"，*Journal of Business and Economic Statistics*，2002（20）：339 – 350.

［118］ Estrella A，Mishkin F S，"Rethinking the Role of NAIRU in Monetary Policy：Implications of Model Formulation and Uncertainty"，NBER Working Papers，2000.

［119］ Evans G，"Expectational Stability and the Multiple Equilibria Problem in Linear Rational Expectations Models"，*Quarterly Journal of Economics*，1985，100（4）：1217 – 1233.

［120］ Evans G W，Honkapohja S，*Learning and Expectations in Macroeconomics*，Princeton University Press，2001.

［121］ Evans G W，Honkapohja S，"Adaptive Learning and Monetary Policy Design"，*Journal of Money，Credit & Banking*（Ohio State University Press），2003，35（6）：1045 – 1072.

［122］ Evans G W，Honkapohja S，Williams N，"Generalized Stochastic Gradient Learning"，*International Economic Review*，2010，51（1）：237 – 262.

［123］ Fernald J G，Spiegel M M，Swanson E T，"Monetary Policy Effectiveness in China：Evidence from a FAVAR Model"，*Journal of International Money and Finance*，2014，49（PA）：83 – 103.

［124］ Frankel A，Kartik N，"What Kind of Central Bank Competence？"，*Theoretical Economics*，2018（13）：697 – 727.

［125］ Friedman M，*A Theory of the Consumption Function*，Princeton University Press，1957.

［126］ Fuhrer J，"The Role of Expectations in Inflation Dynamics"，*International Journal of Central Banking*，2011，8（3）：137 – 165.

［127］Galí J，Gertler M，"Inflation Dynamics：A Structural Econometric Analysis"，Economics Working Papers，2000，44（2）：195－222.

［128］Gaspar V，Smets F，Vestin D，"Adaptive Learning，Persistence，and Optimal Monetary Policy"，*Journal of the European Economic Association*，2006，4（2－3）：376－385.

［129］Gaspar V，Smets F，Vestin D，"Inflation Expectations，Adaptive Learning and Optimal Monetary Policy"，*Handbook of Monetary Economics*，2010（3）：1055－1095.

［130］Ginsberg J，Mohebbi M H，Patel R S，et al.，"Detecting Influenza Epidemics Using Search Engine Query Data"，*Nature*，2009，457（7232）：1012－1014.

［131］Goodhart C A E，"China's Financial Development"，*Journal of Chinese Economic and Business Studies*，2003，1（1）：137－142.

［132］Granger C W J，Teräsvirta T，*Modelling Nonlinear Economic Relationships*，Oxford University Press，1993.

［133］Gupta R，Marius J，Kabundi A，"The Effect of Monetary Policy on Real House Price Growth in South Africa：A Factor-augmented Vector Autoregression（FAVAR）Approach"，*Economic Modeling*，2009，27（1）：315－323.

［134］Hamilton J D，*Time Series Analysis*，Princeton University Press，1994.

［135］Heinemann F，Ullrich K，"Does It Pay to Watch Central Bankers' Lips？the Information Content of ECB Wording"，*Swiss Journal of Economics and Statistics*，2007，143（2）：155－185.

［136］Hicks J，*Value and Capital*，Oxford University Press，1939.

［137］Honkapohja S，Mitra K，"Performance of Monetary Policy with Internal Central Bank Forecasting"，*Journal of Economic Dynamics and Control*，2005，29（4）：627－658.

［138］James J G，Lawler P，"Optimal Policy Intervention and the Social Value of Public Information"，*The American Economic Review*，2011，101

(4)：1561 – 1574.

［139］Katona G, *Psychological Analysis of Economic Behavior*, The McGraw-Hill Company, 1951.

［140］Katona G, "Rational Behavior and Economic Behavior", *Psychological Review*, 1953, 60 (5)：307 – 318.

［141］Keynes J M, "The General Theory of Employment", *The Quarterly Journal of Economics*, 1937, 51 (2)：209 – 223.

［142］Kholodilin K A, Podstawski M, Siliverstovs B, et al., "Google Searches as a Means of Improving the Nowcasts of Key Macroeconomic Variables", German Institute for Economic Research Working Papers, 2009 (946).

［143］Konstantin A K, Maximilian P, Siliverstovs B, Constantin R S B, "Google Searches as a Means of Improving the Nowcasts of Key Macroeconomic Variables", DIW Berlin Discussion Paper, 2009 (946).

［144］Krolzig M H, *Markov-switching Vector Autoregressions：Modelling, Statistical Inference, and Application to Business Cycle Analysis*, Springer-Verlag Berlin Heidelberg, 1997.

［145］Krolzig H M, Toro J, "A New Approach to the Analysis of Shocks and the Cycle in a Model of Output and Employment", Discussion Paper, Institute of Economics and Statistics, University of Oxford, 1998.

［146］Krugman P R, "It's Baaack：Japan's Slump and the Return of the Liquidity Trap", *Brookings Papers on Economic Activity*, 1998, 29 (2)：137 – 206.

［147］Kydland F E, Prescott E C, "Rules rather than Discretion：The Inconsistency of Optimal Plans", *Journal of Political Economy*, 1977, 85 (3)：473 – 491.

［148］Levin A T, Erceg C J, "Imperfect Credibility and Inflation Persistence", *Computing in Economics & Finance*, 2001, 50 (4)：915 – 944.

［149］Lucas R E, J, "Expectations and the Neutrality of Money", *Journal of Economic Theory*, 1972, 4 (2)：103 – 124.

［150］Lucas R E, J, "Econometric Policy Evaluation：A Critique", Carnegie-Rochester Conference Series on Public Policy, 1976, 1 (1): 19 – 46.

[151] Lucas R E Jr, Sargent T J, *Rational Expectations and Econometric Practice*, University of Minnesota Press, 1981.

[152] Markiewicz A, Pick A, "Adaptive Learning and Survey Data", *Journal of Economic Behavior & Organization*, 2014 (107): 685 – 707.

[153] McAdam P, McNelis P, "Forecasting Inflation with Thick Models and Neural Networks", *Economic Modelling*, 2005, 22 (5): 848 – 867.

[154] McCallum B T, "On Non-uniqueness in Rational Expectations Models: An Attempt at Perspective", *Journal of Monetary Economics*, 1983, 11 (2): 1 – 168.

[155] McCallum B T, Edward N, "Performance of Operational Policy Rules in an Estimated Semiclassical Structural Model", in *Monetary Policy Rules*, University of Chicago Press, 1999.

[156] Meinusch A, Tillmann P, "Quantitative Easing and Tapering Uncertainty: Evidence from Twitter", *International Journal of Central Banking*, 2017, 13 (4): 227 – 258.

[157] Milani F, "Expectations, Learning and Macroeconomic Persistence", *Journal of Monetary Economics*, 2007, 54 (7): 2065 – 2082.

[158] Milani F, "Learning, Monetary Policy Rules, and Macroeconomic Stability", *Journal of Economic Dynamics and Control*, 2008, 32 (10): 3148 – 3165.

[159] Mishkin F S, "Inflation Dynamics", *International Finance*, 2007, 10 (3): 317 – 334.

[160] MoLnár K, Reppa Z, "Economic Stability and the Responsiveness of Inflation Expectations", Mimeo, 2010.

[161] Montes G C, Gea C, "Central Bank Transparency, Inflation Targeting and Monetary Policy: A Panel Data Approach", *Journal of Economic Studies*, 2018, 45 (6): 1159 – 1174.

[162] Morris S, Shin H S, "Social Value of Public Information", *Ameri-*

can Economic Review, 2002, 92 (5): 1521 – 1534.

[163] Muth J F, "Rational Expectation and the Theory of Price Movements", *Econometrica*, 1961, 29 (3): 315 – 335.

[164] Myrdal G, "Fiscal Policy in the Business Cycle", *The American Economic Review*, 1939, 29 (1): 183 – 193.

[165] Nakagawa R, "Learnability of an Equilibrium with Private Information", *Journal of Economic Dynamics & Control*, 2015 (59): 58 – 74.

[166] Nerlove M, "Adaptive Expectations and Cobweb Phenomena", *Quarterly Journal of Economics*, 1958, 72 (2): 227 – 240.

[167] Ormeño A, Molnár K, "Using Survey Data of Inflation Expectations in the Estimation of Learning and Rational Expectations Models", *Journal of Money, Credit and Banking*, 2015, 47 (4): 673 – 699.

[168] Orphanides A, Williams J C, "Imperfect Knowledge, Inflation Expectations, and Monetary Policy", NBER Working Paper, 2004: 201 – 246.

[169] Orphanides A, Williams J C, "Inflation Scares and Forecast-based Monetary Policy", CEPR Discussion Papers, 2003 (2): 498 – 527.

[170] Penna N D, Haifang Huang, "Constructing a Consumer Confidence Index for the US Using Web Search Volume", Working Paper, 2009.

[171] Pesaran M H, *The Limits to Rational Expectations*, Blackwell, 1987.

[172] Preis T, Moat H S, Stanley H E, "Quantifying Trading Behavior in Financial Markets Using Google Trends", *Scientific Reports*, 2013, 3 (7446): 542 – 542.

[173] Roberts J M, "Inflation Expectations and the Transmission of Monetary Policy", Finance and Economics Discussion Paper, 1998 (43).

[174] Sargent T J, *Macroeconomic theory* (2nd ed), Academic Press, 1987.

[175] Sargent T J, *The Conquest of American Inflation*, Princeton University Press, 1999.

[176] Sargent T J, Wallace N, " 'Rational' Expectations, the Optimal

Monetary Instrument, and the Optimal Money Supply Rule", *Journal of Political Economy*, 1975, 83 (2): 241 –254.

[177] Schaling E, "Learning, Inflation Reduction and Optimal Monetary Policy", *Social Science Electronic Publishing*, 2003 (74): 1 –37.

[178] Shiller R J, *Irrational Exuberance*, Princeton University Press, 2000.

[179] Shiller R J, "Speculative Asset Prices", *American Economic Review*, 2013, 104 (6): 1486 –1517.

[180] Sims C A, "Macroeconomics and Reality", *Econometrica*, 1980 (48): 1 –48.

[181] Sims C A, Zha T A, "Does Monetary Policy Generate Recessions?", Federal Reserve Bank of Atlanta Working Paper, 1998, 10 (2): 231 –272.

[182] Sleet C, Yeltekin S, "Recursive Monetary Policy Games with Incomplete Information", *Journal of Economic Dynamics and Control*, 2007, 31 (5): 1557 –1583.

[183] Slobodyan S, Anna B, Dmitri K, "Stochastic Gradient versus Recursive Least Squares Learning", CERGE-EI Working Paper, 2006 (309): 1 –21.

[184] Slobodyan S, Wouters R, "Learning in an Estimated Medium-scale DSGE Model", *Journal of Economic Dynamics and Control*, 2012, 36 (1): 26 –46.

[185] Sbordone A M, "Prices and Unit Labor Costs: A New Test of Price Stickiness", *Journal of Monetary Economics*, 1998, 49 (2): 265 –292.

[186] Spyromitros E, Tsintzos P, "Credit Expansion in a Monetary Policy Game: Implications of the Valuation Haircut Framework", *Finance Research Letters*, 2019 (28): 125 –129.

[187] Stock J H, Watson M W, "Forecasting Inflation", *Journal of Monetary Economics*, 1999, 44 (2): 293 –335.

[188] Taylor J B, "Discretion versus Policy Rules in Practice", Carnegie-Rochester Conference Series on Public Policy, 1993, 39 (1): 195 –214.

[189] Thomas L B, "Survey Measures of Expected U. S. Inflation," *Jour-*

nal of Economic Perspectives, 1999, 13 (4): 125 – 144.

[190] Tillman P, "Uncertainty about Federal Reserve Policy and Its Transmission to Emerging Economies: Evidence from Twitter", ADBI Working Paper, 2016 (592).

[191] Tobin J, "On the Predictive Value of Consumer Intentions and Attitudes", *Review of Economics and Statistics*, 1959, 41 (1): 1 – 11.

[192] Tong H, "More on Autoregressive Model Fitting with Noisy Data by Akaike's Information Criterion", *IEEE Transactions on Information Theory*, 1977, 23 (3): 409 – 410.

[193] Turdaliev N, "Communication in Repeated Monetary Policy Games", *International Review of Economics and Finance*, 2010, 19 (2): 228 – 243.

[194] Uhlig H, "A Toolkit for Analyzing Nonlinear Dynamic Stochastic Models Easily", in Ramon Marimon and Andrew Scott (eds.), *Computational Methods for the Study of Dynamic Economies*, Oxford University Press, 1999: 30 – 61.

[195] Vosen S, Schmidt T, "Forecasting Private Consumption: Survey-based Indicators vs. Google Trends", *Journal of Forecasting*, 2011, 30 (6): 565 – 578.

[196] Weber A, *Heterogeneous Expectations, Learning and European Inflation Dynamics*, Cambridge University Press, 2010.

[197] Wohlfarth P, "Measuring the Impact of Monetary Policy Attention on Global Asset Volatility Using Search Data", *Economics Letters*, 2018 (173): 15 – 18.

[198] Woodford M, "The Taylor Rule and Optimal Monetary Policy", *American Economic Review*, 2001, 91 (2): 232 – 237.

[199] Guihuan Zheng, Qikun Yao, Xingfen Wang, Zhou Yang, "The Construction and Application of Expectations Index on Monetary Policy", IEEE International Conference on Big Data (BIGDATA), 2017: 4199 – 4203.

后　记

　　本书是在我的博士毕业论文基础上进行补充修订而成的。博士论文成稿于 2020 年春天武汉新冠疫情最严重的时候。外界是疫情一波一波的冲击和武汉人民不屈不挠的抗争，在家人的全力支持下，屋内却是无数个日夜的反复推理和打磨。所幸英雄的武汉人战胜了疫情，我也顺利完成了博士研究学业。本书完成修订之时，又逢我国宣布新冠病毒乙类乙管，迎来经济社会的全面复苏。这是一段难忘的记忆。

　　在本书出版之际，谨向所有关心和帮助我的人们表示由衷的感谢。

　　首先要感谢我的博士生导师——武汉大学信息管理学院张李义教授。是他宽容了我最初的不专业和低效，指导我寻找研究的切入点，引导我建立系统的研究思维，督促我树立严谨的学术作风，引导我在学术研究的道路上前行。

　　还要感谢武汉大学经济管理学院的黄宪教授和计算机学院的陈晶教授。在我对经济学和计算机理论的跨专业研究遇到困难时，是他们多次无私的建议与指导，让我在跨越交叉学科中的一道道障碍时充满勇气。

　　感谢我目前的工作单位长江大学经济与管理学院的领导和同事。感谢徐辉院长和何明蒲副院长为我创造了宽松的工作环境，支持我积极申报课题，不断深入和完善相关研究。感谢李诗珍教授把我带进了她的科研团队，并一直把我作为团队的核心成员，让我有机会参与各种高级别的科研项目。我从团队合作中不断学到新的知识，非常享受和大家共同进步的快乐时光。

　　特别感谢我的太太。金融专业出身的她同时也是我学术道路上的好伙伴，总在繁忙工作之余做我的第一个读者，不厌其烦地帮我看稿挑错，在争辩中助我进一步理顺逻辑。本书写作过程中，她提出了很多有益的建议。感谢我的儿子，从牙牙学语到小小少年，他的成长伴随了我的博士研究生涯，用他的笑容点亮了我的生活。

感谢所有参考文献的作者。感谢那些我至今仍不知姓名的匿名审稿人。

本书的出版得到经济科学出版社的大力支持，在此致以衷心的感谢。

涂奔

2023 年 2 月于武汉

图书在版编目（CIP）数据

基于网络信息搜索大数据的公众通胀预期跟踪与引导
研究／涂奔，李诗珍著. -- 北京：经济科学出版社，
2023.7

ISBN 978 - 7 - 5218 - 4955 - 4

Ⅰ.①基⋯　Ⅱ.①涂⋯②李⋯　Ⅲ.①通胀预期 - 货
币政策 - 研究 - 中国　Ⅳ.①F822.5

中国国家版本馆 CIP 数据核字（2023）第 132169 号

责任编辑：初少磊
责任校对：蒋子明
责任印制：范　艳

基于网络信息搜索大数据的公众通胀预期跟踪与引导研究

涂奔　李诗珍　著

经济科学出版社出版、发行　新华书店经销

社址：北京市海淀区阜成路甲 28 号　邮编：100142

总编部电话：010 - 88191217　发行部电话：010 - 88191522

网址：www. esp. com. cn

电子邮箱：esp@ esp. com. cn

天猫网店：经济科学出版社旗舰店

网址：http：//jjkxcbs. tmall. com

北京季蜂印刷有限公司印装

710 × 1000　16 开　15.75 印张　234000 字

2023 年 9 月第 1 版　2023 年 9 月第 1 次印刷

ISBN 978 - 7 - 5218 - 4955 - 4　定价：72.00 元

（图书出现印装问题，本社负责调换。电话：010 - 88191545）

（版权所有　侵权必究　打击盗版　举报热线：010 - 88191661

QQ：2242791300　营销中心电话：010 - 88191537

电子邮箱：dbts@ esp. com. cn）